Molts
i
ningú

Clara Ponsatí

MOLTS I NINGÚ

Embastat de memòries i altres històries

La Campana

Paper certificat pel Forest Stewardship Council®

MIXT
Paper procedent de fonts responsables
FSC® C117695

Penguin Random House Grupo Editorial

Primera edició: març del 2022

Printed in Spain — Imprès a Espanya

ISBN: 978-84-18226-17-5
Dipòsit legal: B-898-2022

Compost a La letra S. L.

Imprès a Black Print CPI Ibérica S. L.
Sant Andreu de la Barca (Barcelona)

CA 2 6 1 7 5

A la memòria del meu pare, Josep Ponsatí,
que em va mostrar les senyes,
i del meu fill Guillem, que va posar les fites

I per a en Jordi, que ens obre la traça

Índex

Qui, exiliant-se de la seva pàtria,
ha fugit també d'ell mateix?

HORACI, *Odes* II, XVI, 19-20

I

Exili

There is no world without Verona walls,
But purgatory, torture, hell itself.
Hence «banishèd» is banished from the world,
And world's exile is death. Then «banishèd»
Is death mistermed. Calling death «banishèd»,
Thou cuttest my head off with a golden axe
And smilest upon the stroke that murders me.[1]

W. SHAKESPEARE, *Romeu i Julieta*

Parlem de l'exemple del vell Bruegel
perquè l'amor al treball i a la vida de l'oci,
amb camperols sorruts que juguen a bitlles
i patinadors que rellisquen i cauen de cul,
té totes les expressions més belles en la mà
del mestre flamenc. En aquesta nit fosca
en un minso país com el nostre encara s'esmunyen
idealistes cabòries del que hauria d'ésser i no és.
I ell, Bruegel el vell, mort en plena verema,
agafà uns colors i amb els dits del cor
ens proposà la història de tota l'estètica:
«jo pinto la vida dels homes».
Descobriu-vos el cap.

F. PARCERISAS, *Homenatge a Bruegel el vell*

1. «El món no és món a fora de Verona, / sinó que es purgatori, infern, tortura. / El bandejat d'aquí ho serà del món. / Desterrar-se del món vol dir la mort. / Aleshores, si et diuen "bandejat" / et diuen mort d'una manera falsa. / I vós, anomenant la mort "exili", / amb una destral d'or em degolleu, / i somrieu del cop que m'assassina.» (Traducció: J. M. de Sagarra.)

El 27 d'octubre de 2017, abans de sortir de casa, vaig deixar l'equipatge preparat en una petita motxilla de color blau. Sobre la calaixera del rebedor vaig deixar-hi un parell d'entrades per a l'òpera *Un ballo in maschera* i una nota per al meu fill Jordi: «Aquí tens unes entrades per anar al Liceu diumenge. Me'n vaig. Ja en sabràs de mi». I me'n vaig anar cap al Parlament. El ple va durar tot el matí, i al migdia es va fer la votació per declarar la independència. Acabada la votació hi va haver l'escena de l'escala, amb els batlles alçant les vares, els discursos i el cant d'*Els segadors*. Tothom estava molt espantat. Jo fotia molt mala cara. Estava emprenyada perquè sabia que tot era comèdia, que després ja no faríem res més. En acabat, me'n vaig anar a peu, amb el mosso que em feia d'escorta, xino-xano. Vam parar en un bar de tapes del carrer de la Princesa i el vaig convidar a dinar. Vam parlar de no res. Algú em va reconèixer, però en general vaig passar força desapercebuda, perquè a mi la gent no m'identificava gaire. Com a molt, em coneixien alguns mestres i periodistes. Ara, en canvi, temo que no podria pas sortir al carrer sense que algú m'aturés o em mirés amb cara de dir: «Ja sé qui ets».

Després de dinar vam anar fins a la plaça de Sant Jaume, primer a la reunió del govern i després amb la gent de l'estat major, a les cinc o les sis de la tarda. Els consellers tenien claríssim que no érem allà per signar els decrets de la nova república. Jo també ho tenia claríssim; aleshores ja sabia que no hi havia cap pla per fer res més. El vicepresident Oriol Junqueras ni tan sols va venir. El conseller de Justícia, Carles Mundó, tampoc. Marta Rovira va dir que l'Oriol no vindria perquè estava malalt. No es trobava bé. Ja pot ser: el dia que vam signar la Llei del referèndum ens va tenir esperant molta estona perquè tampoc no es trobava bé.

A la reunió amb l'estat major només m'hi vaig quedar una estona. Va ser allà on va sorgir la discussió de la bandera. En Puigdemont va dir: «Jo no la retiraré». Hi havia gent que deia que sí que s'havia de fer. Jo no recordo si vaig dir res, però m'era ben igual. Tot seguit la pregunta va ser: I ara què? I aquí sí que vaig dir a en Puigdemont: «Fes el favor de no dormir a casa teva, per seguretat». I a tothom: «Us informo que me'n vaig». Aquesta vegada ja no em van mirar com si fos una marciana. Normalment, quan jo intervenia a les reunions, la majoria feien uns ulls com unes taronges; el que deia jo, o com ho deia, devia ser diferent del que se sentia normalment allà dins. Però el vespre d'aquell 27 d'octubre les meves paraules ja no sonaven tan estranyes ni venien tan de nou. Aleshores en B.V. ens va dir que ell podia organitzar la sortida i l'exili de tot el govern. Diria que era la primera vegada que parlàvem obertament de la possibilitat d'exiliar-nos. La reunió s'allargava i al cap d'una estona em vaig aixecar per marxar. Abans de sortir em vaig acostar fins a Elsa Artadi i li vaig dir: «Els altres consellers ja es decidiran, però jo ja ho tinc decidit de fa temps: demà me'n vaig cap a París. Si hi ha alguna cosa organitzada i voleu comptar amb mi, ja m'ho direu. Apa. Adeu».

Vaig ser la primera a sortir de la reunió. Vaig agafar el telèfon de la pila —com sempre, els havíem deixat fora de la sala per seguretat— i vaig pujar amb l'escorta caminant fins a la plaça de Catalunya. Un cop allà, me'n vaig acomiadar: «No cal que m'acompanyi més; jo ara me'n vaig, que he quedat amb uns amics». Quan tot just havia fet quatre passes amb aquests amics, sento que el mosso em crida: «Consellera! Consellera!, que em diuen que heu agafat per descuit el telèfon del president!». Ostres, tu. M'emportava el telèfon del president Puigdemont sense voler.

Ens vam esperar allà que vinguessin a portar-me el meu mòbil i, un cop intercanviats els aparells, apa, rambla de Catalunya amunt, cap a l'exili sense escorta.

Aquella nit ja no vaig passar per casa. Vaig demanar al meu amic Xavi Ramos que m'anés a recollir la motxilla que havia deixat feta. Hi portava dues samarretes, roba interior i un anorac per al fred que m'havia comprat feia dos dies en una botiga del passeig de Gràcia. Aquell dia el mosso que m'escortava m'havia volgut seguir dins la botiga tant sí com no, però un cop a dins em va perdre. M'havia comprat un anorac perquè sabia que a París hi faria fred, i la roba d'hivern la tenia tota a Escòcia. El cas és que l'endemà al matí vam agafar el cotxe i cap a Perpinyà.

A l'autopista, arribant a Girona, en Xavi, que conduïa, diu: «Em sembla que ens segueixen». I sí senyor, uns piolins molt piolins ens seguien. Frenàvem, i allà els teníem. No frenàvem, i també. Ens vam aturar en un aparcament de l'autopista, i ells al darrere. Vam tornar a entrar a l'autopista, i el cotxe dels piolins amorrat al nostre. Al final vam deixar l'AP-7 per creuar la frontera amb França per la carretera, al Pertús. Un cop fora de l'autopista ens va semblar que els havíem despistat, tot i que no estic segura de si ens van seguir més enllà o no. A Perpinyà ja no teníem la sensació que ens seguissin, però no en sé, jo, d'aquestes coses. Ves a saber si a Madrid tenen algú apuntant tots els meus moviments.

Vaig sortir de Barcelona amb molta consciència de derrota, molt trista. Abatuda. Ara, passats quatre anys, crec que mentre sigui a Europa, fora del regne d'Espanya, podré evitar la presó. En aquell moment pensava que, a més del tràngol d'haver de marxar, segurament acabaria tornant emmanillada dins un furgó de policia, directa cap a Madrid. Amb tot, aleshores ja tenia molt clar, i encara ho tinc claríssim, que, en qualsevol cas, si em volien engabiar, s'ho haurien de treballar. No els ho pensava posar fàcil.

Un cop a Perpinyà vaig comprar el bitllet i, com que el tren que m'havia de dur a París no sortia fins cap a les quatre o les cinc de la tarda, ens vam asseure a dinar en un restaurant de davant de l'estació. Mentre dinàvem em va trucar un tal Pere que jo no coneixia de res. «S'està organitzant una reunió del govern a la Catalunya del Nord», em va dir. Caram. Primera sorpresa. No estava tan sola, doncs. Així, hi havia altres membres del govern que també pensaven marxar? En Pere em va preguntar on era i si volia afegir-me a la reunió. I va resultar que tothom estava citat precisament al pàrquing de l'estació de Perpinyà, a ben pocs metres d'on era jo. És clar que potser no m'hauria hagut de sorprendre tant, que el punt de trobada fos precisament allà. Que no ho deia, en Dalí, que l'estació de Perpinyà és el centre del món? Sigui com sigui, vaig decidir anar a aquella reunió. Vaig canviar el bitllet de tren cap a París per a l'endemà, i vaig anar a trobar la persona que en Pere em va enviar al pàrquing de l'estació. De seguida va aparèixer un cotxe on hi anaven en Raül Romeva i en Josep Rull, i tot seguit un altre cotxe que va recollir-nos a tots tres i ens va dur a una casa a la muntanya, un mas als Aspres. No sé si van anar molt amb compte que no sabéssim ben bé on érem, o simplement jo estava tan aclaparada que m'ho va semblar.

De mica en mica van anar arribant més consellers. No tot el govern. No van venir ni en Mundó, ni en Junqueras ni en Puigdemont. També hi havia Marta Rovira i els membres de la mesa del Parlament, però no la presidenta Carme Forcadell. De què vam parlar i què vam decidir? Vam parlar molt, però a mi no em va semblar que es concretés cap decisió col·lectiva. Vam parlar de les eleccions, que, amb el 155 en marxa, ja estaven convocades. Feia poques hores que s'havia proclamat la independència, i nosaltres, el govern que havia convocat el referèndum, allà estàvem, parlant de les eleccions autonòmiques que havia convocat Rajoy. En aquell moment semblava que tots els presents estaven d'acord que calia anar-hi tots junts, en una sola llista. També vam estar parlant de si marxar a l'exili o tornar a casa. Aparentment, la consigna era «dilluns tothom a treballar». Jo ja els vaig dir que no pensava posar els peus al despatx. Que jo me n'anava a l'exili. Toni Comín també ens va comunicar que ell ja no tornava a Barcelona.

Membres del govern i de la mesa del Parlament,
28 d'octubre de 2017 a la Catalunya del Nord

Roda de premsa a Brussel·les, 31 d'octubre de 2017

Jo creia que la meva feina ja l'havia feta i que no ens corresponia doblegar-nos davant d'un jutge espanyol quan acabàvem de proclamar la república. No tenia cap sentit. I que malgrat que la independència l'havíem proclamat gairebé per accident, teníem unes obligacions històriques. No em va semblar que el meu discurs fes gaire efecte. Ja ho he dit, no m'ho semblava mai, que els meus discursos tinguessin cap efecte, entre els companys de govern.

Al mas dels Aspres ens van donar sopar i, en acabat, la majoria vam anar a dormir a un hotel de Prada. Una part del grup, però —en Raül, en Turull i la Marta—, se'n van anar a l'Empordà a reunir-se amb el president Puigdemont i altra gent. Encara no n'he tret l'aigua clara, de qui va assistir a aquella reunió i què carai hi van decidir. L'endemà al matí tornàvem a estar tots reunits. Era tot molt informal, una mica com si estiguéssim de colònies. Raül Romeva va parlar dels contactes que tenia a Flandes i de si hi podia haver opcions d'asil polític allà o en algun altre lloc. Jo els vaig explicar que no es tractava de demanar asil polític, sinó de preparar-nos per reaccionar des de fora d'Espanya quan arribés una euroordre. Que quan arribés hauríem de comparèixer davant d'un jutge i que aquest jutge hauria de decidir si executar-la o no; i, per tant, una euroordre no implicava presó de manera immediata ni automàtica. Em va semblar que tot això els venia molt de nou, que no hi havien pensat gens. Jo els vaig dir que jo sí que hi havia pensat, i que me n'havia informat. Que tenia el telèfon d'uns quants advocats belgues i que el meu pla era anar a París, esperar que arribés l'euroordre i posar-me en contacte amb els advocats de Brussel·les per fer front a la detenció des d'allà. De fet, va ser això, el que va acabar passant, excepte que Paul Bekaert, l'advocat al qual va recórrer el president Puigdemont, no era a la llista d'advocats que jo portava anotada a la meva llibreta.

La decisió que no aniria a la presó mentre pogués evitar-ho ja l'havia pres al juliol. Preferia l'exili. Havia demanat consell a Jaume Alonso Cuevillas i a altres advocats sobre què em podia passar si marxava fora. Gairebé tots m'havien dit que no marxés, que no valia la pena, que amb una euroordre la detenció era immediata. Anar a l'exili els semblava molt arriscat. I inútil. També Andreu Van den Eynde m'ho va dir. Ell pensava el mateix que en Cuevillas. Recordo que un dia vaig tenir una reunió en la qual hi havia l'Andreu i també Ana Stanic, una advocada que exercia a Londres. En Van den Eynde em deia el mateix que en Jaume: «Amb una euroordre, al cap de vint-i-quatre hores sou aquí; no val la pena». L'Ana, en canvi, ho veia diferent: «No, Andreu, això no és així». Ella era molt partidària que jo anés a Londres, perquè coneixia bé el sistema britànic, i potser també perquè allà hi hauria pogut participar professionalment. La visió que a l'exili al cap d'una hora ens haurien enganxat i si ens quedàvem a Barcelona, en canvi, la presó es podria evitar o seria només cosa de dies, també era l'estat d'opinió general entre els assistents a la trobada de la Catalunya del Nord. Però jo tenia claríssim que les coses eren justament a l'inrevés. Aquell cap de setmana vaig veure moltes pors, la gent estava molt nerviosa i molt afectada. Hi va haver algun moment de tensió. Em va impressionar que estiguessin tan poc preparats mentalment.

Jo no coneixia el grup de gent que ens havien fet de xofers des de Perpinyà i que s'ocupaven de tota la logística de la trobada. Conjecturo que eren part de l'organització que havia fet l'Operació Urnes. Els que van pujar del sud, diria que eren gent d'ERC. Em van semblar molt seriosos, organitzats i eficients. El primer que van fer va ser prendre'ns el telèfon i donar-nos-en un de nou. També vam obrir un compte de correu electrònic comú per comunicar-nos amb la resta de consellers. Tots en sabíem la contrasenya. Hi entràvem i deixàvem escrit el que volíem dir a la safata d'esborranys, però no ho arribàvem a enviar mai. Sembla que no enviar els correus ho feia més segur. Per llegir-los només calia entrar-hi la clau i mirar a la safata d'esborranys.

Vaig ser a la casa dels Aspres fins diumenge al migdia. Ens van fer un arròs i havent dinat em van acompanyar a l'estació i me'n vaig anar cap a París. Vaig marxar sense saber què farien els altres, que es van quedar allà pensant-s'ho. Finalment, alguns van tornar a casa. Els altres van pujar cap a Brussel·les. L'amo de la casa, que aleshores no es va identificar, era un paio simpatiquíssim. Abans que jo marxés cap a Perpinyà a agafar el tren, ens van fer una foto amb una càmera analògica; tothom va fer tots els possibles per mostrar el millor somriure.

Diumenge al vespre vaig arribar sola, en tren, a París. Em van venir a rebre el meu ex, Toni Malet, i Marc Domingo, un altre amic que també estava passant una temporada de recerca a París. Tant en Toni com en Marc i la seva família —Anna Alsina i els fills— estaven allotjats en un complex d'apartaments per a investigadors que hi ha a la Cité Universitaire, al campus de l'avinguda Jourdan. El dilluns al matí vaig sortir amb l'Anna i els nanos. Els vaig acompanyar a fer unes compres per al noi, vam dinar en un cafè, i de tornada vam passejar travessant el parc de Luxemburg. Començava a fer fred. De tornada a l'apartament vaig consultar la safata d'esborranys del compte d'email, i hi havia un missatge: demà, roda de premsa a Brussel·les. No en donava gaires més detalls. L'endemà, dimarts 31 de novembre, vaig agafar el tren i en menys de dues hores era a Brussel·les. Allà em vaig trobar amb el president i els consellers, que havien pujat el dia abans, i vam fer la roda de premsa. Després ens vam reunir amb els altres consellers i el president Puigdemont. Ens va dir:

—He parlat amb l'advocat Paul Bekaert, i ens defensarà per fer front a l'euroordre des de Brussel·les.

—Fantàstic —vaig replicar—, aquest també era el meu pla; si ho fem junts molt millor. Això és el que hem de fer.

No tothom ho veia clar. Vam fer una comunicació amb els consellers que s'havien quedat a Barcelona. Ens van dir que no vindrien a Brussel·les. Va ser la darrera reunió —hi érem tots, uns a Brussel·les i els altres a Barcelona— del govern Puigdemont. Lluís Puig, Dolors Bassa, Quim Forn i Meritxell Borràs van dir que abans de decidir volien tornar a Barcelona per parlar amb la família. Per això ells van agafar un avió i van tornar a Barcelona aquell vespre. En Puig va baixar i, després d'arribar, el van tornar a pujar esperitats cap a Brussel·les; als altres ja no els vaig veure més fins després dels indults.

Jo no necessitava consultar cap decisió amb ningú. El meu fill Jordi ja és adult, aleshores tenia vint-i-sis anys, i feia la seva vida. Ja entenc que per als altres membres del govern que tenien parella, i especialment per als que tenien criatures petites, la decisió de l'exili era complicada. A més, jo jugava amb un cert avantatge: tenia un entrenament útil per fer front als aspectes pràctics de la vida d'exiliat. He viscut molts anys fora de Catalunya, parlo idiomes i estic acostumada a canviar de domicili i a adaptar la vida a indrets ben variats. La meva idea era que potser aniria a parar a la presó igualment, però que, si me'n sortia, podria tornar a Escòcia a treballar a la Universitat de St Andrews. Després de la roda de premsa i la reunió a Brussel·les em vaig fer fonedissa i aquella nit vaig tornar a París. Aquells dies a París no els recordo gaire bé. No era gens feliç. Vaig sortir a passejar, però no estava d'humor per fer turisme. Em vaig comprar una boina en una botiga per a turistes de davant de Notre-Dame, perquè em semblava que amb els cabells tan blancs que tinc se'm veia de massa lluny. El telèfon el vaig fer servir poquíssim. Just per dir a la família i als amics que no patissin, que estava bé.

A París hi vaig passar la resta de la setmana. Era allà quan la jutgessa Carmen Lamela va tancar a la presó la presidenta del Parlament i tots els nostres companys de govern. Quin moment més dur. Els de Brussel·les em deien:

—Ja pots venir, Clara. Què hi fas, a París?

I jo els responia:

—No, no vull venir, què voleu que hi faci? Si no hi tinc res a fer, a Brussel·les.

Toni Comín insistia:

—Va, Clara, vine, que els advocats diuen que activaran l'euroordre de manera imminent.

Divendres, finalment, vaig fer cap a Bèlgica. L'euroordre que havia emès la jutgessa Lamela i jo vam arribar a Brussel·les si fa no fa a la mateixa hora. Quan vaig ser a l'estació de Brussel·les Sud, vaig trucar a l'equip de suport i em van dir que anés a esperar-me en un bar a la plaça de Luxemburg i que ja vindrien a recollir-me. Em va semblar que tardaven molt, l'estona se'm va fer eterna. Però, és clar, la gent que ens donava suport aquells dies, pobres, anaven de cul. Finalment van aparèixer l'Aleix i la Roser amb un cotxe per acompanyar-me a Lovaina. Vaig tenir la meva primera experiència d'embús als perifèrics de Brussel·les. Són un horror. Superat l'embús, em van deixar a l'aparthotel. M'hi vaig instal·lar i me'n vaig anar a sopar amb Meritxell Serret i Lluís Puig. No havia estat mai a Lovaina i de seguida vaig veure que era una ciutat universitària molt agradable i que hauria estat bé passar-hi una temporada en unes altres circumstàncies. Ara que he retornat a Brussel·les per fer d'eurodiputada, visc prop de Lovaina.

El dissabte ens vam reunir breument amb els advocats i el diumenge a les nou del matí ja vam anar cap a la prefectura de policia. Passades dues o tres hores, cap al jutjat. A comissaria vam tenir un tracte més que correcte, però vam haver de passar per tots els tràmits d'una detenció, és clar: empremtes digitals de tots els dits, fotografies de cara i perfil, etc. Les declaracions davant del jutge van ser lentes. Jo li volia parlar en anglès per anar per feina, però ell m'ho deia primer en anglès i després m'ho tornava a dir en flamenc, i llavors la intèrpret m'ho traduïa al castellà. Vam sortir d'allà que devien ser ben bé les vuit o quarts de nou del vespre.

Els advocats confiaven que ens deixarien en llibertat provisional, però dubtaven de si ens posarien una fiança o no. Jo estava molt tranquil·la. En les situacions de crisi sempre em sorprenc a mi mateixa. En situacions de semicrisi puc perdre els papers, però en les crisis greus tinc molta, molta calma. I això que tothom patia i que tot plegat s'estava fent molt llarg. Perquè va passar molta estona, hores, entre que vam declarar i que ens van comunicar la decisió del jutge. Quan vam tenir la resolució que ens deixava en llibertat provisional sense fiança, vam esclatar d'alegria. Ens vam fer tots petons i abraçades. Érem molts, tots els advocats i una pila de col·laboradors, assistents i becaris; es notava que a ells els feia molta il·lusió estar vivint aquell moment. De la immensa alegria dels advocats, en vaig deduir que ells també havien patit i que no devien estar tan segurs que sortiríem en llibertat.

A l'equip legal hi havia Michèle Hirsch, una advocada que diuen que ho guanya tot. Una dona molt preparada, l'he vist pensar en directe. A Bèlgica cal escollir si vols un jutge de parla flamenca (neerlandès) o valona (francès), i la Michèle no ha tingut més protagonisme perquè no parla flamenc i, per tant, no pot actuar als jutjats flamencs. Nosaltres, el president, en Puig i jo, anàvem amb Paul Bekaert, perquè teníem clar que demanaríem declarar davant d'un jutge flamenc. Crèiem que un jutge flamenc estaria més obert a examinar la nostra causa amb imparcialitat. Toni Comín i Meritxell Serret d'entrada havien decidit que els representarien la Michèle i Christophe Marchand i tenien intenció de declarar en francès, encara que en Christophe sí que parla flamenc. Però quan ja érem al mateix ascensor dels jutjats, hi va haver un canvi de guió imprevist i molt interessant. No sé què va passar, però el cas és que la Michèle va dir a en Toni i la Meritxell:

—Canviem, canviem, demaneu declarar davant d'un jutge flamenc.

I allà mateix, al darrer minut, van optar per declarar en flamenc i els va representar en Christophe, que ha estat un puntal de la defensa belga.

Vam sortir del jutjat lliures, només amb la condició que havíem d'enviar cada matí un correu electrònic a la policia explicant-los on passaríem el dia: «Avui soc a Lovaina», «Avui aniré a Brussel·les», i així cada dia. Algun dia me'n vaig oblidar, però no va passar res.

A Barcelona s'havia imposat el 155. El meu equip del Departament d'Ensenyament a Barcelona havia tallat les amarres, no van voler parlar amb mi cap vegada. Vivien sota el 155. Ningú m'ha explicat què va passar, ni amb qui van parlar ni res. Jo tampoc els vaig buscar; si volien, sabien com trobar-me. M'ho explico per la por i perquè no acabo de ser dels seus. M'imagino que hi devia anar algun comissari polític de Madrid i els devia dir: «*Si me entero que habéis hablado con esa...*». És una teoria meva, i no la puc afirmar amb rotunditat. En tot cas, jo no vaig voler jugar mai a la ficció que seguia sent consellera. Passats uns dies va pujar la gent que formava el primer equip de suport a l'exili. Van obrir una oficina a prop de Schuman, al Barri europeu. De tant en tant hi anava, però no hi tenia res a fer. El meu dia a dia aquelles primeres setmanes a Brussel·les era francament ensopit. Enmig de l'avorriment hi va haver alguns dies assenyalats. El 6 de novembre es va fer la trobada amb els alcaldes a l'auditori del Bozar, el Palau de les Belles Arts de Brussel·les. L'11 de novembre vam fer una manifestació al parc del Cinquantenari. El 4 de desembre es va fer el judici de la primera euroordre, que va acabar sense resultat. I el 7 de desembre la gran manifestació que va organitzar l'ANC a Brussel·les. Quina gentada! I quin dia de pluja i fred! I el 21 de desembre hi va haver eleccions al Parlament de Catalunya.

A Brussel·les hi viu el meu oncle, Raimon Obiols —germà de la meva mare—, que, sent el líder del PSC, es va enfrontar electoralment a la Convergència de Pujol i va perdre repetidament. En Raimon és un gran analista, però per fer de líder polític potser era massa introvertit. Tot just aterrada els vaig anar a veure a ell i la seva dona, la Mercedes, un parell de vegades a casa seva, i em van donar un cop de mà amb coses pràctiques. Amb en Raimon ja feia molts anys que ens vèiem ben poc, de Nadal a Nadal, i encara, a casa dels meus pares. Ell era una persona important i molt ocupada, venia al dinar de Nadal i no obria la boca per res. La trobada era sempre multitudinària, tothom menjant, bevent, xerrant i rient. Els nens recitaven versos i explicaven acudits, feien l'indi, s'enfilaven pels sofàs i corrien amunt i avall. En aquest batibull, en Raimon hi era, però no hi era. És un home d'una discreció patològica, almenys en l'entorn familiar. No parlava mai de política, ni explicava mai cap anècdota ni cap tafaneria. La primera vegada que ens vam veure a

Brussel·les vam parlar de política, i va ser curiós, perquè era el primer cop a la vida que ho fèiem. En l'anàlisi freda i racional dels fets —el referèndum, la repressió, el 155...— no estàvem pas tan en desacord. Però, és clar, hi ha una discrepància profunda que no rau en l'anàlisi racional dels fets, sinó en les lleialtats i les actituds. El gruix dels socialistes catalanistes, els que anys enrere eren els companys de la seva corda dins del PSC, primer Rubert de Ventós, després els Maragall, Comín, Geli, Elena i tants altres, han anat tombant cap a l'independentisme, però ell no; ell s'ha quedat encallat al PSOE, al PSC d'Iceta i d'Illa. Va signar un paper demanant la llibertat dels presos, això sí.

Durant el mes de novembre, els advocats es van fer un fart de treballar preparant la defensa del nostre cas. Aquells dies vaig tractar força amb ells. Gonzalo Boye, Paul Bekaert, Valerie Soenen, Michèle Hirsch, Christophe Marchand i tota una colla que hi col·laboraven. Són gent molt bona. La llengua era una mica potipoti, perquè en Toni no parlava anglès, en Gonzalo no parlava francès i la Michèle no parlava ni anglès ni flamenc, amb la qual cosa parlàvem anglès o francès i s'havia d'anar traduint. Nosaltres els havíem d'explicar moltes coses, no tant del cas en si, sinó de com funciona Espanya. Els paios se'n feien creus, de com rutllaven la justícia o el Tribunal Constitucional. En Comín ho explicava amb pèls i senyals, jo feia el que podia per explicar-ho de manera més sintètica, i, naturalment, les intervencions de Gonzalo Boye marcaven la diferència.

En Gonzalo va ser el cervell de les nostres defenses des del primer dia. El 30 d'octubre en Toni ja va rebre el primer informe *Dominó* d'en Gonzalo, i les línies mestres de l'estratègia de l'exili ja hi estaven enunciades. El vaig conèixer en persona el 7 de novembre, quan va pujar a reunir-se amb nosaltres i tot l'equip d'advocats belgues. Des del primer moment, em va impactar la seva intel·ligència i la connexió va ser instantània. Des d'aleshores hi he confiat cegament. En Boye és molt llest i increïblement treballador. És un estrateg que calcula tots els escenaris. I té les prioritats on les ha de tenir. Ell va veure des del principi que això era el cas contra el sistema del 78 i que s'havia de jugar estratègicament. Als espanyols els té la mida molt ben agafada, perquè els va patir en carn pròpia quan el van acusar falsament d'haver col·laborat amb ETA pel segrest d'Emiliano Revilla i es va passar vuit anys a la presó. Als altres advocats els ha costat més de veure-ho. En Gonzalo tenia molt clar que estem, encara, lluitant contra el franquisme. És així. Pot sonar demagògic, però és així. El franquisme va quedar maquillat, i fins i tot una mica acomplexat, durant la Transició, però és ben viu i marca el pas a les institucions espanyoles. En Gonzalo és la clau de volta dels èxits de l'exili. Per això ara ell és també a la diana de la persecució i volen destruir-lo. La hi tenen jurada, i ja veurem fins on poden arribar.

El 4 de desembre vam comparèixer al Palau de Justícia de Brussel·les en audiència pública davant del jutge que havia de decidir sobre la nostra extradició. La vista es va fer en neerlandès, amb traducció simultània. Van intervenir primer el fiscal, que va recitar fidelment la doctrina espanyola, i després Paul Bekaert, Valerie Soenen i Christophe Marchand, que es van repartir els temes per poder exposar tots els arguments en el temps limitat que tenien. Acabada l'audiència, el jutge ens va informar que emetria sentència el dia 14 de desembre i que no calia que els acusats anéssim a recollir el veredicte; podien anar-hi els advocats i prou. Nosaltres vam marxar cap a casa. El jutge, suposo, es disposava a reflexionar sobre els arguments que li havien exposat les parts per decidir i escriure la sentència durant els dies següents. Però en Llarena no li va permetre fer la feina. L'endemà de la vista, va retirar l'euroordre.

De seguida que vam arribar a Brussel·les ens vam trobar amb les eleccions del 155 a sobre. Puigdemont va arribar a un acord amb el PDeCAT —el president Mas, Marta Pascal i David Bonvehí— perquè li deixessin mans lliures per fer la llista i concórrer a les eleccions amb el nom de Junts per Catalunya, amb els drets electorals del PDeCAT. I tot seguit, van pujar de Barcelona la trepa de puigdemontistes, Elsa Artadi, Albert Batet, Josep Rius i Jaume Clotet, a fer les llistes. Jo no tenia clar si volia anar-hi, a la llista. Encara ho estava sospesant, però, de cop i volta, ja hi era. I, a més, de número tres! No vaig saber ni com. És el que ens passa a les dones o als outsiders, i jo complia les dues condicions. Suposo que el número tres devia tocar a Meritxell Borràs, però ella es va fer enrere perquè li havien dit que Joaquim Forn també es faria enrere. Al final, en Forn no es va desdir. El cas és que, quan van pujar a fer la llista, jo estava al meu apartament i els vaig dir:

—Tios, que m'estic avorrint com una ostra. Què esteu fent? Doneu-me alguna cosa per fer, porteu-me a dinar o alguna cosa.

—És que estem fent la llista —em van dir—. Vine, va.

Hi vaig anar i me'ls vaig trobar fent la llista a l'habitació del president, que era un cop de puny. Tothom enfilat per sobre dels llits. Allò semblava la cabina dels germans Marx. Només hi faltava jo, allà al mig. Agustí Colomines hi va tenir molta influència, en la confecció d'aquella llista; i en Batet, la xarxa Batet d'alcaldes convergents, també. A la llista hi van anar molts independents. Alguns molt bons. És clar que després del 30 de gener de 2018, quan la investidura de Puigdemont va fracassar, van quedar molt destrempats. En tot cas, van aconseguir mantenir força a ratlla la Pascal. El president no se'n fiava, del PDeCAT, però durant molt temps tampoc no va ser capaç de desempallegar-se'n ni d'imposar-se. Va ser una agonia llarguíssima, i el conflicte amb el PDeCAT no va petar fins que s'acostaven les eleccions del 2021. A mi en Puigdemont no m'ho va preguntar mai explícitament, si volia anar a llistes del 21 de desembre. Vam fer una broma, això sí, com dient: «Naturalment que sí». I responent la broma, vaig dir: «Bé, però poseu-me ben avall». Crec que si no hagués aparegut a l'escena de l'habitació del president jo hauria anat més avall, perquè no vaig mostrar-hi cap interès especial.

La campanya electoral la va fer sobretot en Puigdemont. Tenia un estudi de televisió per entrar per vídeo als mítings i el feia servir cada dia. Jo, tot i ser la número tres, pràcticament no hi vaig intervenir. Vaig sortir en algun vídeo a saludar, però no vaig parlar mai en cap míting. A Brussel·les vam fer un acte en un bar mentre emetien el partit de futbol del Girona: em vaig posar la bufanda de l'equip, vam fer quatre selfies amb la gent que havia vingut, i para de comptar. A part d'això no vam fer gran cosa més. En aquell moment, als que manaven a la campanya no els semblava que jo tingués gaire poder d'atracció. És clar que ara potser tampoc no m'hi posarien per por que no els sortís amb un ciri trencat. A la campanya de les europees tampoc no hi vaig intervenir gaire.

El cas és que, sense ni adonar-me'n, vaig sortir escollida diputada. Però de seguida hi vaig renunciar. Meritxell Serret, Lluís Puig i jo vam renunciar-hi perquè no hi hagués problemes amb la investidura d'en Puigdemont. Ens van dir que podia ser que no ens deixessin delegar el vot i que, per tant, podíem perdre la votació i la investidura. Jo aquest argument me'l vaig creure i hi vaig renunciar. Abans vaig tenir una llarga discussió amb en Comín, perquè ell no va voler renunciar-hi de cap manera. I el més bo de tot és que el president en cap moment li va demanar que ho fes. Jo tenia clar que no volia entrar en un conflicte que provoqués algun problema amb la investidura, tot perquè jo no havia renunciat. En Comín deia que un d'ERC —ell— i un de Junts per Catalunya, en Puigdemont, no havien de dimitir. A més, ell feia els números, i, si dimitíem els altres, a ell no li calia fer-ho. Vam firmar els papers de diputat el diumenge després de les eleccions i el dimecres ja vam anar al notari a signar la renúncia.

El dia de la victòria electoral, després de la campanya, estàvem tots molt contents. Va pujar la meva família a passar el Nadal, incloent-hi la meva mare, que es va plantar a Brussel·les amb els seus noranta-tres anys. Mesos enrere, el 14 de juliol, es va enfadar molt amb mi, quan li vaig explicar que havia acceptat ser consellera. Li va semblar molt malament que volgués entrar al govern; no veia gens clar com acabaria tot plegat, i ja es temia que en sortiria escaldada. Els mesos de juliol i agost del 2017, quan ens vèiem, es passava l'estona remugant i de mal humor. Fins que un dia li vaig dir: «Mira, escolta, això ho he decidit jo; matem-ho i no en parlem més». I aquí es va acabar. Després, un cop va passar el que ella deia que passaria, no em va fer mai el típic comentari de «Jo ja t'ho deia». Això s'agraeix.

Després de Nadal es va començar a preparar el pacte de govern entre Junts i ERC, però jo en això no vaig intervenir-hi gens ni mica. Sí que recordo el dia que va pujar el president del Parlament, Roger Torrent. Va ser veure'l i tenir la certesa que no ho faria, que no hi hauria investidura. Només em va caldre sentir com defensava que no podíem permetre que ningú més anés a la presó. Això només és un argument per rendir-se. Si el risc que posin algú a la presó ens frena, no farem mai res. I ja està. S'acabava de comprar un abric i estava encantat d'haver-se conegut i de trobar-se tan guapo. Jo li deia que, si investíem el president Puigdemont, entraríem en un procés de confrontació. I que potser calia que anessin vuitanta, cent o dues-centes persones a la presó. Sembla que a la gent li costa molt d'entendre-ho, però el monstre l'has de posar davant de la seva pròpia contradicció. Li vaig dir: «Si Espanya vol tenir duescentes persones a la presó, que les hi tingui. I si tu no vols anar a la presó vine aquí dalt, que et farem lloc a l'exili». No sé si per fer la votació d'investidura d'en Puigdemont haurien posat ningú a la presó. No ho sé pas. Ara ja fa una eternitat, de tot allò.

En la política catalana tothom elabora els discursos retrospectivament, les narratives es construeixen per justificar *a posteriori* la realitat. Ara, un cop s'ha demostrat que l'exili tenia molta lògica, doncs s'ha dit que l'exili i la presó es complementaven. Només faltaria que no es complementessin! Però això no és cap argument per dir que vam fer el millor que es podia fer. No. No és veritat. No vam fer el millor que podíem fer. S'ha fet de la necessitat virtut. Podríem haver dit: «Ens n'anem perquè no volem demanar als catalans que defensin la república davant la violència, però defensarem la república proclamada des de l'exili». Van passar molts mesos fins que no es va començar a fer aquest discurs. I es feia només a estones. Atès que no es pensava donar continuïtat a la declaració d'independència, tenir tot el govern a l'exili crec que hauria anat molt millor. Hauria significat cohesió política i un projecte molt més potent. Que no hi anéssim tots és un símptoma més de la gran feblesa interna del projecte polític. L'argument que desemmascarem la repressió gràcies a la presó no s'aguanta... Per això no calia patir, que els Jordis ja hi eren, a la presó, i, a més, segur que la repressió hauria atacat per una altra banda. Si hi haguéssim anat tots, a l'exili, hauríem estat més forts, i la resistència a l'interior també hauria estat més forta. Potser no hauríem pogut evitar que anés més gent a la presó. I si ho haguéssim pogut evitar perquè, demostrant que hi havia molta gent disposada a anar-hi, hauríem fet pujar molt el preu d'empresonar-nos, encara millor!

A l'aparthotel de Lovaina hi vam estar tres setmanes, amb Toni Comín, Meritxell Serret i Lluís Puig. En Puigdemont era amb Jami Matamala en una altra banda. El meu apartament era el més gran, i com que tenia llits extra hi anaven a parar tots els amics i totes les visites que necessitaven un lloc on passar la nit. Entre altres visitants hi vaig acollir Anna Gabriel i Benet Salellas. També va ser la base per a unes quantes reunions. Allà també s'hi va reunir el president Puigdemont amb Marta Pascal i David Bonvehí per pactar com farien la llista de Junts per Catalunya. Que quedi clar que jo no vaig assistir a la reunió. Els vaig fer passar, vam demanar unes pizzes, i, un cop ens les vam haver menjat, me'n vaig anar a donar una volta i els vaig deixar sols. Un dia van venir els d'*El Punt Avui* a fer-nos una entrevista i van muntar un gran sarau de focus i material. Tot un plató de televisió. I llavors crec que l'amo de l'aparthotel va dir prou. Ens va dir d'un dia per l'altre que havíem de marxar. Jo vaig estar-me un parell de nits en un hotel i finalment em vaig traslladar a Brussel·les, en un apartament. Me'l van trobar la gent dels equips de suport dels europarlamentaris, que es van portar molt bé amb nosaltres i ens van ajudar molt. Sort en vam tenir d'ells i del grup de catalans de Brussel·les, que es van desviure per ajudar-nos! Aquells dies em van venir a veure el meu germà, la meva cunyada i el meu fill. Un parell de companyes de la universitat em van portar una maleta amb coses i roba que tenia al pis de St Andrews. Va ser un gest que els vaig agrair molt.

Quan ens vam posar a buscar un lloc on viure, primer només miràvem a Lovaina, perquè Toni Comín tenia molt clar que ell es volia quedar allà, i li agradava la idea que ens hi quedéssim tots. Però no hi trobàvem res. Hi va haver un moment que jo vaig dir: «Escolta, per què no anem a Brussel·les, si aquí no trobem res?». I en Toni se'm va enfadar com una mona. Ara en Toni i jo tenim una relació molt més fàcil. Molt bona, vaja. Ara ja ens hem pres la mida l'un a l'altre. Però al principi teníem unes enganxades de por. Ell parla molt, parla molt, i jo li deia: «Para de parlar, Toni, que ja ho he entès». Això el posava negre. Ell creu que tot el seu discurs s'ha d'escoltar sencer, no hi ha cap part que sigui prescindible. Em sembla que no s'ho prendria malament, ara ja, si em sentís dir això. Ens hem fet molt amics, som com germans. I us dic una altra cosa: qui més conscient era de tots que tornava la lluita contra el franquisme era ell, Toni Comín. Ho ha mamat a casa, i es nota.

L'apartament on vaig anar a parar a Brussel·les era un lloc prou agradable. M'hi vaig estar des de mitjan novembre fins que vaig tornar a Escòcia a principis de març. Era al barri d'Ixelles, just a sota el cementiri. Era un lloc molt tranquil que quedava al fons d'un jardí. Era l'annex de convidats de la casa gran del costat i el llogaven com apartament turístic. No tenia adreça pròpia, suposo que perquè no devia tenir cèdula d'habitabilitat independent. Allà vaig estar-hi la mar de còmoda, jo sola. Van pujar-hi amics i familiars, però no era cap festa. Aquells quatre mesos a Brussel·les els definiria així: sola i avorrida. I mal temps. D'aquells primers mesos a Brussel·les, el principal record que m'ha quedat és que feia molt mal temps. Del novembre del 2017 al març del 2018 no vam veure el sol. Hi havia un núvol que es va plantar allà al novembre i s'hi va quedar. En els quatre mesos que van passar fins que vaig marxar per tornar cap a casa, a St Andrews, no ens va donar cap dia de respir.

Brussel·les, tret del Barri europeu, que és horrorós, és una ciutat que m'agrada. Té barris, cadascun amb el seu centre i la seva vida. S'hi compra bé i s'hi menja bé. És una mica de síntesi entre el nord i el sud. Malgrat que no té el llustre i el caràcter de París o d'Amsterdam, és una combinació de totes dues. Com una síntesi, una mica encongida i tronada, però confortable. Es nota que el sud encara hi ha entrat per la tradició catòlica. Per això encara té cultura gastronòmica genuïna, amb mercats, fleques i botigues de barri de qualitat. I arquitectònicament és interessant, és ampla. Són boniques les *maisons de maître*, aquestes cases tradicionals amb pati al darrere. Als veïnats d'Ixelles o d'Etterbeek els carrers són com els d'una Gràcia de luxe, per dir-ho d'alguna manera, i a l'interior de les illes hi ha jardins frondosos.

Hi ha bones llibreries. Aquelles primeres setmanes, instruïda per Aleix Sarri, visitava sovint la llibreria Filigranes —es diu igual en francès i en català— de Brussel·les, que és espectacular. En francès hi és tot, i en anglès, déu-n'hi-do l'oferta que tenen. A més, té una cafeteria molt agradable. Aleix Sarri, que ara treballa amb el nostre equip del Parlament Europeu, havia estat assessor de Ramon Tremosa durant anys, es coneixia bé la ciutat i aquells dies ens ajudava molt. En Sarri és una de les grans amistats que he guanyat gràcies a l'exili. Aquella temporada ens trobàvem sovint per dinar. Moltes vegades quedàvem al restaurant Mediterraneo, que feia la millor carbonara de Brussel·les. Per desgràcia, han tancat. Tot dinant parlàvem de llibres, de la història dels catalans, i compartíem vivències.

Vaig trobar a faltar la música. Em va semblar que la vida musical era molt pobra. No vaig trobar una oferta de concerts com la que hi ha en altres ciutats d'aquesta mida a Europa. O no hi ha concerts, o no els vaig saber trobar perquè no tenia prou xarxa social i no vaig saber com entrar al circuit. Ara que hi he tornat, ho exploraré una altra vegada. O potser no, amb la pandèmia estava tot aturat i ves a

Pieter Brueghel, *Paisatge amb la caiguda d'Ícar*, 1560

saber com serà tot plegat ara que afluixa, malgrat que, de moment, sembla que encara no s'acaba.

El Museu de Belles Arts va ser un descobriment. Hi vaig anar moltes vegades. M'agrada perquè no es un museu gaire gran. És abastable en unes hores. Quan venien visites, com que feia mal temps, dèiem: «Què fem?». «Anem al museu!» Té una col·lecció de pintura flamenca fantàstica. M'agrada especialment l'obra de Pieter Brueghel el vell. Passava hores davant del quadre anomenat *Paisatge amb la caiguda d'Ícar*. En la mitologia grega, Dèdal i el seu fill Ícar s'escapen de la presó volant amb unes ales de plomes i cera, però Ícar vola tan amunt que el sol li fon la cera de les ales i cau al mar. És un paisatge amb una escena de pagès arran d'una costa escarpada d'aire molt renaixentista, amb un camperol llaurant, un pastor amb un ramat d'ovelles, un pescador, un vaixell i una ciutat llunyana. Ícar acaba de caure de cap a l'aigua i ja només se li veuen les cames sobre les ones, perquè el mar està a punt d'engolir-lo del tot, mentre la vida segueix i ningú no s'hi fixa. Em plantava davant del quadre i m'hi quedava. El poeta anglès W. H. Auden també es devia passar estones amb els mestres flamencs, el 1938, quan, tornant d'uns mesos al front de Madrid amb les Brigades Internacionals, va estar-se una temporada a Brussel·les. Ens ho explica en el seu poema *Musée des Beaux Arts*, que diu:

About suffering they were never wrong,
The old Masters: how well they understood
Its human position: how it takes place
While someone else is eating
Or opening a window
Or just walking dully along;

[...]

In Brueghel's Icarus, *for instance: how everything turns away*
Quite leisurely from the disaster; the ploughman may

Have heard the splash, the forsaken cry,
But for him it was not an important failure; the sun shone
As it had to on the white legs disappearing into the green
Water, and the expensive
Delicate ship that must have seen
Something amazing, a boy falling out of the sky,
Had somewhere to get to and sailed calmly on.[2]

Sobre el patiment, mai no es van equivocar, els mestres antics. Em trec el barret.

2. «Sobre el patiment, mai no es van equivocar / els mestres antics: que bé que van entendre / la seva posició entre els homes; com fa acte de presència / mentre algú menja o obre una finestra o només passeja avorrit. [...] A l'*Ícar* de Brueghel, per exemple: com tot s'aparta / pausadament del desastre; el llaurador potser / va sentir el clapoteig, el crit isolat, / però no li va semblar un daltabaix; el sol brillava / com calia sobre les cames blanques que desapareixien a l'aigua / verda; i el vaixell fràgil i car que hauria hagut de veure / una cosa esbalaïdora, un noi caient del cel, / tenia on anar i va salpar tranquil·lament.» Traducció de Marcel Riera.

II

Jo no anava de catxa

We take almost all the decisive steps in our lives
as a result of slight inner adjustments of which
we are barely conscious.[1]

W.G. SEBALD, *Austerlitz*

Something we were withholding made us weak,
until we found it was ourselves.[2]

ROBERT FROST, *The Gift Outright*

1. «Gairebé tots els passos decisius de la nostra vida els fem com a resultat de lleus ajustaments interiors dels quals amb prou feines som conscients.»

2. «Alguna cosa que reteníem ens debilitava, fins que no vam veure que érem nosaltres mateixos.»

Vaig entrar al govern el 14 de juliol de 2017 i va anar tot tan ràpid que poques hores abans vaig haver d'anar a comprar-me una jaqueta per estar presentable a l'acte de presa de possessió. En aquell moment no vivia a Barcelona i no hi tenia roba. Jo vivia a Escòcia i estava a Barcelona de pas, tornant d'una setmana de vacances a Grècia. La nit del 13 vaig sortir a sopar amb unes amigues i em vaig oblidar el telèfon a casa. No el vaig mirar, doncs, fins que vaig tornar, just abans d'anar a dormir. Hi havia una pila de trucades perdudes d'Elsa Artadi, i li vaig trucar.

—Estem refent el govern i et volem proposar que siguis consellera d'Ensenyament —em deixa anar.

Glups.

—Mira, acabo d'arribar de sopar i he begut una mica, torneu-me a trucar demà.

—No, no tenim temps. Demà de bon matí et trucarà Artur Mas i has de dir sí o no.

Just en aquell moment entrava a casa el meu fill Jordi. Vaig apartar el mòbil un moment i li vaig dir:

—Mira el que m'estan dient, que si vull ser consellera d'Ensenyament.

—Endavant, mare, fes-ho.

Així que vaig respondre a l'Elsa:

—Entesos, que em truqui en Mas dema al matí.

L'endemà al matí el president Artur Mas em va trucar puntualment a quarts de nou. Em va dir unes quantes coses: «Volem que aquest govern segueixi després del referèndum, i et demanem que et facis del PDeCAT». Jo no vaig dir ni que sí ni que no, però no em va fer gaire gràcia. Després em va trucar el president Carles Puigdemont: «Pots baixar i parlem?».

Vaig agafar el metro i em vaig plantar al Palau de la Generalitat. La primera conversa amb ell em va decebre, perquè em va semblar que em parlava com si ho estigués fent davant la premsa. «No té res més a dir-me que el que està dient en públic a tothom?», vaig pensar. Em va semblar estrany. El seu discurs era: «Ara fem el referèndum, i després, com que tenim les estructures d'estat ben dissenyades, tot anirà sobre rodes. Víctor Cullell, l'home que té totes les estructures d'estat al cap, serà el nou secretari del govern». En aquell moment no m'hi vaig capficar. Vaig pensar: «Bé, ja en parlarem més endavant». Però ni més endavant ni mai.

Poques hores després d'aquella primera conversa, el president Puigdemont em nomenava consellera. És una anguila, s'escapa. És un home difícil de descriure. No es comunica gaire. No pregunta. És un tio astut. El president no va acabar els estudis universitaris, però això no li ha impedit ser una persona culta. Molt culta. Té al cap la cultura catalana amb precisió; ho ha llegit tot. I segueix llegint. Puigdemont parla molt bé. Molt. Té una habilitat dialèctica brutal. Quan fa discursos, tu te l'escoltes i penses: «Bravo!». Però quan passa un temps i et preguntes «Què ha dit?», no sempre tens clara la resposta. El discurs llisca tan bé que despista i et deixa sense saber del tot què t'està proposant. És l'estil dels aforismes Puigdemont, sentències ben lligades, piulades incisives, que encerten el diagnòstic del moment i sintonitzen de ple amb la intuïció popular. Parlar bé és un gran do, per a un polític. Però bastir una estratègia i exercir un lideratge demana més que carisma, intuïció i comunicació; requereix treballar en equip, triar bons col·laboradors, confiar-hi, delegar i fer seguiment, i sobretot, requereix decidir, i manar.

En sortir d'aquella primera reunió al seu despatx em vaig trobar que hi entrava Oriol Junqueras acompanyat de tota la seva cort, Sergi Sol inclòs. Eren uns quants, quatre o cinc, tot homes. Em miraven encuriosits. Potser amb aquell primer cop d'ull en van tenir prou per mesurar-me els pits. Bromes a part, no recordo del cert si hi era Lluís Salvador, el que volia una consellera d'Ensenyament amb unes bones mamelles. El que sí que recordo bé és la sensació que m'examinaven amb interès: «Qui deu ser aquesta?». En Junqueras em van saludar amablement. Ens havíem conegut temps enrere quan ell havia estat professor d'Història Econòmica a la Universitat Autònoma de Barcelona, però no sé si aleshores va lligar caps. Darrere d'en Junqueras i la seva trepa va entrar el cap de protocol de presidència, Carles Fabró. Aquest sí que em va repassar obertament de dalt a baix, i el vaig veure preocupat per la meva aparença. En aquell moment duia texans i xancletes, anava vestida de vacances gregues. «Tranquil —vaig dir-li—, ara vaig a comprar roba.» I me'n vaig anar cap a les rebaixes del Portal de l'Àngel. Des de dins del vestidor d'una botiga vaig trucar a la meva mare per donar-li la notícia. No va saltar d'alegria. Després vaig anar a la perruqueria i ja estava a punt.

Hores després d'acceptar d'entrar al govern ja havia enviat un correu electrònic als meus superiors de la Universitat de St Andrews, on treballava des de feia tres anys dirigint l'Escola d'Economia i Finances. Els vaig explicar que havia rebut una oferta per formar part del govern català i que l'havia acceptat. Immediatament em van respondre assegurant que per a ells era un honor. Van estar molt correctes i amatents.

Un cop al govern de seguida vaig notar que era un grup humà poc compacte, no hi veia cap cohesió, i això em va inquietar molt. Em va sorprendre que, davant la magnitud del que dèiem que estàvem a punt de fer, ens reuníssim un cop a la setmana i encara gràcies. I, és clar, al cap de pocs mesos, quan hi va haver el gran desgavell, la manca de cohesió es va fer evident per a tothom. Una altra de les coses que més em xocaven és que a en Puigdemont no el veies manar. Mai. Jo, en Puigdemont president de la Generalitat, no el vaig veure manar mai. Hi havia com un pacte implícit: de les coses dificils val més que no en parlem, perquè no ens posaríem d'acord. I no se'n parlava. En conjunt, al govern, hi vaig detectar molt poques idees. Davant d'una situació imprevisible, el primer que cal és que la gent pensi. I això no ho teníem.

Em va semblar que tot el que, per lògica, hauria d'haver estat succeint, en un govern que planificava fer la independència, no es veia per enlloc. D'entrada, vaig pensar que tot devia tenir alguna explicació. Si quan tu arribes a un lloc veus que no hi ha res que encaixi en els teus esquemes, quan sempre penses o dius el contrari que la resta, el més natural és concloure: «Bé, dec ser jo la que està equivocada». El més normal és tenir dubtes respecte a un mateix i no respecte als altres. Em va costar unes quantes setmanes adonar-me que el problema no era que jo estigués desinformada o que no raonés correctament. El problema era que les coses no estaven passant, ni s'estaven pensant, i ni tan sols s'estava pensant en què s'havia de pensar.

Hi vaig ser molt poc temps, al govern. I no em vaig fer amiga de ningú. Amb Meritxell Borràs hi vaig tenir una mica més de tracte, perquè era l'altra dona de la colla dels convergents, que eren els meus. Un dia vam quedar i vam dinar juntes. Teníem una relació més que correcta, molt cordial. L'únic membre del govern a qui jo coneixia d'abans era Jordi Turull. El contacte havia estat Muriel Casals, amiga i col·lega de molts anys a la universitat. La Muriel se l'estimava molt i em va dir: «L'has de conèixer». Però la Muriel es va morir el febrer del 2016, abans de poder-nos presentar. Així que, quan feia poques setmanes del traspàs de la Muriel, un dia vam fer com una cita a cegues, ell i jo sols en un cafè. És un home íntegre, bo. Tota la resta, per a mi, eren desconeguts, i jo ho era per a ells. A mesura que vaig anar-los coneixent em vaig adonar que era un peix dins d'un rostoll. Amb Carles Mundó vaig viure un episodi molt revelador després del 17 d'agost, quan hi va haver els atemptats a la rambla de Barcelona i a Cambrils. Ens va tocar anar junts, en representació del govern, al funeral de Pau Pérez, el pobre noi que l'autor de l'atemptat de la Rambla va matar a la Diagonal per prendre-li el cotxe quan fugia. El funeral era a Vilafranca del Penedès.

En Mundó és alt com un sant Pau, deu fer vora dos metres, i, és clar, té una gambada gegant, proporcional a la seva mida. Jo soc un tap de bassa, faig poc més de metre i mig. Hi vam arribar, cadascú en el seu cotxe oficial; ens va venir a saludar l'alcalde, i vam arrencar a caminar cap a l'església. Ells dos, l'alcalde i en Mundó, ja es coneixien; van posar la directa a tota velocitat i em van deixar a mi enrere. En Mundó avançava saludant tothom amb aplom, fent d'autoritat, i jo al darrere, traient un pam de llengua mentre intentava obrir-me pas entre la gentada. Ostres, quina cosa! Vaig acabar entrant a l'església demanant permís perquè em deixessin passar, gairebé arrossegant-me per terra. Pràcticament a cops de colze. Va ser bestial. I quan, acabat el funeral, va ser l'hora de donar el condol a la família —jo els podria haver dit alguna cosa, perquè he viscut la pèrdua d'un fill—, no vaig tenir ni l'oportunitat d'acostar-m'hi. Els del gabinet del conseller de Justícia van crear un núvol al voltant d'en Mundó i a mi em van deixar arraconada, ben bé com si no hi fos. Me'n vaig tornar discretament cap al cotxe i vaig tocar el dos. Aquell dia vaig pensar: «Però què li passa, a en Mundó? Per què és tan groller?». De fet, es comportava amb tota normalitat. La normalitat d'aquestes circumstàncies. He viscut moments similars després, a les manifestacions, en campanya... Sempre que hi ha molta gent. Si no reparteixes prou empentes, no aconsegueixes mantenir el lloc que et correspon. Si us mireu les fotos del 2017, fora de les fotos oficials, jo no hi surto mai. Perquè no clavo prou cops de colze i perquè soc baixeta. Fer prop de dos metres, en política, és un gran avantatge.

No he aclarit mai del tot com és que em van trucar a mi per entrar al govern. Suposo que perquè a última hora els devia fallar algú. I, és clar, necessitaven una dona, perquè la cosa de la paritat estava molt fluixa. Per què van pensar en mi? Coincidències de les xarxes que es troben en un punt: ens coneixíem amb Elsa Artadi de quan jo era professora a l'Autònoma i ella acabava el doctorat a Harvard. Li vam oferir feina al Departament d'Economia, on jo vaig treballar molts anys, però va acabar anant a la Universitat Bocconi de Milà. Ens coneixíem, ens vèiem de tant en tant, ens trobàvem en congressos... ens quèiem bé. Més endavant l'Elsa va voler tornar a Barcelona i va deixar la vida acadèmica per treballar amb Andreu Mas-Colell, al Departament d'Economia. Amb l'Andreu també ens coneixem de fa molts anys per motius professionals. Quan ells van muntar una comissió sobre el dèficit fiscal, m'hi van posar i els vaig escriure algun paper. Al govern Puigdemont, l'Artadi era directora general de Coordinació Interdepartamental. Com que va ser l'Elsa qui em va trucar per proposar-me entrar al govern, quan estic de mala lluna, penso que va ser ella qui em va enredar i que no li ho puc perdonar. Ara, que si m'hagués trucat algú altre, suposo que també m'hauria deixat enredar. Segurament ja m'estava bé que m'enredessin.

També em coneixia, perquè havíem parlat alguna vegada, el president Mas. Crec que ens va presentar el meu amic Agustí Colomines. Temps enrere, en Mas m'havia demanat si volia formar part d'una mena de *think tank* o fundació que estava preparant. Vaig declinar educadament la invitació, i al final el projecte tampoc no va arribar a arrencar. Aleshores li tenia un gran respecte. Però em va decebre la seva posició després del referèndum. En tot cas, li reconec que el seu lideratge va ser determinant per posar la independència al centre de la política catalana. A més de l'Artadi i els dos Mas, coneixia també una quarta persona, que probablement era també a la cuina del meu nomenament: Jordi Sànchez. Ens coneixíem perquè jo era membre del secretariat de l'ANC. Suposo que un d'aquests quatre devia fer sonar el meu nom.

Quan vaig entrar al departament, al juliol, vaig pensar que tots els esforços havien de centrar-se en el referèndum i que era absurd fer fora gent per crear un equip nou. Però sí que vaig explorar possibles incorporacions. Vaig entrevistar una jove escriptora pensant que em convenia ajuda professional per quan havia de parlar en públic. Per fer una prova li vaig demanar que m'ajudés a fer un discurs. És el que vaig llegir a l'entrega de premis extraordinaris de batxillerat que trobareu més endavant. Va fer molt bona feina i ens vam divertir. Hauria estat un gran fitxatge per al meu equip si les coses haguessin anat bé i el meu pas per la conselleria no hagués estat tan fugaç.

Quan tot just acabava d'aterrar al departament, vaig aprendre una cosa que hauria de saber tothom que hagi de tractar amb la premsa: que amb els periodistes no es pot fer mai ni mitja broma. Un periodista em va demanar que contestés una pregunta en castellà i jo vaig dir amb un accent català molt marcat: «*Sí, claro que sí, el español es un idioma que también domino*. El tinc una mica rovellat, però crec que podré fer-ho». Si ho arribo a saber! Encara ara la trobes, aquesta broma, a la premsa espanyola. I al darrere, milers de respostes de trols escandalitzats. De seguida vaig veure que tot el meu equip en ple quedava blanc. «Consellera, acabes de ficar la pota», em van dir amb la mirada. «Mai més», vaig pensar. Però prescindir del sentit de l'humor és complicat, quan forma part de la teva manera de ser. Sempre que he reincidit amb alguna altra broma, he tornat a tenir problemes. A veure si n'aprenc d'una vegada!

Amb l'entrada al govern em vaig estrenar també en la vida parlamentària. Els primers dies, Pol Xart, que feia de cap de Relacions Institucionals al gabinet del departament, em va muntar reunions amb els responsables d'ensenyament de tots els grups parlamentaris. Del PP vaig parlar amb una senyora de l'Opus. Ella va ser educada i jo també. No vam parlar de res. La reunió amb Sonia Sierra de Ciutadans va ser gèlida. Encara que anés vestida de funcionària civil, va ser com parlar amb una caporal de la Guàrdia Civil. Malgrat que va fer com si parléssim d'educació, no va poder evitar exhibir el tricorni i la porra mentals, un tast del que vindria el Primer d'Octubre. Amb un demòcrata pots fer i reclamar debat, però amb aquella senyora no hi havia ni un mil·límetre d'espai compartit per preguntar: «On és la vostra consciència democràtica?». A Sonia Sierra, doncs, no li ho vaig preguntar. Però, ingènuament, sí que vaig fer la pregunta a Esther Niubó, una senyora d'aparença endreçada que va estudiar Polítiques i ha prosperat al Partit Socialista. Va començar la carrera com a assistent de Raimon Obiols, el meu oncle, al Parlament Europeu. Primer vam parlar de quatre coses d'educació, però de seguida li vaig dir:

—Bé, Esther, i ara, quan em fiquin a mi a la presó, tu què faràs?

Silenci.

—Mira, jo no tindré temps de preocupar-me dels menjadors escolars; per tant, no cal que perdem el temps discutint sobre els menjadors. Jo vull saber què en penses tu, de tot això. Quan em fiquin a mi a la presó, vosaltres, el PSC, què fareu?

Tant ella com en Pol es van quedar blancs. Blancs com el guix. És que ni s'ho havien plantejat. Ni s'ho havia plantejat!

—Això que esteu fent és il·legal. Això que esteu fent és il·legal —va replicar.

—Entesos. Molt bé, tu penses que és il·legal. Però quan ens fiquin a la presó, tu què faràs?

Ja ho hem vist, el que han fet. No han tingut cap problema. El dia 7 de setembre a la nit, entre reconsideracions i reunions de la mesa que negociava la votació de la Llei de transitorietat jurídica, vaig fer la meva primera i última intervenció des del faristol d'oradors del Parlament de Catalunya. Va ser per respondre, sense cap gràcia especial, una pregunta anodina sobre els instituts escola que m'havia fet Esther Niubó.

Contribuir a fer realitat el referèndum va ser la meva principal motivació per acceptar entrar al govern. En aquell moment creia, com tanta gent independentista que s'ho mirava des de fora, que el govern de Junts pel Sí estava decidit a fer el referèndum i la independència.

Un cop a dins, però, de seguida vaig notar que les coses no eren tan clares, i al cap de poques setmanes fins i tot tenia dubtes que s'estiguessin fent els preparatius per al referèndum. Hi havia massa coses que fallaven. La retòrica d'Oriol Junqueras, que repetia una vegada i una altra que tot seria «com sempre», era buida, i a mi m'inspirava molt poca confiança, perquè es veia que no era factible. Els silencis d'en Puigdemont eren xocants. Tota la logística semblava recaure sobre una sola persona —que tothom sabia qui era, no era cap secret—. Als de Madrid no els devia costar gaire esbrinar qui era. I l'home ho tenia tot apuntat en una llibreta! Per tant, veient com anava tot plegat, vaig optar per dedicar els meus esforços a assegurar que la meva part estigués preparada. I la meva part era garantir que les escoles estarien obertes per votar. Això va costar, perquè hi havia força gent que tenia por: alguns directors, serveis territorials del departament... Hi havia molta gent esporuguida. Ja venien escaldats per les amenaces del 9-N.

Barcelona ciutat era un punt especialment problemàtic, perquè les escoles depenen del Consorci d'Educació, una entitat coparticipada entre l'ajuntament i el departament. La presidència sempre la té el titular del departament, que normalment la delega a la persona que ocupa la Secretaria General del departament. Històricament, però, per defecte, la pauta i el lideratge del consorci sempre els ha marcat l'Ajuntament de Barcelona. La pregunta important era bàsicament a qui obeïa la gerència. I la gerent no estava gens per la feina. Ni ella, ni ningú del seu equip. Quan s'acostava el dia del referèndum vaig interrompre la delegació de la presidència en el secretari general i vaig ocupar jo la presidència. Amb això vaig alliberar el secretari general de la responsabilitat de prendre decisions, però quedava el problema pràctic d'aconseguir que les escoles estiguessin obertes i disponibles. Aleshores es va anunciar que en Puigdemont i Ada Colau havien fet un pacte per resoldre el problema. I per informar-me de les implicacions concretes d'aquest pacte em van convocar a una reunió a la Casa dels Canonges. Per part de l'ajuntament hi assistien Adrià Alemany —el marit d'Ada Colau— i Jordi Martí. Els vaig dir:

—Molt bé, m'expliqueu com ho farem perquè els del Consorci d'Educació de Barcelona facin el favor de donar-me les claus de les escoles o de dir-me on són? Així podrem obrir el dia del referèndum.

—I ara! Ni pensar-hi, això no ho farem pas —em van respondre.

Aleshores vaig girar-me cap a la persona de l'estat major que m'havia convocat a la reunió:

—I doncs? Què és el que heu pactat amb l'ajuntament? —li vaig preguntar.

Havien pactat que en Puigdemont i la Colau es farien una foto, que la Colau diria que li semblava molt bé que la gent anés a votar, i aquí s'acabava la història; res de col·laborar en la logística de l'organització.

—Però podem parlar amb el cap d'equipaments? Qui té cura dels edificis? Podem parlar amb aquesta persona? —vaig insistir.

—No, no hi podeu parlar.

No em va quedar cap dubte que des del Consorci d'Educació de Barcelona no farien res per ajudar-nos. I si les escoles no obrien, no era gens clar com podríem anar a votar. Al final vam trobar les claus. Algú ens va dir on eren les claus que buscàvem. Vaig agafar el telèfon i vaig trucar a qui les custodiava:

—Hola, bon dia, soc la consellera. Necessitem fer duplicats de les claus. D'aquí a una estona vindrà una persona de part meva a buscar-les per fer-ne còpies. Tingueu-les preparades en una maleta.

Eren centenars de claus. Són claus complicades, no és la del pany i prou; cada edifici en deu tenir vuit o deu. Un grup de vint-i-cinc voluntaris van voltar tot Barcelona i, pagant-ho de la seva butxaca, van fer les còpies de les claus de les escoles. I així va ser com vam arribar al dia del referèndum amb les claus que per llei ens corresponia tenir.

El control de les claus al final va tenir un valor més simbòlic que pràctic. En moltes escoles no va caldre fer-les servir, perquè ja estaven obertes. Pocs dies abans del referèndum va emergir el moviment Escoles Obertes. La gent, mestres i famílies dels alumnes es va organitzar per fer-hi activitats durant tot el cap de setmana. Jo no vaig estar darrere l'Operació Escoles Obertes. El que sí que vam fer és demanar a la gent que feia activitats que es comportessin amb el màxim civisme. I ho van complir. Efectivament, la nit abans del referèndum, la gent va dormir a dins les escoles tot esperant les urnes. I això va ser molt important. Hi va participar gent de tota mena i condició, no cal dir noms. A la Via Augusta, per exemple, tant esperant les urnes com a les taules electorals, hi havia gent molt distingida.

Durant l'agost i el setembre jo havia estat donant la tabarra per fer el referèndum amb cens universal. La meva proposta era simple, però també «digital», és a dir, de dit: que voti tothom qui tingui més de divuit anys i un carnet d'identitat amb adreça al Principat. Cadascú que voti allà on vulgui, i un cop hagi dipositat el vot que se li suqui el dit amb una tinta que no s'esborra fins passades quaranta-vuit hores. Així és com fan les eleccions en molts els països del Tercer Món. Tothom pot anar a votar. I si tens tinta al dit, vol dir que ja ho has fet, i, per tant, fora. Com a les discoteques. Ho vaig comentar amb alguns de l'estat major, vaig veure que a internet hi havia el producte —es diu *electoral ink*, un nom molt lògic—. No em va semblar que em fessin gaire cas. Probablement el missatge que calia un cens universal va arribar per altres fonts. Al final van optar per fer el cens universal per control informàtic, molt millor, és clar.

Quan va arribar el dia, a mi ningú del govern m'havia encarregat que estigués al peu de les urnes, però hi vaig estar igualment. A les cinc de la matinada del Primer d'Octubre vaig intercanviar uns quants missatges amb la gent del meu equip. Quan les urnes van arribar al Departament d'Ensenyament, a la Via Augusta, allà on hi havia hagut la IBM, me n'hi vaig anar. El Primer d'Octubre aquell edifici de totxo vermell era, com moltes escoles i instituts, un col·legi electoral. Hi vaig arribar a les vuit i vaig esperar que els voluntaris engeguessin la maquinària. De seguida es van posar a muntar les taules de votació. Hi havia una delegada de la Generalitat —representant de l'Administració (RA), en dèiem— que estava sobrepassada, però la gent es va autoorganitzar. Ens va costar que el sistema informàtic i el cens funcionessin, i, quan ho vam tenir tot més o menys organitzat, de seguida va venir la policia espanyola a repartir estopa. Feia molt poc que votàvem. Van arribar a un quart de deu. Potser dos quarts. Va ser dels primers llocs on van actuar, i a mi em va semblar que eren molts. Van venir almenys deu o dotze furgons de policia.

Plovisquejava i la gent es va asseure a terra sota una mena de porxada. Com si es preparessin per jugar a arrencar cebes. Vam aguantar així una estona. Jo estava al darrere, dreta, i vaig anar passant per damunt dels que estaven asseguts fins que em vaig plantar al davant de tot, ja fora de la pèrgola, esperant la policia. No vaig saber qui manava, de tota la filera de goril·les que pujaven les escales i venien cap a nosaltres. Vaig parlar amb els dos que es van posar davant. Els vaig dir que era la consellera, però no sé si ho van entendre. Pretenien que la gent s'aixequés i els deixés entrar. Els vaig dir:

—Vostès no tenen ordre judicial per passar.

—*Señora, ¡apártese!*

I així que ho va dir, em va apartar i em va fer caure a terra. No em vaig fer mal i em vaig tornar a aixecar. La foto on em miro els policies i faig cara d'emprenyada és just d'abans que em tiressin per terra. Els meus dos mossos de paisà estaven molt preocupats per la meva seguretat. A ells també els va tocar el rebre. La policia de seguida va fer un forat entre la gent. Va anar tot molt de pressa. Van repartir llenya. Perquè van haver de repartir-ne molta, per obrir-se pas entre la gent i entrar. I, un cop van ser a dins, va ser un vist i no vist. Quan van sortir de l'edifici, amb les urnes i el material confiscat, ja no van estovar ningú; van pujar als cotxes i van marxar. Hi va haver uns quants ferits, un d'ells un senyor a qui li van fer força mal i que va haver d'anar al dispensari. Recordo que l'endemà hi vaig parlar. Dels nou-cents ferits que es compten del Primer d'Octubre, tres o quatre van ser d'allà.

Un cop a dins van arrambar amb tot el que els va semblar que eren eines per fer el referèndum. Com que jo havia deixat la cartera, l'ordinador i la tauleta en un racó de la sala de votació, doncs se'ls van emportar. Això i un altre ordinador que hi havia per allà. No crec que anessin a buscar el meu portàtil expressament. Que després devien veure que era meu? Millor que millor. També es van endur urnes amb vots. No sé quants vots devien emportar-se, no gaires, perquè acabàvem de començar. Costava molt votar, anàvem molt a poc a poc. No crec que se n'enduguessin més de vint-i-cinc o trenta.

A les deu ja havien marxat i ens vam tornar a posar a la feina. De seguida es va formar una cua molt llarga. Vaig estar allà tot el matí. Van venir un grup d'observadors internacionals que no havien vist l'escena directament. Les fotos, sí. Jo recordo que anava dient a tothom: «Feu moltes fotos. Feu moltes fotos. No pareu de fer fotos». Tot i ser la seu del departament, el Primer d'Octubre no va venir cap tele a gravar ni a veure què passava. O potser hi eren i jo no els vaig veure. Després sí que recordo que algú de premsa va venir a parlar amb mi. Una ràdio, diria. A votar sí que va venir molta gent. L'advocat Jaume Alonso Cuevillas, per exemple, a qui tot just acabava de conèixer. O Xavier Trias, exalcalde de Barcelona i exconseller. És un barri de gent benestant de Barcelona. I de gent gran. Recordo molta gent que portaven el pare o la mare en cadira de rodes. Vaig estar força estona saludant i parlant amb la gent que feia cua per votar.

Després de la visita de la policia a Via Augusta, ens vam passar la resta del dia patint. Seguíem les escenes de violència a les notícies i pensàvem: «A veure si tornaran o no tornaran». Cap al migdia vaig anar a Sant Cugat, perquè a mi em tocava votar allà, al col·legi Joan Maragall. Estava tot molt tranquil. Em vaig trobar amb el meu fill Jordi, vaig votar i vaig passar molt desapercebuda. De fet, no em vaig fer cap foto votant, el Primer d'Octubre. Ni tan sols ens vam fer una selfie el meu fill i jo. Vaig votar, i avall cap a Via Augusta un altre cop. Al migdia semblava que havia parat la tempesta de castanyes, però vam estar amb l'ai al cor tota la tarda, fins al darrer moment. De fet, vam retirar unes quantes urnes plenes perquè teníem por que vinguessin un altre cop. Les vam amagar a les neveres de la cuina del departament. A mitja tarda es respirava una certa impaciència. «Per què no comencem a comptar?», «Que ens les prendran!». Alguns a les sis de la tarda ja volien avançar feina. Llavors la senyora delegada de l'Administració sí que manava: «Això es pot fer, això no es pot fer». Jo vaig passar una estona a dalt, al meu despatx. Fins que van tenir fet el recompte, van signar les actes amb els resultats i la senyora RA va enviar les dades. I llavors vam tancar l'edifici i me'n vaig anar cap al Palau de la Generalitat.

Hi vaig arribar ben passades les vuit, cap a quarts de nou del vespre. Hi havia una reunió de dirigents del sector del PDeCAT discutint sobre què s'havia de fer. Hi havia els alts càrrecs del Palau i del partit, Artur Mas, Carles Puigdemont, Marta Pascal, consellers, secretaris de govern... Devíem ser, en total, divuit o vint persones. A mi em va sorprendre molt que la gent no s'adonés de l'immens valor que tenia que s'hagués votat malgrat les hòsties. Que no veiessin que era una gran victòria. No vaig veure ningú gens content. Santi Vila va tornar a dir el que feia dies que deia: «Ara hem de fer eleccions». L'ambient potser no era ben bé de derrota, però sí que s'hi respirava cert estat de xoc. Tothom estava molt trist. «Com és que ens han pegat tant?» No hi havia consciència que aquell era el moment. No voldria dir cap mentida, però juraria que l'única que volia declarar immediatament la independència, i que creia que allò havia estat una victòria, era jo. És veritat que tampoc no va ser una discussió en què participessin molts dels que eren allà. Va durar una hora. En Puigdemont, callat. Escoltant. Ell sempre mira avall. No saps res. Té aquesta cosa. No saps si hi és o no hi és. Com que no et mira, no ho saps. I no va dir quasi res. Jo vaig dir que s'havia fet el referèndum. Que havíem de fer públics els resultats immediatament. Que no havíem aprovat la Llei de transitorietat? Per què l'havíem aprovat, doncs? Jo ja ho veia, que les coses no anaven com havien dit que anirien. Va ser el moment que em va caure del tot la bena dels ulls. Artur Mas, per exemple: jo li tenia molt respecte. Molt. Però el Primer d'Octubre al vespre, quan vaig sentir com parlava, em va caure l'ànima als peus. No devia dir ni fer res que no hagués estat dient i fent les jornades prèvies, però aquell va ser el dia que jo ho vaig veure amb els ulls i ho vaig sentir amb les orelles. Em van dir:

—Això no ho podem fer. No estem preparats.

I jo:

—Bé, si no estàvem preparats, per què no ens preparàvem, primer?

De ganes en té tothom, i jo no discuteixo les ganes de ningú de ser independents. Aquí no estem jutjant desitjos ni fent judicis morals. Perquè una part de la discussió va anar per aquí:

—Clara, nosaltres la volem tant com tu, la independència, però ara no pot ser. Perquè no controlem el territori.

Això ho deia Víctor Cullell, secretari del govern i l'home que després es quedaria, amb Elsa Artadi i Pere Aragonès, per obrir la porta als esbirros d'en Rajoy quan van venir a despatxar sota el 155. El que ens havia de preparar les estructures d'estat que ho havien de resoldre tot. «No podem controlar el territori», deia. És a dir, el responsable de les estructures d'estat, el que deien que ho tenia tot controlat, em salta amb això tot just acabat de fer el referèndum. Déu-n'hi-do! N'hi havia per engegar-lo a dida.

—Però això fa deu dies ja ho sabíeu —els deia jo—. I en fa vint també!

I ells vinga que si el control del territori, que si això, que si allò.

—Oh, és clar, si no sabem què farem amb els Mossos, és clar que no tenim control del territori! —va dir en Forn.

Ell ho tenia molt clar: amb els Mossos no s'hi podia comptar. Durant el dia del referèndum, els Mossos van fer el que havien de fer. Però l'important, en tot cas, és que l'operatiu per fer una declaració unilateral d'independència i controlar el territori no estava preparat. Ni preparat ni pensat. La confrontació necessària per controlar el territori, ningú no l'estava preparant. Fins a quin punt la narrativa de la «independència de la llei a la llei» era autoengany o cinisme, això no ho sé. Però quan s'acostava el Primer d'Octubre ho vèiem tots, que la policia espanyola es preparava per intervenir, i aleshores aquella narrativa ja no s'aguantava. Jo tinc la sensació que, en aquell moment, el govern tenia ganes de dir a la gent que havíem arribat fins on havíem pogut i que valia més que ens n'anéssim cap a casa. Perquè els dies anteriors al Primer d'Octubre ningú no s'imaginava el que passaria el Primer d'Octubre. Pensaven que sortiria la policia i la gent es quedaria a casa. El referèndum no es podria fer i llestos. I això no va passar. El referèndum s'havia fet i l'havíem guanyat.

Després d'aquesta reunió amb el PDeCAT va haver-hi una reunió molt ràpida del govern. Ens vam trobar amb els consellers d'ERC, que suposo que ja s'havien reunit pel seu compte en un altre lloc. A la reunió de govern, com sempre, no va haver-hi cap discussió ni debat. Tampoc sobre si el 43% de participació era suficient. Em sembla que la discussió sobre quants vots calien no la va tenir mai ningú, almenys davant meu. Aquell dia, tampoc. Es va dir que llegiríem un comunicat. I jo vaig dir:

—Què? Aquest és el comunicat? Un comunicat que diu que volem negociar?

Perquè això és el que demanava el comunicat, diàleg. Vam fer una fotografia. Una de les últimes fotos de govern. Potser l'última. Hi faig molt mala cara. Estava molt emprenyada. Anava amb una jaqueta que no m'esqueia, perquè no era meva. Aquell dia m'havia vestit amb texans, camisa i sandàlies. Anava vestida de jo. I quan em van dir que havíem de posar a la galeria gòtica per fer una foto, vaig demanar: «Algú em pot deixar una jaqueta?». I una noia del gabinet d'algun dels consellers se la va treure i me la va deixar una estona.

La reunió de govern va ser un pim-pam. «Ara negociarem», ens deien si fa no fa. «Ah, entesos, doncs ja negociareu», vaig fer jo. I vam llegir el comunicat. D'allò més vague i ambigu. Un comunicat que diu A, i no A. Això també els ho vaig fer notar, però tampoc no vaig fer-hi un gran al·legat en contra. El text deia més o menys: el poble de Catalunya s'ha guanyat el dret a la independència. Una cosa molt imprecisa. Escolta, el dret a la independència ja el teníem abans de posar-nos-hi. Avui hem votat la independència. I això no va quedar gens recollit en el text. Ningú més va expressar cap reserva contra aquell comunicat. I ja està. Llavors l'Elsa i jo vam anar a la plaça de Catalunya, on els d'Òmnium havien muntat una festa concert. No va venir ningú més dels que érem a Palau, hi vam anar totes dues soles. I un cop vam ser a la festa tampoc no era gens clar si estàvem celebrant res.

Quan hi vam arribar encara no havia sortit ningú del govern per la tele a dir: «El referèndum ja l'hem fet. Victòria». No només no ho van fer: els resultats no es van donar fins molt més tard, i no era tan difícil, era una qüestió de sumar. Com és que no els estàvem donant? Hi havia vots que faltaven? Bé, doncs si faltaven vots, es podia dir: «Hem calculat que falten tants vots. Hi ha hagut intervencions de la policia a tants col·legis i s'han emportat tantes urnes». Tot això, per què no ho vam dir immediatament, la mateixa nit del Primer d'Octubre? No ho sé. Suposo que hi havia moltíssimes discussions en les quals jo no participava. La Llei del referèndum deia que si el *sí* era majoria, al cap de quaranta-vuit hores es proclamava la independència. Què vol dir, proclamar? Qui la proclama? És el president? És el Parlament? És el poble? És la premsa? Al final tot quedava sempre en aquestes ambigüitats.

Tothom deu tenir els seus records especials del Primer d'Octubre. A mi, personalment, m'evoca una solitud dràstica. Al vespre vaig tornar cap a casa sola i emprenyada. Aquell dia vaig tenir la confirmació d'una sospita que ja feia dies que em rondava pel magí, però que no volia afrontar. D'acord: ja es veia que no arribaríem al final. Però en part no deixava de ser una bona cosa, haver arribat fins on havíem arribat. Malgrat que després no culminés l'èxit, el Primer d'Octubre es va creuar una frontera decisiva. La gent no va abandonar els col·legis. La gent s'hi va quedar. Va defensar les urnes. Va demostrar que volia lluitar. El referèndum és la prova principal contra els qui diuen que no som prou forts.

Aquella nit no va sorgir en cap moment la discussió sobre el perill que hi hagués morts si tiràvem endavant. Van parlar del control del territori. Deien que no podíem garantir el control del territori, però el que volien dir era que el govern, com a govern, no tenia res preparat per controlar-lo. Jo responia que precisament el que s'havia demostrat aquell dia era que els catalans, la gent, podien controlar el territori. «Sí, però això és molt perillós», em responia Santi Vila mentre explicava amb molt de misteri i tot fent l'important els seus contactes, trucades i missatges amb els seus «amics» de Madrid.

Jo crec que has de córrer el risc. Perquè, si no, no ho faràs mai. És d'aquelles coses amb les quals hauríem d'haver comptat. Que ens fotrien d'hòsties era evident. Els piolins què hi feien, al port? Hi eren per decorar? Hi eren per fer alguna cosa. Era claríssim que anirien a sac. Els cants de l'*A por ellos* no deixaven marge de dubte. I, per tant, si tires endavant, si això requereix que el carrer estigui ocupat pel poble, i això té un marge de descontrol, assumeix-ho. No era la Diada, quan després el servei d'ordre recull els quatre papers de terra. Estàvem parlant d'una altra cosa. Per això, la gent del govern estava fins i tot més espantada per les dimensions que podia prendre tot plegat si anàvem endavant que no pas per les hòsties.

El dia 2 d'octubre vaig anar al departament i després vaig baixar a govern. Va haver-hi una reunió. Vam estar parlant de l'aturada de país. I de les converses que havia tingut la consellera Dolors Bassa amb els sindicats. De si els funcionaris cobrarien el sou o no el cobrarien. En fi... No hi havia un col·lectiu estructurat que pensés conjuntament. Estàvem tots, tots, superats pel moment. Hi havia els dos partits, i no sé què passava a l'estat major. L'estat major manava més que el govern? Absolutament. El president i el vicepresident, i alguns consellers, hi eren, en aquest estat major. Però els que no hi érem estàvem als llimbs. Ara, veient com han anat les coses, me n'alegro, de no haver format part de l'estat major. No sé si hi hauria pogut tenir cap influència i ara em sentiria molt més responsable del fracàs.

Davant d'una situació que ningú s'havia plantejat, no hi havia la capacitat de generar intel·ligència col·lectiva. Això és el que passava. Per altra banda, tampoc no és tan estrany. Són situacions molt extremes, i ningú no està mai prou preparat per a situacions així, i encara costa més reaccionar si t'agafen desprevingut.

El dia 3 vaig anar a la manifestació sola; amb els escortes, és clar. Vaig baixar a l'Escola Ramon Llull i allà vaig coincidir una estona amb Jordi Graupera. No recordo de què vam parlar. A la tarda vaig anar a la plaça de la Universitat i allà em vaig trobar la meva cosina Eulàlia Gríful i uns quants amics. Al final vam acabar amb una colla d'amics a casa de l'Eulàlia. Estàvem a l'expectativa, i, a més, jo no volia parlar de res. No els vaig explicar res. Els vaig dir que les coses estaven pitjor del que semblava, això sí. Però vaig trobar que no calia donar detalls.

A més, tampoc sabia què pensava el president. No en tenia la més petita idea. El cap era ell. «Ja veurem què fa», em deia jo. I com que des de diumenge el discurs era «negociarem», doncs això, «negociarem». Havíem votat la independència per negociar. Ja tenia nassos la cosa.

Això és el que es va fer, aquell octubre. Provar de negociar. Jo vaig suposar que els delegats a l'exterior, com Amadeu Altafaj i companyia, i els eurodiputats, s'estaven movent per Brussel·les i les altres capitals europees. Però res, el més calent era a l'aigüera. Entretant, a Barcelona, sortien mediadors autoproclamats com a bolets. Com aquells que anaven amb helicòpter a veure l'Urkullu. Tothom volia ser-hi. Però quan els mediadors s'autoproclamen, malament rai, són part interessada.

Aquells dies vaig intentar parlar, per exemple, amb Raül Romeva, conseller d'Exteriors, per tenir alguna pista del que s'estava fent al front exterior. Però va ser infranquejable. Em va venir més o menys: «Què fas tu ficant el nas en el meu negociat?». És molt ben educat. Té unes formes exquisides, això sí que se li ha de reconèixer. Una vegada o dues li vaig dir: «El món no funciona així». «Perdona —em deia ell amb la mirada—, però el que ha estat parlamentari europeu soc jo. I el conseller d'Exteriors soc jo.» Suposo que per dins devia pensar: «Va, Clara, que tu no ets ningú, que l'únic que has fet a la vida ha estat escriure papers acadèmics». I en això li havia de donar la raó. És veritat que jo no havia anat a tantes reunions amb gent important com ell. És ben cert. Però una mica de món, sí que en tinc. No es pot fer política internacional només de bona fe. La política internacional és una política de fets. I si no hi ha un fet sobre la taula, si no hi ha un cacau monumental amb Catalunya, Brussel·les no farà mai res de res. Són faves comptades. I en aquest punt sí que no tinc cap mena de complex, ni tinc la sensació que soc una acadèmica que no sap res. Mira el que van tardar a Sèrbia. Anys i panys! Hem de saber aprendre de la hipocresia de l'establishment demòcrata, a Occident. Fer marxa enrere era justament el que volien que féssim, a Brussel·les. Els vam solucionar el problema nosaltres, els vam estalviar haver d'intervenir.

La proclamació de la independència es va retardar fins al dia 10 d'octubre. Però el dimarts dia 9 va haver-hi una reunió de govern. Canvi de plans: en Puigdemont ens va demanar de fer una votació sobre si s'havia de donar una oportunitat al diàleg. El dia 10 volia proclamar la independència i suspendre-la immediatament. Per intentar obrir un canal de diàleg. Volia que votéssim. Jo vaig votar que no, però em vaig quedar sola. Un altre cop em vaig quedar sola. Els altres membres del govern estaven d'acord amb la proposta indefinida del president. Vam votar tots menys en Junqueras:

—Oriol, no sabem el que penses, tu —li vaig dir.

—Ho sap tothom —va replicar.

—Doncs jo no.

I aquí es va acabar la conversa.

En aquella reunió els meus arguments eren: «Si no havíem de tirar endavant, per què hem arribat fins aquí, doncs? Què ha passat que no entrés dins les contingències que calia preveure un cop aprovada la Llei del referèndum i la Llei de transitorietat?». Hi havia també un altre argument que per a mi era importantíssim, el de l'oportunitat: cada dia que passava, les nostres possibilitats minvaven. Ja ho havia defensat el Primer d'Octubre al vespre. «Ara ens estan mirant. Aquests paios, els espanyols, acaben de repartir llenya com salvatges, tothom està pendent de quina altra en faran. Per tant, els costarà molt car seguir per aquí. A mesura que vagi passant el temps, els mitjans enfocaran cap a una altra cosa. En el front internacional, tenen una durada d'atenció de trenta segons. Al món hi passen moltes coses.»

Els arguments contraris eren que no teníem prou capacitat. Que no teníem un mandat prou sòlid. Que necessitàvem eleccions. Que havíem de ser moderats. El discurs de Santi Vila, vaja. En Rull i en Turull? Aquests, lleials: «El que tu diguis, president». Els consellers d'Esquerra també veien amb bons ulls que paréssim el carro, però públicament eren més ambigus. És evident que s'havia d'estar obert a negociar. L'error era no jugar aquella carta —hem fet el referèndum, hem guanyat— i pensar que així possibilitàvem el diàleg. Era aquí, on s'equivocaven. Però no vaig ser prou persuasiva. Tenia molt poca confiança en mi mateixa i en la meva capacitat de persuadir els meus companys de govern. Estava convençuda que els relliscaria qualsevol cosa que els pogués dir jo. I ho segueixo creient. Ara podria fer una elucubració sobre psicologia, però és evident que jo no comptava ni amb l'atenció ni amb el respecte d'aquell grup. Jo era algú que passava per allà i que s'havia deixat enfilar al carro, i el seu plantejament era: aquesta no té experiència, ho diu perquè no en té la més petita idea. Els que sabem de política som nosaltres, que n'hem fet tota la vida.

Però el que sí que sé fer és mesurar l'interlocutor. Sé si m'està escoltant amb la ment prou oberta per poder rebatre els meus arguments amb els seus. O si senzillament és una paret que calla i que ja té les decisions preses.

Jo ja ho sabia, que em quedaria sola a la votació. Fins i tot ho vaig dir en veu alta.

—Si ja sabem el resultat. No cal que la fem, la votació.

I així va ser. La pregunta estava formulada en uns termes que costava molt votar que no. Votar contra el diàleg. Qui vota contra el diàleg? Toni Comín va fer una proposta molt estranya: prolongar el referèndum.

—Mantinguem els col·legis oberts perquè puguin votar els que no han pogut fer-ho.

—Això és molt creatiu, Toni —vaig replicar.

I se'm va enfadar, és clar. Potser vaig ser massa sarcàstica. Ell estava preocupat perquè havíem muntat tot aquell cacau i ens ho estàvem saltant tot a la torera. Però quantes coses ens havíem saltat, ja? D'entrada, a proposta de Carles Mundó, havíem fet dimitir els membres de la Sindicatura Electoral. Havíem deixat el referèndum sense àrbitres. Després tampoc no n'havíem publicat els resultats. Va, home!

Després de la reunió, vaig anar a veure en Puigdemont i li vaig oferir la dimissió. Vaig pensar que havia de fer-ho, després de veure que el meu vot era l'únic discrepant. Però el president em va demanar que no plegués i ja no m'hi vaig veure amb cor. Hauria hagut de deixar-ho aquell dia. Per sortir de la pel·lícula. No estava fent res de bo, jo, dins el govern. I tampoc no volia passar a la història com més responsable del que era de segons què, perquè jo estava totalment fora de les decisions. Si el president m'hagués dit: «Endavant, ves-te'n», jo ja tenia escrita la carta de dimissió. Però em va insistir molt que no ho fes. Aquell dia em va semblar que el president estava molt sol, que em demanava que l'acompanyés. O potser no. Potser m'equivoco, perquè jo no el sabia llegir, en Puigdemont. Ara encara em costa desxifrar-lo.

Si el Primer d'Octubre a la nit vaig entrellucar que la independència no es faria, l'endemà, el dia 10, va quedar certificat. Hauria d'haver dimitit allà mateix i marxar cap a Escòcia. Però no vaig fer el cop de cap i em vaig quedar atrapada fins al final.

Per a mi la sessió plenària del Parlament no tenia cap misteri. No tenia cap emoció. Passaria el que havíem votat el dia abans. En Puigdemont pujaria al faristol, començaria el discurs, declararia la independència i la suspendria immediatament. Els que no en sabien res eren els de la CUP. I molts dels parlamentaris de Junts pel Sí, tampoc. Per això va costar tant que comencés la sessió. Devien estar parlant d'això, amb els de la CUP. Van haver d'informar-los del que passaria. Recordo molta estona fent temps, passejant pels passadissos del Parlament. Parlant amb aquest i amb l'altre. I jo anava dient a tothom: «Avui no. Avui, no la declarem». Però, fixa't, el dia 10 els espanyols diuen que hem declarat la independència. I nosaltres que no, que l'hem suspesa. Ells comencen a activar l'article 155 i en Puigdemont i en Rajoy comencen a intercanviar-se missatges a través d'intermediaris i cartes surrealistes sobre si la independència s'ha declarat o no.

Un cop acabada la sessió al Parlament, ens van fer baixar a la sala a signar la declaració. Ni tan sols era clar qui l'havia de signar, però jo vaig dir: «No, jo no signo. Perquè això que voleu fer no és el que deia la Llei del referèndum. I, per tant, a mi no em feu signar». I no la vaig signar. Jo era membre del govern, però no era diputada. «Tot això és cosa dels diputats, que estan fent el seu número; ja s'apanyaran», vaig dir. Si ens en sortim, quan els llibres d'Història ho expliquin, d'aquí a cinquanta anys, ves a saber què diran del cerimonial del dia 10. Marta Rovira plorava. Per a mi Marta Rovira és un gran misteri.

Aquell dia els diputats de Junts pel Sí es van quedar de pasta de moniato. Ningú no els n'havia informat. Però com que els van dir que se suspenia, però no es deixava estar del tot, doncs els van tenir fent actes i trobades per tot el territori parlant amb la gent de la proclamació d'independència i el control del territori fins al dia 27. Vull dir que, després d'això, i suposo que de bona fe i creient-s'ho, els diputats van seguir venent la moto a la gent.

En les setmanes que van seguir al Primer d'Octubre jo seguia exclosa de tots els circuits de discussió i decisió. No anava a cap de les reunions de l'estat major. Però un dia, per casualitat, vaig coincidir amb ells a Palau quan estaven a punt d'entrar a una d'aquestes reunions. Vaig seure un moment al costat de Lluís Llach al Pati dels Tarongers i li vaig dir: «Mira, Lluís, hi ha tres preguntes que han de tenir resposta. Si no en tenen, vol dir que això és una broma: de quins jutges disposem, amb qui hem pactat els crèdits de la transició i què farem amb els policies. Aquestes tres preguntes, a les reunions de l'estat major, ja us les deveu haver fet, oi? Perquè una cosa és no ordenar als Mossos que s'enfrontin a la Guàrdia Civil dins d'Espanya. Entesos, això em sembla raonable. Però, un cop proclames la república, com ho fas per no trobar-te que tens les forces de seguretat activament en contra? Són coses sobre les quals no podem amagar el cap sota l'ala. I si aquestes tres preguntes no tenen resposta, és que això que esteu fent aquí dins és comèdia».

Aquell dia, quan vaig veure que en Llach em mirava com volent dir: «Ostres, quines preguntes més bones», vaig tenir la confirmació definitiva que no anàvem gens bé. Hauríem anat bé si Lluís Llach m'hagués dit: «Aquestes preguntes ja ens les hem fet, i la resposta és aquesta, aquesta i aquesta». O: «Ja hi hem pensat. Això ho tenim solucionat». Aquell dia vaig entendre definitivament que a l'estat major estaven parlant d'altres coses, bàsicament parlaven d'eleccions,

Amb la comunitat educativa al Pati dels Tarongers,
27 de setembre de 2017

Davant del Departament d'Ensenyament, Primer d'Octubre del 2017

eleccions i eleccions. La decisió ja estava presa des del començament: era implícita en el fet de no declarar la independència quan tocava. Amb el pas dels dies i les setmanes, tan sols vam aconseguir que tot anés amb efecte retard i que ens trobés més afeblits.

El dia 16 Jordi Cuixart i Jordi Sànchez van anar a Madrid a declarar per segona vegada davant la jutgessa Carmen Lamela a l'Audiència Nacional i ja no van tornar.

Com que no m'havia atrevit a deixar el govern, vaig estar aguantant el tipus tot el mes d'octubre. Em passava moltes hores al despatx sense fer gaire res. Vaig dir a la meva cap de gabinet que a visitar escoles no hi aniria. Pràcticament no vaig fer cap acte públic.

La violència viscuda a les escoles el Primer d'Octubre va tenir un gran impacte emocional sobre infants i joves que ho van viure directament o que veien les imatges dels policies i guàrdies civils pegant i destrossant les seves escoles. També sobre el professorat. Naturalment, en les jornades següents es van succeir xerrades i debats a les aules i, a secundària, mobilitzacions i vagues dels estudiants. A causa d'aquestes activitats, a Sant Andreu de la Barca i a la Seu d'Urgell, dues poblacions amb aglomeracions importants de famílies de la Guàrdia Civil, un bon nombre de mestres i professors van ser acusats de delicte d'odi. Eren acusacions sense cap fonament, però els mitjans espanyolistes van fer-ne molt rebombori i els casos es van judicialitzar. Tot plegat va causar un gran trasbals als professors assetjats i va enrarir l'atmosfera de convivència a les escoles.

En aquest context, el 23 d'octubre es va celebrar l'acte d'entrega dels premis extraordinaris de batxillerat a la sala d'actes del Palau de la Generalitat. Aquell vespre, davant dels nois i noies premiats i les seves famílies, vaig fer el meu últim discurs com a consellera d'Ensenyament:

> Senyores i senyors, premiats, famílies, el primer que us haig de dir és que em sento molt agraïda per ser avui aquí amb vosaltres. Perquè, en temps convulsos com els que estem vivint, el present estira

molt i ens absorbeix moltes energies, però el bon govern no ha de perdre mai de vista el que visualitzem cap al futur. El que ens proposem i el que voldríem. Els premis que avui lliurem són el que millor explica aquesta connexió entre la realitat present i el futur que desitgem. Perquè premien els bons fonaments d'un coneixement que heu adquirit ara, però que fareu créixer. Hi ha escoles pedagògiques que ens diuen que no és tan important el coneixement com donar les eines per gestionar-lo. Però perquè això sigui possible, perquè amb els anys despuntin el criteri, el talent, la creativitat i la capacitat crítica, primer cal tenir un bon coneixement, ben assentat. Sense el que heu après aquests dos cursos de batxillerat no podríeu construir res. Fixeu-vos-hi, no és casualitat que tres dels quatre exercicis que vau fer a les proves fossin expressió lingüística i comprensió lectora. Els vostres comentaris dels textos literaris i històrics en català i en castellà i la prova de llengua estrangera són el millor exemple que hi ha un bon fonament, perquè, no ens enganyem, com diu el gran pedagog Gregorio Luri, «el fracàs escolar és sempre un fracàs lingüístic», i, per tant, el maneig excel·lent de les llengües, que heu demostrat, és la prova que hi ha una bona garantia de progrés. I, a més a més, molts de vosaltres, a part de la de català, la de castellà i la d'anglès, vau fer la prova de matemàtiques, que és un altre llenguatge, el llenguatge universal del pensament abstracte. Per tant, jo ara us diria: al batxillerat, què hi heu après? Heu après a comunicar-vos i a pensar per comunicar-vos, i això és la base per seguir endavant.

En temps de canvis com els actuals és molt humà que les persones i les societats tinguem tanta por del fracàs com de l'èxit. Però jo crec que no hem de tenir por de l'excel·lència. Si les societats avançades demanen excel·lència, per què a les nostres escoles no n'hauríem de demanar? Quin sentit tindria formar alumnes per a un món que no existeix? La vostra feina excel·lent és un honor per als centres, perquè les seves polítiques i els seus esforços fan possible un alumnat més ben preparat. És un honor per als mestres que han sabut donar-vos estímuls i eines per orientar-vos la intel·ligència i la constància. Per a les famílies, perquè saber que els fills poden caminar sols en les millors condicions dona molta tranquil·litat d'esperit. Per a les administracions, perquè només es recorda que existim en matèria d'ensenyament quan tot va molt malament o quan ens volen utilitzar barroerament de manera política.

I ara no puc escapar-me de mencionar els temps que estem vivint i com l'escola ha estat en els últims dies, i està sent ara, assetjada barroerament. Els dies que estem vivint són dies molt difícils. No vull dedicar massa atenció al moment, més enllà de dir-vos a tots que no permetrem que les escoles siguin una eina per a la manipulació política. No tolerarem la mentida. Normalment es desqualifica sola. Quan un ministre d'Afers Exteriors pretén donar lliçons a la BBC sobre les seves fonts d'informació és que hi ha alguna cosa molt greu, molt greu, que no funciona.

En tot cas, fa temps, les escoles sí que feien el que se'n diu «formació del caràcter». Es volia educar en la disciplina, en la lleialtat a l'Estat, en una Església, en una determinada visió de la família, i se li donava la mateixa importància que a la formació acadèmica. Aquest és un tema complex i delicat. Personalment jo penso que l'escola només s'ha d'ocupar de la formació del caràcter en dos aspectes: estimular l'amor per la feina ben feta i oferir eines perquè els alumnes puguin expressar i discutir punts de vista diferents.

Amb això vull dir que, d'una banda, aquest premi d'avui és important pel reconeixement públic que significa, però les vostres ganes de fer-ho bé i la vostra satisfacció per haver-ho fet bé ho són encara més. Perquè de vegades els premis i el reconeixement triguen a arribar. I també us vull dir: ara sou premiats, però segur que viureu situacions en les quals ja no sereu els primers de la classe i haureu de mantenir l'esforç i la lluita, i seguireu aprenent encara que no sigueu els primers de la classe. I saber superar totes aquestes situacions és la formació del caràcter.

Un dels textos que vau llegir i comentar a les proves de selectivitat era «La ciutat del perdó» de Joan Maragall. Com bé sabeu els alumnes, Joan Maragall no va poder publicar aquest article perquè

Enric Prat de la Riba, que era el director del diari *La Veu de Catalunya* i president de la Diputació de Barcelona en aquell moment, no va permetre que es publiqués. El text és un gran al·legat, molt ben escrit, contra la pena de mort. És l'exemple més memorable de la consciència crítica que ha donat mai la història del periodisme català. Contra l'opinió de tota la seva classe. Contra l'opinió de les elits polítiques amb qui tenia contactes molt estrets, Joan Maragall demana clemència per al pedagog Francesc Ferrer i Guàrdia, que tenia una visió de l'home i de la societat antagònica a la seva. Però fixeu-vos que aquest article el va escriure quan ja era gran. «La ciutat del perdó» pertany als últims escrits de Joan Maragall. Li va costar tota una vida agafar distància respecte a la moral de la seva època i trobar prou força d'esperit per expressar-se contra l'estat d'opinió general.

En aquest sentit, la nostra escola hauria de ser un espai on tinguessin veu les mirades diverses sobre la realitat des de la joventut, perquè quan ens fem grans expressar dissidència no ens ha de sortir car, com va sortir al poeta. Que aquests fonaments que heu assentat millor que ningú us serveixin per desplegar tot el vostre potencial a la universitat. Que aquest nou país que aquests dies engega us ofereixi prou possibilitats per a la recerca i prous oportunitats laborals perquè pugueu treballar amb rigor i audàcia, i perquè això valgui la pena.

I que des de l'Administració sapiguem fomentar a l'ensenyament un clima de tolerància i un reconeixement de la feina ben feta perquè elevem el nivell dels debats i fem avançar entre tots la comunitat del coneixement. Moltes gràcies i bona nit.

Dos dies després, el dia 25 d'octubre a la nit, va haver-hi la famosa reunió conjunta de l'estat major amb el govern a la sala Tàpies del Palau de la Generalitat. Va començar tard i va acabar la matinada del 26. Va ser la primera i última reunió de l'estat major amb tot el govern. Aquell dia en Puigdemont ja havia acceptat explícitament que havia de convocar eleccions. Però volia que el govern en ple li donés suport en aquesta decisió davant l'estat major. Potser perquè a l'estat major no tothom ho veia clar. Ell mateix ha explicat que rebia molta pressió per convocar eleccions i que alguns consellers li demanaven —li suplicaven plorant— que les convoqués. I ell devia pensar: «Molt bé, doncs les convoco, però feu el favor de donar la cara. Tots aquests que em demanen les eleccions plorant, parleu ara davant de tothom». Doncs ca, no van pas donar la cara! En aquella reunió del 25 d'octubre cap dels que en privat li demanaven que convoqués eleccions va dir ni piu.

Aquí va haver-hi tensió, sí. Marta Rovira es va emprenyar. I el president també, quan va veure que els consellers d'Esquerra callaven com uns morts. Estava enfadat, però no es va atrevir a assenyalar els que en privat li demanaven eleccions.

No recordo que el professor Alcoberro es pronunciés amb claretat; al capdavall s'havia trobat al capdavant l'ANC inesperadament perquè Jordi Sànchez era a la presó i la vicepresidenta havia renunciat a substituir-lo. I Marcel Mauri, que representava Òmnium, devia fer si fa no fa el mateix paper; confesso que jo no recordo ni si va intervenir. Tampoc em feu dir ara amb precisió què va dir Marta Rovira, però sí que us puc dir que no estava gens d'acord amb el que proposava el president. Ella deia que havíem de seguir endavant i declarar la independència tant sí com no. I en Junqueras va fer, com sempre, un resum de la situació, però sense mullar-se ni una mica: no va dir ni que sí ni que no, sinó tot el contrari. En un moment determinat, en Puigdemont, ben emprenyat, va dir dirigint-se als d'ERC:

—Doncs agafeu vosaltres la presidència de la Generalitat. Aquí la teniu.

L'exabrupte del president era una proposta sense cap recorregut, però ens va tenir entretinguts, amb intervenció-resum d'en Juqueras inclosa, una bona estona.

No recordo bé què va dir cadascun dels consellers que van parlar. Sí que recordo que Jordi Turull va dir al president:

—Tu ja saps que jo era partidari de la DUI, però ara estic al teu costat.

Va insistir.

I Santi Vila vinga pontificar sobre la moderació.

Va ser una reunió molt tensa. Jo estava de molt mala llet:

—En bona hora em convides a donar la meva opinió, president. A hores d'ara, què voleu que us digui? Heu fet tard. Jo he estat sempre en contra de convocar eleccions, però ara tens el meu suport, si les vols convocar. Ja ho he entès, ara, que no tenim res a punt. Per tant, endavant: convoca eleccions i que sigui el que Déu vulgui.

Cap a mitjanit va aparèixer el síndic de greuges, Rafael Ribó, que venia de Madrid, de veure Jordi Sànchez a la presó. Ens va dir que en Jordi estava a favor de convocar eleccions i presentar-nos-hi en una única candidatura.

Al final vam marxar de la reunió donant per fet que el president Puigdemont convocaria eleccions l'endemà al matí. Aquella matinada, quan jo tirava cap a casa sola, acompanyada només del meu escorta, vaig observar com Santi Vila sortia tot cofoi envoltat de tot el seu equip. Quin paio!, els havia tingut esperant hores. O quins pilotes! Anaven caminant pel carrer de Sant Honorat enllà, amb en Vila xerrant ben satisfet. S'havien imposat les teves tesis: anàvem a eleccions. I ves a saber quines il·lusions es feia pensant en el seu brillant futur polític.

L'endemà, 26 d'octubre, a les deu del matí, a la sala d'actes de baix del Palau de la Generalitat, es va celebrar una altra reunió per explicar a tots els diputats de Junts pel Sí la decisió presa des de l'estat major i el govern: no declararíem la independència. Aniríem a eleccions. Als diputats els va caure l'ànima als peus. Plors. Batalla i Cuminal, plorant. I Carme Forcadell i Anna Simó, molt enfadades. «President, t'has de sotmetre a una moció de confiança», li deien. Per què eren més valents, els diputats? Perquè ells no s'hi jugaven tant o perquè estaven infantilitzats? No ho sé. No havien participat en gaire res. No eren conscients de la magnitud de la tragèdia. Un altre que va protestar amb molta vehemència va ser Antoni Castellà. Irene Rigau va defensar en Puigdemont. Va fer un discurs molt convergent, molt *estupendo*. N'hi va haver uns quants més, de diputats que, com la Rigau, van fer costat al president. L'alcaldessa de Girona i alguns més que ara no recordo, tots del PDeCAT.

Jo també vaig fer una intervenció, no recordo si a part o allà mateix:

—Mentre facis servir l'argument que parem perquè no hi hagi morts sobre la taula, no podrem ser mai independents. Perquè no pots garantir que no n'hi haurà. I ells sempre poden amenaçar-te amb morts. Sempre. Per tant, estàs renunciant a la independència, president.

I és que el seu raonament tenia a veure amb els morts. El president Puigdemont argumentava així la decisió: hem de parar perquè, si no, hi haurà morts. Aquest discurs que volia evitar els morts, i que si la vida humana i cristiana, ja me l'havia fet veladament alguna altra vegada. Era el seu escut. Però el 25 i el 26 d'octubre el va exposar obertament. No m'havia dit en cap moment que l'haguessin amenaçant explícitament, però sí que m'havia parlat de morts, sí. «Ara tinc informació —deia— per pensar que hi haurà sang. Si tirem endavant, hi haurà sang.» I jo també ho creia. Podia haver-hi sang. Però si ells estaven disposats a fer-ho, nosaltres havíem d'estar disposats a pagar-ho. Retirar-se perquè ells amenacen és acceptar la seva violència. El risc zero no existeix. Totes les decisions són costoses. Quin seria el cost de no haver obeït el resultat del referèndum? Tota la capacitat de govern que no podem exercir mentre som un país ocupat té un cost molt alt. Oportunitats perdudes per a les noves generacions. Recursos confiscats que no podem dedicar a les escoles bressol, o a l'atenció dels avis, o la seguretat viària, i tot això també costa vides humanes.

Aquesta discussió jo ja l'havia tingut amb en Puigdemont des del primer moment. I segueix sent la discussió que no podem eludir. Què hem de garantir? Que no hi hagi ni un mort? Ja ho sabem que no volem que mori ningú, nosaltres. Però com volem assegurar que ells no matin algú? I només perquè hi ha aquest risc, ens hem d'aturar? Amb el plantejament de no fer mai res si hi ha risc de morts, no faríem mai res. No cal que tothom estigui disposat a arriscar-se, simplement és un risc que s'ha de córrer. Després del referèndum, hi havia prou gent que hi estava disposada. Però la gent que hi havia al govern, precisament, estava molt avesada a fer el que s'ha fet sempre en la política catalana de l'autonomia marca 1978: fer veure que. Les coses no es deien mai obertament. I tenir unes discussions molt indirectes, sense parlar normal, clar, no ajudava. Perquè, al final, si no parles clar, acabes sense pensar en les coses. Ells sabien fer el que sabien fer: avui et toca fer rotondes i demà hospitals. Són gent que s'ha passat massa temps fent el mateix i no ha vist gaire món. Tenen molt poca imaginació, i molt poques referències fora del «com sempre».

El dia 26 no va haver-hi gaire debat. El president ens va informar, va haver-hi un cacau de nassos, i es va acabar la reunió. No va anar més enllà. No es va posar res a votació. I aleshores els d'ERC van marxar i van fer el seu consell nacional. I el pocapena d'en Rufián, el tuit de les cent cinquanta-cinc monedes de plata.

Tot seguit en Puigdemont havia de fer una compareixença i convocar eleccions. Per això estàvem tot l'equip d'Ensenyament amb el televisor engegat al departament esperant les notícies. I no sortia. Vinga esperar, i no sortia. Fins que va sortir i va dir: «He estat disposat a convocar aquestes eleccions sempre que es donessin unes garanties que en permetessin la celebració amb absoluta normalitat. No hi ha cap d'aquestes garanties que justifiquin avui la convocatòria d'eleccions al Parlament». Al final no hi va haver eleccions per dos motius: Mariano Rajoy no va donar cap garantia al president Puigdemont que frenar la DUI i anar a eleccions serviria per aturar el 155, i el president Puigdemont veia que ERC l'acusaria de traïdor per poder guanyar les eleccions següents. I va dir que per aquí no hi passava. «A mi, traïdor, no m'ho direu.» Perquè en Puigdemont és així, feréstec. ERC ho tenia prou ben muntat. Per una banda, les bases d'ERC li anaven dient traïdor, i, per l'altra, en Junqueras no l'atacava. Una cosa són els uns i una altra cosa són els altres. Tenien aquesta esquizofrènia tan perfecta. Sigui com sigui, Oriol Junqueras hauria pogut frenar les bases dient: «Les eleccions també les vull jo», i no ho va fer. Això ho hauria canviat tot.

Quan vaig veure que en Puigdemont no convocava eleccions, vaig pensar que l'estava espifiant. Entenc per què ho va fer. Però no ho hauria d'haver fet. Atès que la independència estava descartada, hauria d'haver aguantat la llufa de traïdor i convocar-les igualment. I si guanyaven els d'ERC les eleccions a còpia de dir-li traïdor, era igual. Jo pensava que les eleccions no aturarien del tot la repressió, però la resposta al 155 podria haver estat diferent. En aquell moment el meu plantejament, que vaig escriure en un whatsapp que qui sap on ha quedat perdut, era: es convoquen eleccions i aguantem desafiant el 155 a peu i a cavall. I si et volen treure del govern de la Generalitat, que se t'hagi d'emportar la Guàrdia Civil arrossegant-te. Amb eleccions renunciem a ser independents. Som autonomia? Doncs que ens treguin de l'autonomia a rosegons. Però com que l'endemà del referèndum ja no havíem aguantat el pols, com que no havíem pres la iniciativa per por que la cosa se n'anés de mare, quan va arribar el 155 ja s'havia estovat tot. Ja havíem enviat la gent cap a casa amb la consigna que no pagava la pena lluitar. Aquesta és la magnitud de l'error de no haver tirat pel dret el Primer d'Octubre. I tota la reculada que ha vingut després també ve d'aquí mateix.

Sigui com sigui, quan tots donàvem per fet que en Puigdemont convocaria eleccions, la situació es va capgirar. L'endemà, el dia 27, havíem d'anar al Parlament a fer la DUI. Van començar a arribar-nos instruccions una mica surrealistes. Veniu amb sabata plana perquè potser ens haurem de quedar al Parlament. Això era el que circulava entre els gabinets dels consellers. Els joves del meu gabinet estaven emocionats, perquè es pensaven que ara sí que ho faríem. En canvi, jo vaig anar al Parlament a declarar la independència amb la maleta preparada per marxar cap a l'exili.

Jo m'havia decidit per l'exili ja feia setmanes.

Així que vaig arribar al govern ja els ho havia dit: «A mi a la presó no m'hi fotran». Al president Puigdemont, si no li ho vaig dir el primer dia, li ho devia dir molt poc després. Jo ho veia claríssim, que els espanyols voldrien ficar-nos a la presó. Els meus companys de govern, no. Ells es pensaven que si hi havia repressió ho pagarien com ho estaven pagant Mas, Irene Rigau o Joana Ortega. Amb diners i la inhabilitació. Que no veiessin que això és una guerra i que els altres ho tinguin clar des de sempre és decebedor. Quan jo els advertia que els espanyols no tindrien miraments amb la repressió, no veia mai cap reacció.

A les reunions de govern no es parlava mai de res substancial. Hauria estat natural parlar dels preparatius del referèndum, del que faríem abans i després... Del que cadascun de nosaltres es portava entre mans. Però no va haver-hi cap discussió fins al final. Les reunions de govern eren una lletania d'actes administratius: passàvem els actes, els decrets, el contracte de no sé què, el conveni de no sé què més. Una hora i mitja així, i avall. Fèiem la ronda seguint l'ordre de la taula, de departament a departament. Hi havia alguns consellers que parlaven molt. Els més xerraires eren en Comín i en Rull. Que en Comín parla molt i molt, ja ho he comentat més amunt. Però en Rull! Oh, en Rull! Aquest home podria escriure un poema èpic dels ports i els aeroports, i un tractat filosòfic de la rotonda. S'ho sabia tot, i ens ho explicava fil per randa. En qualsevol cas, del «tema» no en parlàvem mai. Se suposava que en algun altre lloc estaven fent la feina de veritat. Va arribar un moment que els vaig dir: «Caram, ja està bé, no? Potser que ens expliqueu alguna cosa i parlem de política!».

La discussió sobre l'exili l'havia portat més d'un dimarts al consell executiu, i no havia arrencat mai. No me'n sortia. Altre cop em quedava sola. «Això ho hem de discutir. Hem de parlar de si anem a l'exili o a la presó. Perquè és una cosa o l'altra.» No em feien cas. Fins que el dilluns 16 d'octubre van tancar els Jordis a la presó. Aleshores, sí. Aleshores, quan vaig treure el tema, com a mínim hi va haver una persona del govern que va dir: «Hòstia, és veritat. És presó o exili». Va ser Toni Comín.

Per ajudar-me a pensar en això de l'exili, jo ja havia anat a veure un amic que em mereixia molt respecte intel·lectual i polític. Ja tenia clar el que volia fer, però volia sentir-lo a ell. «Exili, exili. A la presó ja hi aniràs si l'euroordre té èxit. Tant per tant, provem-ho.» Vam estar sospesant totes les opcions, i també vam xerrar de tot el que havia passat d'ençà del Primer d'Octubre. El meu amic és una persona que coneix molt bé com funciona el poder, que és molt conscient de què és la força dels estats. Vam estar parlant-ne una bona estona. Ell frisava perquè no hi hagués declaració d'independència, la creia condemnada al fracàs i per tant molt contraproduent, pensava que no hi havia prou força per embrancar-se en aquesta via, i que ni tant sols es donava la condició necessària —encara era molt lluny de suficient— de comptar amb els Mossos d'Esquadra. Em deia: «Sense deu mil armats, o un país de fora que ajudi, no hi haurà independència». Però els deu mil armats no els teníem, i temo que, abans de la independència, no els tindrem.

Sobre l'exili dubtàvem de si Brussel·les o Londres. «Dona, Brussel·les és més compromès», deia el meu amic. «Que a Londres, en ple Brexit, no donin l'extradició, no els farà tant mal. Però que passi a la capital d'Europa, això sí que els en farà.» També calia tenir en compte que jo tenia un lloc on aterrar per passar-hi els primers dies si després calia anar cap a Brussel·les. A París hi tenia Toni Malet, el meu ex, que estava disposat a aixoplugar-me. I hi podia anar amb tren. Jo necessitava parlar amb algú i aquella conversa em va anar molt bé. El meu amic és un bon analista, molt més conservador que jo. Moltes coses no les veiem igual, però tant és. Si necessites algú que t'ajudi a pensar, és la persona ideal.

L'endemà d'aquella conversa vaig començar les gestions pràctiques en solitari. Perquè jo, en aquell moment, pensava que en Puigdemont optaria per anar a presó. Vaig trucar a una coneguda meva que fa d'advocada a Londres i li vaig demanar una llista d'advocats belgues i britànics. Em va donar uns quants noms i telèfons. Vaig trucar a Toni Malet per confirmar que em podia acollir i que tenia on dormir a París, i ja ho tenia tot muntat per anar a l'exili.

III

Forners, farmacèutics i atletes

M'hagués llevat l'esguard una espasa roenta
jo reconeixeria encara, poble meu,
tes cases, per l'olor de l'encens la de Déu
i la del moliner per una olor de menta,
i per l'olor del pa sabria quina és
casa de cada un dels tres flequers.

J. Carner, *Fidelitat*

Ix de Betlem, s'atura sota el portal barroc
—del ciutadà bullici com afrontant el xoc—,
una devota. I marxa, després, a poc a poc.

Gerau de Liost, *Rambla avall*

El meu pare era fill de Josep Ponsatí Solà i Josepa Capdevila Cors. L'àvia Pepita. Els Ponsatí Capdevila regentaven una fleca al Raval de Barcelona, a tocar de la parròquia de Betlem, a la rambla de les Flors. Al forn s'hi havien establert el 1882 els meus besavis, Josep Ponsatí Pagessasperas i Isabel-Joaquima Solà Vila.

Josep Ponsatí Pagessasperas, nascut a Celrà el 1852, era pagès i flequer. Era el fill cabaler d'una família amb arrels al veïnat de la Pera, prop de Celrà. Malgrat que havia crescut en un entorn de pagesia carlina —Francesc Savalls, el cabdill militar de la tercera carlinada, havia nascut a la Pera el 1817—, no es va identificar mai amb la causa tradicionalista. Més aviat s'identificava amb els que van rebre la Primera República amb alegria. El besavi va assolir la majoria d'edat durant el Sexenni Democràtic.

Va ser aleshores, als vint-i-un anys, que el van quintar. Com que la seva família no va poder —o no va voler— pagar la redempció, es va incorporar a l'exèrcit liberal per fer la guerra contra els carlins. El van destinar a la primera companyia del regiment d'infanteria de Sevilla i va combatre al País Basc i a Navarra. Va participar en un munt de batalles i operacions: a la batalla de Montejurra, a la presa d'Oteiza, a l'aixecament del bloqueig de Pamplona i al desembarcament de Donosti. Devia guerrejar amb mèrit, perquè el van condecorar unes quantes vegades i li van atorgar la medalla d'Alfons XII. Acabada la guerra, el març del 1876 li van concedir permís per tornar cap a casa. Pel que es veu, a Celrà la família no el va rebre gaire bé. Diu la llegenda que li amargaven la vida afegint-li aigua al vi. El 1878, quan finalment el van llicenciar de l'exèrcit, atès que no li pertocava herència i que les relacions amb els seus germans anaven de mal en pitjor, va fer el farcell i va emigrar cap a Barcelona, on va trobar feina de flequer al forn que regentaven Carles Pont i Isabel Solà al carrer del Rec Comtal número 19.

Amb els estalvis de la soldada que li havien atorgat pels seus serveis a la pàtria, i fent guardiola, treballant de valent i economitzant amb les despeses —dormia a terra a prop de l'obrador i es feia ell mateix els àpats—, va reunir els set-cents duros que li calien per pagar el traspàs del Forn de Betlem, al carrer del Carme número 7. Va tancar l'operació el 24 de març de 1882, i tot seguit es va casar amb Isabel-Joaquima Solà Vila, una jove de vint-i-tres anys.

La besàvia Isabel-Joaquima era filla de Santa Coloma de Farners. El seu pare, Joan Solà Rabionet, era traginer; es guanyava el pa transportant mercaderia amb bèsties de càrrega entre la plana de Vic i la Selva. Era una feina feixuga. Calia conèixer bé la muntanya i menar les mules i els matxos carregats de saques i balots per camins estrets i sovint malmesos per la pluja, superar grans desnivells, sortejar cingles i travessar rieres. A la dificultat del terreny s'hi afegia el perill de perdre la mercaderia en mans de les partides de bandolers i trabucaires que rondaven entre masos i camins. I per complicar una mica més la feina hi havia, ara sí ara també, enfrontaments militars entre liberals i carlins. Durant la tercera carlinada, mentre el besavi Ponsatí feia la guerra a Euskadi amb els liberals, el general Savalls va prendre el control de Santa Coloma de Farners. Però precisament per aquestes mateixes dificultats, la feina dels traginers era indispensable per a l'activitat econòmica de la resta de la població, i, per tant, el negoci oferia bones oportunitats. Sembla, doncs, que malgrat ser gent modesta, la família Solà Vilà vivia prou dignament. Malauradament, el negoci del rebesavi traginer va acabar bruscament cap al 1880. En un trajecte pels cingles de les Guilleries se li va fer de nit, el va enxampar una tempesta i se li van estimbar muntanya avall tots els animals. Sense bèsties, el traginer s'havia

El rebesavi Joan Solà Rabionet, traginer de Santa Coloma de Farners

arruïnat i els seus fills es van haver d'espavilar. La filla gran de la família i el seu marit eren els Pont Solà, que com que tenien la fleca del carrer del Rec de Barcelona podien donar un cop de mà als seus germans. Al germà petit, en Nemesi, el van acollir com a aprenent. I a la Isabel-Joaquima li van trobar marit: la van aparellar amb Josep Ponsatí Pagessasperas, que ja tocava la trentena i estava a punt d'establir-se pel seu compte al forn del carrer del Carme.

A la fleca del carrer del Carme hi van créixer els cinc fills del matrimoni Ponsatí Solà: Caterina, Felícia, el meu avi Josep, Isabel i Nemesi. El Forn de Betlem era un bon establiment. A pocs metres de la Portaferrissa, una cruïlla que bullia d'activitat, a la fleca s'hi aturaven a comprar el pa les dones del veïnat, els ocellaires i les floristes de la Rambla, les pageses, les peixateres i els carnissers de la Boqueria, i les minyones que anaven al mercat a buscar les provisions per als senyors. Pel carrer del Carme anaven i venien estudiants, putes i capellans. Per davant de la fleca hi transitaven també persones cèlebres, com mossèn Jacint Verdaguer, que sortia de la parròquia de Betlem i, enfilant cap a la Casa de Caritat, passejava la seva noble figura davant l'esguard admirat de les nenes, la Caterina i la Felícia, que creixien recitant els seus versos. Del tragí comercial del veïnat ens en dona testimoni el mateix poeta, que l'observava des de la seva cambra del palau Moja, tot lamentant que l'estàtua de l'infant Jesús que presideix la porta lateral de l'església de Betlem no rebia prou veneració:

> Allí, a ses mateixes plantes, a on cabalment s'escau lo centre de Barcelona, cada matí se donen cita lo poble de les flors i lo poble dels aucells, formant-se amunt i avall de la rambla com per fer parada davant son Déu i Senyor. Doncs la rambla dels Aucells se clou punt per punt als peus d'aquella eixerida i venerable imatge, a on naix i s'allarga cap a migdia la rambla de les Flors. [...] Des d'un balcó veí, centenars de vegades he vist arribar i formar-se a les primeres hores del dia aqueixos dos pacífics exèrcits a les plantes del Jesuset de la porta de Betlem, com per demanar-li la benedicció, desitjós de que en plogués també una gota sobre mi. Centenars de

> vegades lo contemplí a ell mateix, corprès de sa gentil figura, i enamorat d'aquella nota mística d'altre temps, escrita en una plana barroca i perduda entre el rebombori de la rambla com una perla en un sorral. La imatge estreny entre sos braços una creu i sembla oferir-la afectuós als transeünts, qui, desconeixent-la com la desconeix tothom, no mostren pas tenir ganes de rebre-la.[1]

Mossèn Cinto exagerava la indiferència popular pel «jesuset de Betlem»; jo tinc memòria directa que la devoció de la tia Caterina era tan fervent com la seva admiració pel poeta.

El besavi era un paio emprenedor, un mestre forner experimentat i amb ganes de progressar. Un home ple d'energia. Aquella Barcelona, que preparava la seva primera exposició universal, vivia un moment d'eufòria econòmica, una febre d'or: «Tots els diners arraconats eixien dels amagatalls on la prudència els havia tingut presoners, i [...] rodolaven esbojarrats de mà en mà».[2] Com que vendre pans i llonguets se li feia petit, va diversificar el negoci cap a les microfinances. A la rebotiga de la fleca feia de canvista, donava crèdit als veïns del barri i els botiguers de la Boqueria. Probablement devia començar com una activitat informal, però està clar que va assolir prou nivell, perquè el 26 de març de 1890 es va donar d'alta a l'Administració d'Hisenda com a prestador hipotecari. Devia guanyar diners, però també en va perdre, perquè no tothom tornava els deutes. Al capdavall l'aventura financera no va prendre prou volada per imposar-se per sobre de la producció de pa. Després del 1912, a la documentació familiar ja no hi ha rastre de negocis financers.

L'avi Josep Ponsatí Solà, nascut el 1889, era l'hereu destinat a continuar el negoci. A més d'aprendre de farines, llevats i pasteres, i d'enfornar el pa de matinada, va tenir una bona educació. Com que el besavi no es refiava gens dels capellans —els identificava amb el tradicionalisme carlí dels seus parents de Celrà—, va encomanar l'edu-

1. Jacint Verdaguer, *Lo Jesuset de la porta de Betlem.*
2. Narcís Oller, *La febre d'or.*

cació primària dels seus fills a don Antonio Rubio, que dirigia, ben a prop de la fleca —al principal del carrer del Carme, 11— el Colegio del Carmen. El desembre del 1906 l'avi obtingué el títol de batxiller. A continuació va fer estudis comercials i va aprendre de números i a portar els llibres de comptes. Com al seu pare, el van cridar a files quan va fer els vint-i-un anys, però ell va poder esquivar el servei militar i la guerra de l'Àfrica, perquè el meu besavi va pagar gustosament les cinc-centes pessetes que calien per redimir-lo de fer el soldat.

En Nemesi Ponsatí i Solà, el fill petit del flequer canvista, va néixer el 1897, quan el negoci familiar anava vent en popa. Va ser criat i educat per ser un senyor de Barcelona. En Nemesi va ser el primer membre de la nissaga d'anar a la universitat, on va estudiar Farmàcia. Després de passar per la primària de don Antonio Rubio com el seu germà Josep, en Nemesi va preparar el batxillerat mentre Barcelona es refeia de l'ensurt de la Setmana Tràgica que va sacsejar la vida de la ciutat a l'estiu del 1909. Des del forn del carrer del Carme, els Ponsatí devien veure des de primera línia, horroritzats, com cremaven els convents del veïnat. Just davant de casa seva, a la reixa de la façana de l'església de Betlem, els revoltats hi van deixar exposades, penjades, les mòmies d'unes monges que havien desenterrat. Déu-n'hi-do!

No sabem del cert quina opinió els va merèixer la dura repressió que va seguir, que va acabar amb l'afusellament de Francesc Ferrer Guàrdia i quatre persones més, acusats de ser els instigadors de la rebel·lió. La repressió també va suposar el tancament de totes les escoles laiques i d'una munió d'entitats titllades de lliurepensadores. En tot cas, el benjamí de can Ponsatí va estudiar el batxillerat en un centre poc sospitós de combregar gaire amb el pensament de Ferrer Guàrdia. *La Vanguardia* del 26 d'agost de 1911 publica un anunci a tota plana del Liceo García Goy, a la plaça de Catalunya número 13, que dirigia don Baldomero García Goy i comptava amb els serveis de mossèn Santiago Estebanell com a pare espiritual. Don Baldomero es vantava d'oferir una educació selecta, i ho argumentava així:

> *El celo y entusiasmo del director de este liceo por la enseñanza, demostrados plenamente en la dificilísima oposición donde tantos profesores han fracasado, el respetable e ilustre nombre del Rdo. P. Estebanell, el numeroso e idóneo profesorado de este centro, el reducido número de alumnos escogidos que admitirá y el modernísimo sistema de enseñanza adoptado, nos permiten afirmar que nuestros alumnos recibirán una educación profundamente religiosa al par que distinguida y una instrucción sólida, práctica y amplia. Nuestra finalidad es formar hombres morales; hacer hombres inteligentes, de acción, de empresa; educando la voluntad para que tengan iniciativa, conciencia del deber y confianza en sí mismos; hombres sanos, robustos y patriotas, en fin. Para conseguirlo, no basta la labor del mejor centro de enseñanza del mundo; precisa el apoyo directo y constante de las familias. A este fin, los directores de este liceo y los señores padres de los alumnos formarán una junta directiva, que, al menos una vez por mes, inspeccionará y examinará, y tomará cuantos acuerdos juzgue convenientes para la educación de sus hijos.*

Els magnífics serveis educatius de don Baldomero costaven 25 pessetes cada mes per als alumnes externs com l'oncle Nemesi. Cinc duros era una quantitat gens menyspreable (com a referència, *La Vanguardia* valia 5 cèntims), però l'oncle en va treure bon profit. L'oncle Nemesi va ser la prova vivent de les virtuts que cantava l'anunci, lluint tres notables —de llatí, d'aritmètica i de geografia. Però al Liceo no tan sols ensenyaven llatí, aritmètica i geografia. Per assegurar la formació dels alumnes com a «*hombres sanos, robustos y patriotas*», don Baldomero també anunciava:

> *Como es imperioso deber nuestro robustecer la salud de nuestros alumnos, vigorizando sus cuerpos y desarrollando su belleza plástica, hacemos obligatoria la gimnasia sueca, la respiratoria, la rítmica, paseos gimnásticos, excursiones a las montañas, etc.*

I fins i tot deixava ben clar que aquest bonus s'oferia «*sin que por estos conceptos percibamos honorario alguno*». La rítmica, la gimnàstica i les excursions a la muntanya promogudes per don Baldomero van fer efecte i en Nemesi es va convertir en un esportista apassionat. També hi devia ajudar que, com que era un nen més aviat escanyolit, la família va decidir apuntar-lo al gimnàs Vila, que des del 1904 oferia els seus serveis «molt ben instal·lat al carrer de Xuclà amb tota mena d'aparells moderns i en molt bones condicions higièniques».[3] El director d'aquest gimnàs, Joan Vila, fou un dels introductors de la gimnàstica sueca al nostre país i el fundador, el 1906, amb Bernat Picornell, del Club de Natació Barcelona. L'oncle es va associar al club el 1916, quan era un jove estudiant de Farmàcia, i va estar estretament vinculat a aquesta entitat, com a esportista i com a directiu, tota la vida.

L'educació de les filles no els va preocupar gaire, als besavis Ponsatí Solà. Res especial. El destí de les senyoretes anava lligat només al seu casament. El 1908 la filla gran dels besavis, la tia Caterina, es casà amb Eduard Sala Sitjà, un xicot de casa bona molt actiu a la Lliga Regionalista. L'Eduard era propietari d'un dels primers automòbils matriculats a Barcelona. Quan apareixia pilotant l'auto pel carrer del Carme causava sensació i esvalotava tot el veïnat. L'Eduard es va declarar a la Caterina sense baixar de l'automòbil. Un bon dia, passant a tota velocitat per davant de la fleca mentre ella despatxava pa a la clientela, va llançar-li sobre el taulell un pom de violetes. Lligada al pom, hi havia la carta en la qual li proposava matrimoni. Qui s'hi hauria pogut resistir? Malgrat aquesta arrencada ardent, però, el matrimoni va fer aigües.

Escarmentats amb el fracàs del matrimoni de la Caterina, per als següents aparellaments la família va preferir invertir en valors segurs, i els va anar a cercar entre els contactes de la besàvia a Santa Coloma de Farners. El 1912 la tia Felícia es casà amb un vidu de Santa Coloma, el doctor Josep Sala Fàbrega. Per al casament de l'hereu també van escollir una jove colomina. La dita «Santa Coloma de Farners noies maques i res més» deu tenir algun

3. *La Il·lustració Catalana*, núm. 71, 9 /11/1904.

fonament i no els va caldre explorar gaire lluny. L'escollida era filla de Victòria Cors Vila, cosina germana de la besàvia Isabel-Joaquima, i de Manel Capdevila Llambís. El 10 de juny de 1919 *La Vanguardia* informava que «*ha sido pedida la mano de la bella señorita Pepita Capdevila, hija del procurador de los tribunales don Manuel de Santa Coloma de Farners, por el joven industrial de esta capital don José Ponsatí*». La bella Pepita era la gran de nou germans. En Josep i la Josepa es van casar un any després, el 1920. Van tenir cinc fills: la Maria Victòria, que va morir als tres anys, la Carme, el meu pare Josep, la Roser i la Dolors.

A Barcelona eren els anys de plom. Després de la vaga de La Canadenca, la patronal optà per respondre a la potència del moviment obrer amb violència. Policia i grups armats favorables a la patronal s'enfrontaren al sindicalisme anarquista i se succeïren els episodis de violència entre els dos bàndols. L'octubre del 1920, mentre els avis estaven de viatge de noces per la península, la inestabilitat afectà de ple les fleques de Barcelona. *La Veu de Catalunya*, sota el titular «El sindicat s'incauta del pa», informava que:

> Diumenge al matí un aprenent flequer que duia un cove de pa des d'una fleca de la rambla de Catalunya a una sucursal de la mateixa casa a la plaça d'Urquinaona el detingué al carrer un individu qui ordenà que el seguís amb el cove. Es dirigiren a la plaça del Sol de Gràcia, a un cafè on li digueren que hi havia instal·lat el Sindicat, i l'obligaren a deixar el cove amb els panets, afegint que si els volia l'amo de la fleca anés a cercar-los. Quan tornà a la fleca l'aprenent explicà a l'amo el que li havia passat i llavors aquest donà coneixement del fet a la policia. A la tarda anaren alguns agents al citat cafè, on es practicà un reconeixement sense que donés cap resultat, puix els panets no aparegueren enlloc. Sembla que la policia perdé molt de temps esbrinant si el servei tocava a aquella delegació.

El 20 d'octubre de 1920 l'avi Josep Ponsatí va escriure al seu pare des de Donostia. Assabentat de les notícies de la vaga, s'oferia, si calia, a escurçar el viatge i tornar a Barcelona agafant el tren ràpid. Si no calia, deia, seguirien cap a Madrid i tornarien fent parades a Saragossa i a Montserrat. Després de dir al seu pare que saludés de part seva tots els treballadors del forn, mossos i dependentes, li demanava que els digués que, si us plau, tinguessin la bondat d'esperar fins que ell tornés a Barcelona abans de sumar-se a la vaga. Els nuvis van continuar el viatge fent totes les parades que havien planificat.

Quan els avis van tornar del viatge de noces, les actituds conciliadores, com la que mostrava l'avi amb els seus treballadors, estaven perdent definitivament la partida. El primer ministre Eduardo Dato havia apartat del Govern Civil Carlos Bas perquè no s'avenia a passar a l'acció i liquidar els principals dirigents sindicalistes, tal com reclamava Severiano Martínez Anido, el governador militar. Un cop apartat Bas, la ciutat va quedar sota el control de Martínez Anido, que tenia carta blanca per obrar amb tota llibertat, perquè el govern no li va crear cap dificultat en les seves iniciatives. Va fer detenir seixanta sindicalistes, va activar la Llei de fugues i va restablir la censura prèvia. Pocs dies després, el 24 de novembre, detenien també el regidor de l'ajuntament Lluís Companys quan anava a visitar el seu client Salvador Seguí a la presó Model. El 30 de novembre van traslladar els detinguts al port per deportar-los cap a la presó de la Mola, a Menorca. L'advocat Francesc Layret se'n va assabentar perquè li ho va anar a dir Mercè Micó, l'esposa de Companys, demanant-li auxili. Es disposà a anar cap a l'ajuntament per intentar socórrer Companys. Eren les sis de la tarda, era fosc, aquell dia no s'havien encès els fanals del carrer de Balmes. No hi havia cap policia en tot el centre de la ciutat. Tan bon punt Layret creuà el cancell de casa seva i va sortir al carrer, van ressonar vint trets. A Mercè Micó —que l'estava esperant en un cotxe aturat al xamfrà— li va semblar que el pistoler era un jove vestit amb una granota de mecànic. Set dels trets van fer diana i van deixar l'advocat agonitzant; morí al dispensari del carrer Sepúlveda poques hores després.

Els assassins van celebrar l'èxit a la vista de tothom amb un tiberi al Lyon d'Or, el popular restaurant al capdavall de les rambles. Sembla que el jove de la granota que va disparar els trets mortals va cobrar cent pessetes per l'encàrrec.

La mort del seu amic i mentor va catapultar Companys a primera línia de la política catalana. El 28 de desembre va ser elegit diputat per ocupar l'escó que Layret havia deixat vacant. Com que no hi havia cap jutge Llarena per impedir-ho, se li va respectar la immunitat parlamentària i va sortir de la presó. Va ser diputat a Madrid fins al 1923, quan el cop d'estat de Primo de Rivera clausurà les Corts. Entretant, mentre la guerra del Marroc anava de desastre en desastre, atiant la misèria i la desesperació, els grups d'acció violenta guanyaven terreny als dirigents moderats de la CNT. El batibull de vagues, acció directa, robatoris i atemptats feia impossible cap negociació. El 8 de març de 1921, a Madrid, tres sindicalistes catalans enfilats dalt d'una moto amb sidecar van seguir el cotxe de Dato quan sortia de les Corts, li van disparar vint trets i el van matar. El 10 de març de 1923, Salvador Seguí, *el Noi del Sucre*, caigué assassinat al Raval de Barcelona.

Al setembre, amb el cop d'estat de Primo de Rivera, es va declarar l'estat de guerra i va semblar que la ciutat recuperava la calma. Però l'alleujament dels sectors benestants representats per la Lliga, que desitjaven ardentment que algú posés ordre en aquell desgavell, va durar poc. La dictadura era un altre malson. La magnífica crònica del cop d'estat que fa el poeta Carles Riba al seu mestre alemany Karl Vossler, llegida cent anys després, impacta per la seva actualitat:

> El cop d'estat, en forma de clàssic «*pronunciamiento*», de la guarnició de Catalunya (guarnició espanyola, no cal dir), ha estat imitació del cop feixista: Alfons XII ha pogut imitar còmodament l'actitud de Víctor Manuel, no ha hagut de trencar-s'hi gens el cap. Què ha fet Catalunya? Primo de Rivera era força estimat: comprenia el nostre problema fins als límits més extrems que un espanyol pot arribar; representava, endemés, un govern de força contra l'anarquia

que els governs anteriors havien deixat créixer (i tothom és convençut —si aquest nou règim fos sincer ara n'haurien de sortir proves evidents— que havien fomentat directament) a casa nostra: el seu manifest prometia, en suma, ordre i autonomia, i la gent, enlluernada, s'hi adherí. Si altres guarnicions d'Espanya no haguessin respost, Primo de Rivera hauria comptat doncs amb els seus soldats i amb el sometent (mena de Landwehr catalana d'antiquíssima tradició), hauria vingut una guerra civil i una paradoxal separació de Catalunya «per la salvació d'Espanya!». Quin aglutinant ha trobat P. de R. per sumar-se les altres guarnicions, algunes altres manifestament ronseres? Ja tothom ho veu clar: l'odi dels espanyols a Catalunya, odi històric, irreductible, molt mes poderós i unànime que el nostre odi envers ells. El separatisme havia crescut en poc temps, en mesos, enormement: com no, si la gent veia que Catalunya era sistemàticament mal governada, que ens enviaven prefectes ineptes a fer entre nosaltres fortuna, i agitadors per apartar la massa obrera de tot sentiment català fent-los veure que catalanisme equivalia a opressió burgesa, i per encendre la més salvatge lluita de classes, agitadors que tenien a sou bandes de pistolers (*bravi*) coneguts de tothom (hi havia diaris que publicaven llurs retrats i la relació de llurs crims!), alliberats sistemàticament per la policia i per la justícia després d'haver estat agafats *in fraganti*! Es concertaven tractats comercials per arruïnar la indústria catalana, es salvejava furiosament una multitud que assistia a una commemoració patriòtica, etc. etc. Veu ara el primer entusiasme català per un home que prometia bon govern i llibertat? Doncs bé, aquest home, en ésser a Madrid, es posa a fer el contrari que el seny polític més elemental hauria aconsellat: en comptes de donar l'autonomia de primer per combatre després el separatisme (per pura propaganda, com deia el seu manifest), i llavors hauria tingut amb ell tota la massa catalana moderada, comença per combatre el separatisme amb penes draconianes, ferint els sentiments de tots els catalans, fins dels més refractaris a una idea de separació: ha prohibit la bandera catalana (les quatre barres vermelles d'Aragó), ha restringit l'ús de la llengua, ha arribat a dissoldre

> còmicament unes associacions catòlico-patriòtiques de jovenets, perquè, segons llur reglament, cada adherit resava cada dia un parenostre per la llibertat de Catalunya! P. de R. ha declarat que considera més perillosos els delictes de separatisme que els de comunisme, és a dir, d'anarquisme, sindicalisme, etc.: què ha de pensar Barcelona, martiritzada fa anys i anys per bombes, vagues, assassinats, etc.? Això demostra un desconeixement absolut del nostre poble, tan amatent sempre a respondre a qui li passi la mà per l'esquena; repeteix el fet històric de pagar amb una cossa el sacrifici de Catalunya per Espanya, com per exemple durant les guerres napoleòniques: Catalunya atura l'empenta francesa, i Espanya respon amb la Constitució de Cádiz (1812), que desmembra Catalunya i li lleva les darreres llibertats.[4]

Durant els set anys de dictadura i repressió contra el catalanisme, al número 7 del carrer del Carme, la fleca dels Ponsatí fa la viu-viu. L'avi agafa les regnes del negoci. Responen com bonament poden a les arbitrarietats i regulacions de les autoritats d'abasts, a l'escassetat de subministraments i a les variacions del preu de la farina, i van fent sense grans sobresalts. L'any 1925 porta alegries i dol a la família; el meu pare neix a la primavera, el 30 d'abril; la seva germana Maria Victòria, de tres anys, mor al novembre. No tot són flors i violes, però van tirant amb llonguets i coques fins a l'abril d'incerta glòria del 1931.

El dimarts 14 d'abril, quan es confirma la victòria dels republicans a les eleccions municipals del diumenge dia 12, els catalans es llancen al carrer. A Barcelona la riuada humana omple tots els carrers del voltant de les rambles. Tot passà allà mateix, davant del Forn de Betlem. Dins de la fleca, les tres generacions, els besavis, els avis i les tietes i els infants —el meu pare té sis anys— senten els crits: «Visca Macià! Mori Companys!». Surten al balcó i a l'entrada de la botiga. Els més atrevits van fins a la cruïlla de davant de la parròquia

4. Carles Riba, *De casa a casa. Tria de cartes*, a cura de Carles Jordi Guardiola, Barcelona, Nova Biblioteca Selecta, 2007, pàg. 93.

de Betlem per veure la desfilada de la multitud que, rambla de les Flors avall, branda senyeres i crida d'alegria.

> 14 d'abril! Impossible de recollir en aquestes notes tota l'emoció profunda, tota la grandesa d'aquest dia inoblidable. Impossible de reflectir amb justesa l'espectacle meravellós de la ciutat en la jornada històrica de la proclamació de la República Catalana. Davant la magnitud emocional d'aquest moment cívic de la nostra vida, falla la ploma, falla la paraula. Impossible de resumir, de vertebrar en una crònica periodística, tot el que han vist els nostres ulls, tot el que ha sentit el nostre cor. [...]
>
> La Rambla! Com descriure l'espectacle emocionant d'aquesta Rambla meravellosa? En aquestes hores inoblidables hem sentit en la Rambla com vivia, com bategava el cor de Catalunya. Entre l'orgia de moviment, de llum i de color, les banderes onegen al vent, com flames vives de llibertat. En totes les cares hi ha un somriure, en totes les boques un visca! emocionat. El clam de la multitud s'enfila cap el cel com un himne de victòria.
>
> Els cotxes, els tramvies, tota mena de vehicles s'han convertit en tribunes ambulants d'una joia embriagadora. Visca la República! Visca Catalunya! La gent, a peu dret, crida, canta, gesticula. Visca la República! Visca Catalunya! Una noia s'enfila en una cadira:
>
> —Avui és el dia més feliç de la meva vida. Faig un petó a qui vulgui!
>
> Les floristes no paren de combinar rams de flors amb els colors de Catalunya i de la República. A l'embocadura del carrer de Ferran un grup s'ha aturat i aplaudeix. Què passa? Són els empleats d'un establiment que acaben de cobrir amb paper un plafó que deia: *proveedores de la real casa.*
>
> Carrer de Ferran enllà, la riuada humana augmenta. Crits, banderes, llaços... La plaça de Sant Jaume està atapeïda de gent. Impossible donar un pas. Mil complicacions per entrar a la Casa de la Ciutat. La condició de periodistes ens franqueja el pas per una porta lateral.

Els primers companys que trobem ens conten el succeït. En Lluís Companys, junt amb l'Aragay, s'han possessionat de l'alcaldia. El senyor Martínez Domingo, alcalde accidental, oferí alguna resistència formulària:

—Jo no puc entregar la vara, sense tenir ordre. Ara, si vostès se la volen prendre per la força...

L'escena es desenrotlla al saló de l'alcaldia. La vara està posada sobre la taula. L'Aragay troba la solució justa. Agafa la vara i l'entrega a en Companys:

—Té. Ja ets alcalde.

I En Martínez Domingo:

—Perfectament, senyors. I, com a ciutadà, em tenen a les seves ordres...

Poc després, en Macià s'ha presentat a la Diputació. El senyor Maluquer oposava moltes resistències a entregar el càrrec.

—He estat elegit pels diputats i no abandonaré aquest lloc com no sigui per la força.

I en Macià, amb un gest magnífic, ha resolt el gran moment. Ha posat, suaument, la mà a l'espatlla del vell president:

—En té prou amb això? —li ha dit.

Moments després, la República Catalana era proclamada des dels balcons de l'ajuntament i la Diputació.[5]

El 16 d'abril, el president de la República Catalana rep visites i adhesions de persones i entitats de tota classe i condició: de la Junta de l'Acadèmia de Jurisprudència, del Círcol Artístic, que ha tret l'estigma «reial» del seu títol, etc. Els flequers també envien els seus representants a saludar Macià:

Ahir a la tarda va tenir lloc la junta general de socis de la Lliga industrial de Flequers amb una nombrosa concurrència. En aquest acte la directiva va donar compte als reunits de les visites fetes al

5. Josep Maria Planes, *Mirador*, 16/4/1931.

> matí als senyors president de l'Estat Català, en Francesc Macià; governador civil, senyor Companys, i alcalde, senyor Aiguader, autoritats a les quals va oferir la junta de la Lliga el lleial concurs i entusiàstica adhesió al nou règim republicà en nom dels patrons flequers afiliats a la dita entitat.
>
> L'assemblea escoltà amb visible satisfacció les explicacions de la junta, i sobretot el caire de cordialitat i respecte que les esmentades autoritats demostraren envers els oferiments dels flequers de la ciutat afiliats a la Lliga.[6]

El 17 d'abril aterra al camp del Prat l'avió on viatgen des de Madrid els tres ministres del govern provisional de la República Espanyola —Fernando de los Ríos i els catalans Marcel·lí Domingo i Lluís Nicolau d'Olwer—, que venen a «aclarir» les coses: el govern provisional de la República Espanyola no pot acceptar la República Catalana. Al final de la jornada, el dia més trist de la vida de Francesc Macià, han arribat a un acord. Ventura Gassol llegeix el comunicat en què s'informa que el govern provisional de Catalunya ha resolt actuar des d'aquell moment sota «el nom de gloriosa tradició» de Govern de la Generalitat de Catalunya. Macià declara: «Mai no he fet un sacrifici tan gran com el d'avui aquesta tarda en la reunió. Considereu que en aquests moments de perill per la llibertat ja nostra i també la dels altres era necessari arribar a un acord que fos de justícia i de dret. Els ajuntaments faran l'Estatut de Catalunya, el qual serà presentat a les Corts Constituents. Després veurem si la cordialitat —la qual estem segurs que existeix— que els ministres del govern ens ofereixen és una realitat. Penseu, però, que si no fos així, nosaltres, com sempre, estem disposats a defensar amb la vida, si cal, la llibertat de Catalunya».[7]

El besavi va morir el desembre del 1931, pocs dies abans de Nadal. El negoci anava prou bé i la família encara havia de viure el

6. *La Publicitat,* 18/4/1931.
7. *La Veu de Catalunya*, 18/4/1931.

naixement de dues filles més, la Roser el 1932, i la Dolors el 1936. Però amb la revolta feixista i l'esclat de la guerra, les coses es van girar. L'avi va patir molt, durant la guerra. Li van col·lectivitzar el forn i no va pair mai l'experiència de l'amo posat a treballar a les ordres dels milicians de la CNT. Acabada la guerra, quan el forn va tornar a mans de la família, l'avi va viure amb la salut molt minvada els seus darrers anys, fins que va morir d'un càncer el 1946. Quan va acabar la guerra, l'avi Josep Ponsatí ja era un home malalt i íntimament derrotat; no m'atreveixo a especular sobre quina opinió li mereixia el règim d'en Franco. El seu germà petit, en Nemesi, va esdevenir el cap de la família.

L'oncle Nemesi, el primer a estudiar a la universitat, era el puntal de la família. Quan havia acabat els estudis havia obert, amb l'ajut econòmic del seu pare, una farmàcia al número 3 de la plaça Nova. El negoci li permetia guanyar-se la vida folgadament, però ell en el fons vivia per a l'esport. Des dels anys vint, quan va participar com a directiu als Jocs Olímpics d'Anvers i de París, i fins al final de la seva vida, el 1980, en Nemesi va viure entregat a la promoció de l'esport entre els joves i va ser un apòstol de l'esperit olímpic. El periodista esportiu Martí Perarnau, que es va iniciar com a atleta amb l'oncle, qualifica Nemesi Ponsatí com el «nostre Coubertin particular».[8]

L'any 1932, quan el Club de Natació Barcelona celebrava els seus vint-i-cinc anys i retia homenatge a Bernat Picornell, l'oncle n'era el vicepresident. Els seus nebots s'estrenaven a la piscina tan bon punt aixecaven dos pams de terra. El 1935 i el 1936 ja hi ha notícies de la tia Carme i del meu pare guanyant curses de natació. En Nemesi i el Club de Natació les van passar magres, durant la Guerra Civil, i els darrers mesos el club va haver de tancar. Amb l'entrada de les tropes franquistes a Barcelona, en Nemesi va començar a moure's per reobrir-lo. El juny del 1939 *La Vanguardia* (ara ja *Española*) anunciava que, «*por autorización del excelentísimo señor*

8. Marti Perarnau al pròleg del llibre de Joan Rius *Metodología del atletismo.*

comandante de Marina de esta plaza», els socis ja podien tornar a la piscina, i que en Nemesi era el president. L'oncle es va adaptar per sobreviure sota el nou règim, però va limitar sempre les seves relacions amb el poder als afers esportius; mantenia les distàncies.

Tothom que feia atletisme de Barcelona, de la meva generació i una mica més grans, s'havia iniciat als cursets de l'oncle Nemesi. Va educar els millors atletes catalans dels anys seixanta i setanta. Quan l'estadi de Montjuïc estava en situació de ruïna absoluta i acollia barraques de la comunitat gitana, l'ús esportiu de l'estadi es limitava als cursets d'atletisme per a infants i joves que promovia l'oncle Nemesi. Cada dia, de bon matí, enfilava cap a Montjuïc amb nanos de tots els barris de Barcelona. Els esperava a la parada de metro de la plaça d'Espanya i pujaven fins a l'estadi en un taxi que pagava ell. Un cop a la pista, en Nemesi els ensenyava tècniques de salt, de llançament de disc, de pes o de javelina, i cronometrava les curses.

Sempre deia que Barcelona havia de fer uns jocs olímpics. Quan li quedaven pocs mesos de vida va encarregar, pagant-lo de la seva butxaca, un projecte arquitectònic per a la restauració de l'estadi de Montjuïc. En aquell moment l'ajuntament no li va fer ni cas. Anys després Narcís Serra va encarregar un estudi sobre la viabilitat d'uns jocs olímpics a Barcelona a Romà Cuyàs, un exatleta deixeble d'en Nemesi. En Cuyàs va prendre com a base el projecte de l'oncle, i aquest informe va fonamentar la campanya de Barcelona per optar als Jocs Olímpics del 1992.

Durant la meva infantesa l'oncle Nemesi i la tia Caterina vivien en un àtic del número dos del carrer dels Capellans, prop de la fleca de l'àvia, però a l'altra banda de la Portaferrissa. El 1960 es van fer les obres per ampliar la plaça Nova i l'oncle va haver de traslladar la farmàcia. Va obrir-ne una de nova, ben llampant i moderna, al passeig de la Catedral (ara Francesc Cambó) número 12, a tocar del mercat de Santa Caterina. A la plaça Nova hi van construir el nou edifici del Col·legi d'Arquitectes. Quan anàvem de petits a casa de l'oncle, sempre sortíem a córrer per la gran terrassa, on tenia tota mena d'aparells, cordes, pesos i corrioles per fer gimnàstica. Ens enfilàvem

L'oncle Nemesi a la farmàcia de la plaça Nova

de puntetes sobre el pedrís i, abocats a la barana, contemplàvem l'espectacle: davant del nas hi teníem la catedral i la muralla romana i, a la dreta, gairebé a tocar dels dits, els frisos esgrafiats de la façana del col·legi d'arquitectes —aquells magnífics dibuixos de Picasso amb l'escena del Diumenge de Rams, els gegants i els capgrossos, la sardana i la cobla i uns vaixells—. Ara, al pis de l'oncle Nemesi, o almenys fins que la pandèmia del coronavirus va acabar abruptament amb el turisme de Barcelona, hi devia haver un pis turístic.

El trasllat de la farmàcia va permetre expandir el negoci complementari que l'oncle havia engegat el 1932: la producció de Nohisent. L'oncle havia inventat el Nohisent inspirat per la seva passió per la natació i preocupat per la prevalença de les otitis entre els nedadors. Eren unes boletes de cera i cotó fluix per obturar els forats de les orelles per tal que no hi entrés aigua mentre nedaves. La publicitat del Nohisent a la premsa esportiva dels anys de la República ho explica ben clar: «Banyistes: les afeccions de les oïdes podeu evitar-les usant boles Nohisent. Amb l'oïda protegida de la humitat desapareix el fantasma de les otitis». Les boletes de Nohisent, tal com indica el mateix nom, també bloquejaven el soroll: «Qui no hi vulgui sentir: Nohisent!». De l'efectivitat del Nohisent per bloquejar els sorolls més empipadors en donava fe el poeta mexicà Octavio Paz, que en cantava les excel·lències en una carta adreçada a Pere Gimferrer:

> *Creo que te conté que me martirizan y exasperan los ruidos de la ciudad de México. Había resuelto parcialmente este problema como Ulises —solo que yo no oigo cantos de sirenas sino motores y autos— con unas bolitas de algodón y cera en los oídos. Por desgracia, desde hace varios meses han desaparecido de las farmacias: nuestro gobierno ha prohibido su importación —dice que para favorecer a la industria nacional, ¡pero nadie las fabrica, en México! Un pintor amigo, de origen español y víctima del mismo mal, me regaló hace algún tiempo una cajita de esas bolitas fabricadas en España. ¡Excelentes! ¡Las mejores! […]. La marca española es NOHISENT y se hace ¡en Bar-*

celona! Se venden en cajitas en forma de pequeños discos (7 bolitas en cada caja). ¿Me podrías enviar unas 10 cajitas por aéreo?[9]

L'oncle va instal·lar la producció de Nohisent al soterrani de la nova farmàcia. Allà donava feina a una bona colla dels seus deixebles atletes. La majoria eren estudiants. Entre els entrenaments a l'estadi i les classes, fabricaven boletes a preu fet al soterrani de la farmàcia. Només nois; de noies no en volia ni una, a fer Nohisent. Déu-n'hi-do com n'era, de masclista, l'oncle Nemesi. Per a ell, a casa nostra hi havia «el nen», el meu germà Oriol, que mereixia totes les atencions; la resta, les quatre nenes, érem una decoració... o una nosa.

Tornem al Forn de Betlem. A la mort de l'avi, l'àvia Pepita es va posar al capdavant de la fleca i va resistir al peu del canó fins que la tia Dolors li va prendre el relleu a finals dels anys cinquanta. Les dues noies grans de la casa, la Carme i la Roser, i el meu pare, ja eren tots casats i al forn només hi vivien l'àvia Pepita i la tia Dolors. La Dolors, després d'una gran batalla familiar, havia aconseguit que la deixessin estudiar i havia fet la carrera de bibliotecària, com la meva mare. Al mateix temps que feia de mestressa del forn, la Dolors treballava catalogant i organitzant a la Biblioteca del Cinema la col·lecció particular de l'industrial i cineasta *amateur* Delmir de Caralt. La Dolors era la meva padrina i la meva tia preferida. Era molt generosa —feia uns regals esplèndids— i molt alegre. Les coses més especials o que no podíem fer amb els pares, les fèiem amb ella: anàvem al cinema i al teatre, fèiem viatges amb el seu cotxe —primer un 600 de color blau elèctric, i després un magnífic 850 coupé—, ens portava a esquiar a Andorra... La Dolors va morir el 2001, encara força jove. Anys abans li havien extirpat un càncer de mama, i va conviure més d'una dècada amb els tractaments, les quimioteràpies i les seqüeles, sempre de bon humor.

9. Octavio Paz, *Memorias y palabras. Cartas a Pere Gimferrer 1966-1997*, edició, pròleg i notes de Pere Gimferrer, prefaci de Basilio Baltasar, Ciutat de Mèxic, Seix Barral, 1999, pàg. 84.

La meva memòria del forn és dels anys seixanta, quan l'àvia Pepita ja s'anava fent gran. La planta baixa i l'entresol del número 7 del carrer del Carme eren molt més que la seu del negoci i la llar de la família. Malgrat que aleshores ja només hi vivien l'àvia i la Dolors, el forn seguia sent un centre de tràfic familiar, comercial i social trepidant. A casa de l'àvia s'hi entrava per la botiga. Normalment sempre te la trobaves darrere el taulell, tot i que gairebé sempre hi havia també almenys una dependenta atenent la clientela. A la rebotiga hi havia el menjador i la cuina. Allà sempre hi havia gent: parents, visites, clients i veïns. La gent entrava i sortia sense parar. La ràdio estava sempre engegada, encara que no semblava que ningú se l'escoltés. Devia ser un espai prou gran, perquè a part del tràfec dels dies normals, ja prou intens, s'hi feien els àpats multitudinaris de la família el dia de Nadal i altres dates assenyalades. Més endins hi havia l'obrador, amb la pastera, els taulells on es donava forma als pans, les pales, les plates i els motllos. A dreta i esquerra, arrambades a les parets, les piles de sacs de farina; i a la paret del fons, l'escotilla que feia les funcions de porta del forn. En algun racó s'amuntegaven els coves i carretons que servien per treure el pa del forn i portar-lo fins a la botiga. Al fons a la dreta hi havia una porta que donava al pati, atapeït d'atuells i de rampoines, i a la comuna. Per una escala es pujava al pis on hi havia les habitacions. Al fons, just damunt de la botiga, als anys seixanta hi havia la sala d'estar amb la tele. Tenia una porta que donava a l'escala dels veïns, que al seu torn es comunicava amb el restaurant Quo Vadis, regentat per la senyora Mercè. El meu pare deia que quan ell era petit cada dia de bon matí les ties posaven a bullir una escudella. Tothom que anava passant per la cuina, ara un, ara l'altre, hi ficava el cullerot, remenava i hi afegia un polsim de sal; l'olla feia xup-xup durant hores. El pare la tenia ben avorrida, l'escudella; no podia suportar-ne l'olor. Però quan nosaltres passàvem estones a casa de l'àvia Pepita, normalment els dissabtes a la tarda, ja feia anys que s'havia apagat el foc de la darrera escudella. La ràdio emetia el consultori de l'Elena Francis i l'àvia s'havia passat a les sopes de sobre i el Duralex. Ens aturàvem a la botiga a saludar-la, ens deixava triar una coca o un panet de Viena per berenar, i pujàvem a la sala del pis de dalt a mirar la tele. Allà era l'únic lloc on la podíem mirar, perquè a casa no en teníem. Abans d'enfilar cap a dalt, a mi m'agradava parar un moment a l'obrador i, d'amagatotis, posar molt suaument totes dues mans sobre la pasta que reposava fermentant a la pastera; pràcticament la sentia bategar mentre pujava. Els dies assenyalats, havent dinat, quan els grans ja estaven ben contents, gràcies al xampany, i estaven entretinguts rient i discutint quant temps li quedava a en Franco, ens deixaven jugar a fet i amagar entre l'obrador i l'eixida, a saltar i parar damunt dels sacs de farina, i a fer curses amb els carretons del pa. Això va acabar l'any 1971, quan va morir l'àvia Pepita i els seus fills van traspassar el Forn de Betlem, el negoci que havia estat, ben literalment, el pa de tres generacions de la família Ponsatí.

Els Ponsatí Solà amb amics i veïns, cap a 1907

IV

Artistes, sastres i mestres

Empelta les pereres, Dafnis: els teus descendents
ja colliran la fruita.

VIRGILI, *Les Bucòliques*

A Josep Obiols

Seguir, de nit, la mar, de punta a punta
—Es Plom i Cap sa Sal!—, quan tot reposa
I allà on l'areny amb la pedra s'ajunta
Copsar el respir del món en cala closa.

Ésser **molts i ningú**; i a cada cosa,
En les foscors de la fosca que munta,
Dar-li un nom nou, sense alè ni pregunta.
I tenir por, com si ens colpís la llosa

D'un destí sense flam. Però gaudir
De l'únic so i de l'irreal tremir,
Dels fòsfors conjugats que l'ull agenci

I dels mots que callem i el goig avenci
—I que mai no ens direm! I compartir
Amb els estels innúmers, el Silenci.

J.V. FOIX, *Sol, i de dol*

La meva mare és filla de Montserrat Germà Erola i Josep Obiols Palau. Els avis Obiols Germà es van conèixer el 1919 a l'escola del Poblenou, on l'àvia feia de mestra i l'avi pintava un dels seus primers murals al fresc. Es van casar el 1923 i es van instal·lar al carrer d'Àngel Guimerà, a les Tres Torres, el barri on van viure fins al 1949, quan es van traslladar a Gràcia. Van tenir cinc fills, la Montserrat —la meva mare—, l'Àngels, l'Anna Maria, la Núria i en Raimon.

La meva àvia Montserrat va néixer el 1899 a la plaça de l'Àngel de Barcelona, a l'edifici on hi ha l'Hotel Suizo. Era filla de Concepció Erola Vidal i de Josep Germà i Busquets, que tenien una sastreria. El meu besavi Josep Germà i les seves germanes, la Maria i la Pepa, van venir a Barcelona des de Granollers amb el seu pare, que també era sastre. Josep Germà va aprendre l'ofici patern i va fer molt bon casament. Conxita Erola era la filla pubilla de l'inventor i fabricant de productes refractaris Joan Erola. El rebesavi Erola havia dissenyat una cuina econòmica que *La Vanguardia* descriu com «*un horno portátil para cocer sustancias alimenticias, especialmente pan y pastas, de muy ventajosa aplicación. Este nuevo horno es muy sencillo y está formado de varias piezas de palastro y tierra refractaria que se unen por medio de tornillos*». El 1882 l'Ajuntament de Barcelona li va concedir el «privilegi d'invenció» —és a dir, una patent— per fabricar-lo en exclusiva durant vint anys. L'anunci al diari *El Diluvio* del 14 de novembre de 1889 explica perfectament per què. Diu: «*Cocinas más económicas que las Erola no las hay. Gastan 5 céntimos de carbón por cada seis horas, pudiendo hervir de 2 a 3 pucheros a la vez; pueden trasladarse sin ningún gasto de albañil; las hay de 41 pesetas en adelante. Brosoli, 1. De su buen resultado más de 400 casas informarán*». La cuina econòmica Erola va ser un èxit esclatant.

El matrimoni Germà Erola van tenir quatre fills, la meva àvia Montserrat, la Maria, l'Antònia i en Jaume. Durant la infància de l'àvia la sastreria Germà es va establir al principal del número 57 del carrer de Ferran, que en aquell moment era el rovell de l'ou de la ciutat. Era un establiment de molt renom, amb més de trenta cosidores. Eren gent molt benestant. Diu la llegenda que tenien dues torretes d'estiueig a Cerdanyola i que, quan hi anaven a passar el diumenge, abans s'aturaven al mercat de la Boqueria a comprar una llagosta per fer l'àpat de festa.

El meu besavi sastre de jove havia estat molt republicà, però amb els anys es va estovar. Va començar a donar mostres de debilitat el maig del 1888, durant la visita a Barcelona de Maria Cristina, la reina regent, amb motiu de la inauguració de la primera Exposició Universal. El cas és que es va convocar un concurs de sastreria. Es tractava de cosir un vestit negre amb fil blanc. I, com que era un crac, el besavi va guanyar el primer premi. Va entregar els premis la mateixa Maria Cristina en persona. I, ves tu quines coses, mentre rebia el premi de mans de la monarca, Josep Germà va caure seduït per l'encís reial i li van trontollar les conviccions. Amb els anys, i a mesura que va anar prosperant, la rendició a la monarquia va ser total. Tant, que el dia 16 de març de l'any 1917 el besavi Germà formava part de la delegació de la societat mútua de mestres sastres La Confiança que va visitar el rei Alfons XIII al seu despatx al palau reial de Madrid. Diuen les cròniques que el Borbó va tenir frases d'afecte per a Barcelona i els catalans. Vaja. Els sastres van rematar l'acte de vassallatge al rei fent-li un obsequi: «*un lujoso estuche conteniendo una colección de figurines de uniformes militares*». Quins llepes!

La besàvia Conchita va morir jove, de sobrepart, el 1910, quan va néixer el seu fill Jaume, i el seu lloc com a mestressa el va ocupar

Montserrat Germà i Josep Obiols, 1934

Montserrat Germà amb l'Àngels i la Montserrat, 1931

la germana del besavi, la tia Maria, a qui sempre li feien mal els peus. Més endavant el besavi Josep Germà es va a casar en segones núpcies amb una treballadora de la sastreria, la Maria Salamero. Aquest casament no va plaure gens a les filles i va accelerar els casaments de la Montserrat i de la Maria, que no volien pas compartir sostre amb la nouvinguda.

L'àvia Montserrat era una dona brillant que no es va conformar amb la vida de senyoreta benestant que se li oferia des del carrer Ferran. Va voler estudiar per a mestra i va viure des de dins l'efervescència cultural i pedagògica dels anys de la Mancomunitat. Tenim notícia que el 1912, quan va fer l'examen de revàlida a l'Institut Segona Ensenyança de la Dona, li van donar matrícula d'honor d'aritmètica i geometria. Després va estudiar a l'Escola Normal de Magisteri, va assistir als cursos que Maria Montessori va impartir a Barcelona el 1916 i va fer pràctiques amb Dolors Canals, que havia estat deixeble de la Montessori a Roma. El 1919 va guanyar el concurs per ocupar una plaça de mestra a l'escola catalana del Poblenou. No era una escola qualsevol. L'escola del Poblenou va ser creada el 1918 per iniciativa del doctor Josep Riera i Puntí, un químic format a Alemanya i França que, després de passar uns anys a Buenos Aires, on havia presidit el Casal Català, havia tornat a Catalunya el 1916 i s'havia establert al Poblenou. Molt compromès amb el moviment catalanista, Riera i Puntí presidia la Secció de Foment de l'Associació Protectora de l'Ensenyança Catalana. L'escola del Poblenou volia ser un model per a les escoles catalanes que promovia la Protectora. Vet aquí com ens ho explica *L'Esquella de la Torratxa*:

> Mercès a la generosa iniciativa i a la tasca patriòtica de alguns socis del benemèrit Ateneu Democràtic Regionalista que té l'estatge social al carrer de Wad-Ras, foren creades aqueixes «escoles catalanes», del Poblenou, model de institucions de ensenyança popular que representen un esforç col·lectiu en pro de la cultura pàtria a totes llums digne de imitar-se.

No tenen història encara, puix la llur actuació és recent. Fundades en el mes de setembre de l'any 1918, començaren a funcionar a primers de janer del 1919, sots l'intel·ligent i manyosa direcció de n'Antoni Riera, havent respost tant bé els veïns de la barriada que, al acabar-se el primer curs, el nombre de alumnes inscrits passava de una quarentena.

Les esmentades escoles no tenen altre subsidi ni altre element de vida que els donatius voluntaris dels socis de l'Ateneu, de qualques industrials i altres veïns de la barriada, fent-se efectius actualment uns ingressos mensuals de prop de mil pessetes.

El local de l'escola, molt apropiat, té envejables condicions; de la decoració en conjunt així com de les pintures murals, se'n encarregà l'artista J. Obiols i el projecte és obra del arquitecte Fisas.

Les escoles catalanes del Poblenou han mantingut també obertes durant l'any classes especials de francès, anglès i català per a senyoretes; i, per a senyors, classes de música de cant.

Actualment se treballa per a augmentar el nombre de alumnes inscrits, que arribaran, de segur, a un centenar, havent sigut nomenats pel cas un nou mestre i una professora, aquesta darrera per a dedicar-se als pàrvuls, quals nomenaments s'han efectuat després de un concurs de qual jurat n'ha format part el tècnic de l'Associació Protectora de l'Ensenyança Catalana, en Pau Romeva, i havent caigut el nomenament sobre el senyor en A. Gibert i na Montserrat Germà.

En el curs vigent es reanusaran les classes d'idiomes i de mecanografia que's donaven de nit, obrint-se així mateix una classe elemental, als vespres, destinada als aprenents que no poden assistir a les diürnes.

Altre projecte —pot dir-se en camí de viabilitat— és el de la creació de un curs de Gimnàstica rítmica i cançons amb gestes.

En la darrera Exposició Escolar organitzada pel Consell de Pedagogia, que es celebrà en l'Universitat Industrial no fa gaires mesos, despertà la curiositat dels visitants el material escolar que presentaven les escoles catalanes del Poblenou; material que's distingia força dels demés que constaven en el concurs.

Cartell de l'APEC, 1921

Ca l'Herbolari, Viladrau, dibuix al carbó de Josep Obiols, 1931

Els pares dels alumnes que assisteixen a aqueixes escoles no s'han de preocupar de retribucions de cap mena. Tot en elles és absolutament gratuït, inclòs el material i l'uniforme.

Hi han en el local magnífiques instal·lacions de serveis d'higiene; els alumnes prenen dutxes diàriament, exceptuant els que la Comissió especial ha apartat de aquesta cura. Durant el mes de juliol, la major part dels nens inscrits anaven a passar els matins a la platja de la Mar Bella, on prengueren banys i feren exercicis de gimnàstica sueca dirigits pels respectius mestres.

L'ensenyament se completa amb excursions i visites a les més importants fàbriques de la barriada.

Afegeixin a totes aqueixes belles pràctiques l'excel·lent costum de prendre nota cada mes de les condicions corporals de les criatures amb aparells *ad hoc*, apuntant-se les dades en unes cèdules antropomètriques de les quals se envia un duplicat als pares, i comprendran lo que signifiquen les escoles catalanes del Poblenou per al millorament intelectual i físic dels nois de la més simpàtica i populosa de les nostres barriades obreres.[1]

En aquesta escola on els infants es dutxaven cada dia es van conèixer Josep Obiols i Montserrat Germà, els meus avis.

Nascut el 1894 a Sarrià, l'avi Josep Obiols era fill de Tomàs Obiols Guix, un pagès de Vallvidrera, «hereu d'una estirp muntanyana que havia pasturat durant segles els ramats pels rostolls de Collserola»,[2] i de Filomena Palau Folch, que havia vingut de Valls a Sarrià amb la seva germana gran quan aquesta s'havia casat amb l'enginyer sarrianenc que treballava en la construcció de la xarxa de ferrocarril a Valls. En casar-se amb la Filomena, que era molt més jove que ell, el meu besavi Tomàs va baixar a Sarrià i va posar una carboneria. Va morir d'una septicèmia —aleshores en deien un còlic miserere— i va deixar la Filomena sense ofici ni benefici i amb

1. *L'Esquella de la Torratxa*, núm. 2127, 17/10/1919.
2. J. V. Foix, *Catalans de 1918*, pàg. 82.

les tres criatures molt joves. Probablement per això la dona va tenir tant d'interès que el fill gran, l'Àngel, nascut el 1888, entrés al seminari. El pla que tenia per als altres dos era que ingressessin en un convent. De totes passades volia entregar tots tres fills a la santa mare Església; volia un mossèn, una monja i un frare. El 1902 Àngel Obiols va fer el quart curs de batxillerat al seminari conciliar de Barcelona, després va seguir estudis de llatí, filosofia i teologia, i es va ordenar capellà l'octubre del 1911. La noia, la Maria, també va seguir obedient els designis de la meva besàvia i va entrar de molt joveneta al convent de monges de clausura de les Clarisses de la Divina Providència de Gràcia. No la van veure mai més, perquè va morir-hi quan només tenia dinou anys. Al meu avi el va afectar molt, la mort de la seva germana en aquell convent. Josep Obiols no en va voler ni sentir a parlar mai, de fer-se frare. Després, de gran, va desenvolupar una gran amistat amb la comunitat benedictina de Montserrat, però d'aquí a fer-se monjo, hi va un bon tros.

Malgrat que la seva mare l'havia enrolat al servei de l'Església, la vocació genuïna d'Àngel Obiols era la música. De menut havia rebut classes de piano de la seva cosina —que també es va fer monja—, però les lliçons es van acabar quan l'Àngel va entrar al seminari. No obstant això, ell va continuar la seva formació musical de manera autodidàctica i, acabats els estudis eclesiàstics, va aconseguir que el nomenessin organista de la parròquia de Sant Vicenç de Sarrià. Gràcies a això va poder fer estudis reglats de música —piano, harmonia i composició— i va prosperar com a intèrpret i compositor. Va destacar com a autor de sardanes, cançons i música religiosa i escènica. L'any 1917 va fundar l'Orfeó Sarrianenc, una entitat coral i patriòtica de referència per a la vila de Sarrià, que va dirigir, amb la interrupció imposada per la guerra, fins al 1945. Els èxits de mossèn Àngel amb l'Orfeó eren notícia recurrent a la premsa. N'és un exemple aquesta nota apareguda a *La Veu de Catalunya* el 10 d'agost de 1920:

> El dissabte darrer a la nit l'Orfeó Sarrianenc donà a l'envelat aixecat a Vallvidrera amb motiu de la festa major d'aquella barriada un

> concert, amb el qual assolí un èxit digne d'esment. Sota la destra batuta de son director mossèn Àngel Obiols, Pvre., l'Orfeó executà brillantment un seguit de boniques cançons que foren acollides pel nombrós i distingit auditori amb aplaudiments xardorosos, davant la insistència dels quals algunes de les composicions hagueren de ser repetides. La festa acabà enmig de gran entusiasme, amb el cant d'*Els Segadors* escoltats a peu dret i coronats per la concurrència amb visques i aplaudiments extraordinaris.

Recordo mossèn Àngel com un personatge entranyable de la meva infantesa. Era un vellet rodanxó vestit amb sotana que es cobria la clepsa amb un gran barret de capellà i ens saludava tot oferint-nos la mà perquè li beséssim l'anell. Oficiava noces i baptismes i beneïa la taula familiar, però era un clergue atípic. Com que la meva àvia s'hi referia com a «*musaan* Àngel», jo estava convençuda que això dels *mussans* era una categoria eclesiàstica especial, diferent de la dels mossens. Afegit al seu talent musical, Àngel Obiols va donar una altra prova fefaent de la sensibilitat i el bon gust innats que corrien per les venes dels germans Obiols. Va aconseguir que les autoritats eclesiàstiques li atorguessin dispensa per abstenir-se d'impartir el sagrament de la penitència. No volia ni escoltar confessions, ni administrar perdons. El que ell volia era tocar l'orgue, donar classes de piano i compondre sardanes.

Josep Obiols, el meu avi, va anar a l'escola pública de Sarrià que dirigia Salvador Mundi. Allà va coincidir amb Josep Vicent Foix i va néixer una amistat que duraria tota la vida. El futur poeta va mostrar ben precoçment la dèria per la recuperació de la llengua catalana que havia de ser la seva divisa vital. Tots dos es van enrolar incondicionalment a la causa catalanista des de ben menuts. Quan encara no tenien deu anys «editaven» plegats una revista infantil, *Lo Català*, escrita a mà amb lletra d'impremta. Van comprar una guardiola i cada cop que algun d'ells o dels altres companys d'escola deien una paraula en castellà, hi havien de posar dos cèntims. Superada l'etapa escolar, els dos joves amics sortien molts dies de bon matí a caminar per Collserola abans d'anar cap a estudi o a treballar. Tot caminant de Vallvidrera a Sant Pere Màrtir i baixant cap a la font del Lleó xerraven de lectures, idees, somnis i il·lusions. Foix explicava a l'avi el seu entusiasme per les normes ortogràfiques de Pompeu Fabra, o discutien sobre les *Gloses* que Eugeni d'Ors, *Xènius*, publicava a *La Veu de Catalunya*. Els diumenges s'entretenien; l'avi s'emportava paper o tela, i s'instal·laven sota un pi en algun punt des d'on es veiés el mar. Diu Foix: «Quan ell dibuixa o pinta, jo llegeixo. Alt, puix que a l'Obiols, de puresa camperola, tímid i botit, li plau, a ple camp —quan els masovers afeixen, amb esforços perduts, terrenys que els amos, enfurrunyats no sé de què, s'entesten a vendre, i de pressa; o quan la lletera baixa els pots a la Rectoria, muny les cabres als frescals de can Bosquets—, de comentar les meves lectures amb monosíl·labs esquerps i sorneguers».[3]

Als quinze anys Josep Obiols era alumne de Joaquim Torres García, a l'Escola Catalana de Decoració que el pintor uruguaià dirigia a Sarrià. Amb ell va aprendre les tècniques de gravat al boix i de la pintura mural al fresc, i sempre més se'n considerà un deixeble. El 1915 Torres García va tancar l'escola de Sarrià perquè no trobava suports per mantenir-la. Les pintures al fresc que pintava per al Saló de Sant Jordi del Palau de la Generalitat per encàrrec d'Enric Prat de la Riba rebien crítiques furibundes. Es va desfermar una encesa polèmica, però Torres García va seguir treballant-hi, i els murals estaven molt avançats quan el 1917 va morir Prat de la Riba. Amb Josep Puig i Cadafalch a la presidència de la Mancomunitat, els adversaris de Torres García es van imposar:

> A la Diputació i en el Saló dels frescs, dels frescs de en Torres García, existeix un, cobert tot ell per una tela, que és el vel espès tirat per la burocràcia regionalista damunt l'obra del pintor.
>
> —I aquesta tela, què hi fa? —preguntàrem.

3. J. V. Foix, *Catalans de 1918*, Tusquets, Barcelona, 1965, pàg. 119.

És que aquesta pintura sembla que no serà acabada. Hi ha en ella una llegenda que diu: «Lo temporal exclueix el símbol», i una cosa semblant hi és tinguda per luterana.

—Però, la pintura, què representa?

—S'ignora. No sabem més que hi ha un home tocant la flauta.

Nosaltres aleshores pensàrem en velles anècdotes i en que la rencúnia de l'actual president de la Diputació és immortal.

Aquell home tocant la flauta tothom se creuria que era el senyor Puig i Cadafalch.[4]

El 1918 Puig i Cadafalch es va desdir de l'encàrrec; va rescindir el contracte i els frescos van quedar inacabats i censurats. Fastiguejat per l'hostilitat contra la seva obra i aclaparat pels deutes, Torres García va marxar de Barcelona el 1920 i no hi va tornar mai més.

Josep Obiols va desplegar des de ben jove una intensa activitat com a il·lustrador i cartellista. Era el dibuixant de referència de l'Associació Protectora de l'Ensenyança Catalana. El 1917 va il·lustrar el *Cartipàs català* de Pau Romeva. Són uns quaderns de cal·ligrafia amb la lletra lligada vertical moderna que ensenyen a llegir i escriure aparellant paraules —casa, rosa, cirerer— amb els dibuixos de l'avi. L'any 1920 va dibuixar el vailet que anava a l'escola i interpel·lava la gent: «Ja sou de l'Associació Protectora de l'Ensenyança Catalana?». El cartell, que fou publicat el 1921, esdevingué la seva obra més popular i la icona gràfica més emblemàtica de l'escola catalana.

Just després d'enllestir el cartell de la Protectora, la primavera del 1920 l'avi va emprendre un llarg viatge a Itàlia amb els seus amics, els poetes Carles Riba i Clementina Arderiu. Els havia conegut a la penya d'intel·lectuals del Cafè Continental, que des del 1915 es reunia cada dia de set a nou del vespre en aquest cafè de la Rambla, a tocar de la plaça de Catalunya. Presidia la tertúlia Josep M. López-Picó, i, a més d'en Riba i l'Arderiu, hi assistien regularment Josep Aragay, Josep Benet, Joan Crexells, Martí Casanova, Agustí

4. *L'Esquella de la Torratxa*, 27/9/1918.

Esclasans, Joaquim Folguera, J. V. Foix, Tomàs Garcés, Josep Maria Junoy, Josep Millàs-Raurell i Xavier Nogués.

L'avi va viatjar a Itàlia encoratjat pel seu mestre, Torres García, però l'instigador directe de l'expedició Arderiu, Riba i Obiols va ser el pintor i ceramista Josep Aragay. Gran conversador i amant de la polèmica, l'Aragay era una de les ànimes de la tertúlia del Continental. Havia fet el viatge el 1916 pensionat per l'Ajuntament de Barcelona. El seu entusiasme i les seves recomanacions pràctiques van esperonar els tres amics a emprendre el viatge.

A primers de maig ja estaven instal·lats a Florència, allotjats a la Pensione Balestri (piazza Mentana, 5), un hostal amb vistes a l'Arno, entre el Palazzo Vecchio i la Galleria degli Uffizi que els havia recomanat l'Aragay. Per pocs dies es van perdre la visita del mariscal Joffre a Barcelona. La rebuda del mariscal, convidat per presidir els Jocs Florals el 2 i 3 de maig, va causar un gran enrenou. En van tenir notícia gràcies a la correspondència que l'avi va mantenir amb el seu amic Foix, que l'informava fil per randa de tot:

> La vinguda d'en Jofre va portar el conflicte més gros que ha conegut el catalanisme. Només et cal saber que van haver de suspendre els festeigs per evitar una guerra civil. Com que pels diaris que et puc trametre tampoc ho posaries gaire en clar, jo que he estat testimoni de tots aquest esdeveniments te'n diré quatre fets.
>
> El fet de passar el Jofre per Madrid va exaltar el nacionalisme dels nostres patriotes i la rebuda que se li va fer va ésser imponent, com se sol dir. Els militars obligaven els cotxers a anar al trot però el poble ho impedia i, en arribant a Canaletes, la força va donar una càrrega perquè la multitud els va empenyar a que en Jofre passés pel mig la Rambla. Va ser, però, inútil. Así van començar *Els segadors* com mai els has sentit. En ésser davant el Palace, i per evitar que les manifestacions francament separatistes es repetissin davant de capitania, la «Poli» va carregar altre cop... i pots pensar!
>
> L'important però va ser la recepció popular que se li va fer a la Mancomunitat. En Jofre presidia acompanyat del general Echagüe, del

> general Cevallos i dos altres oficials espanyols. Jo estava al costat de l'Echagüe i creu que vaig patir perquè el que es va arribar a cridar durant les dues hores que va durar la recepció va ser fort. La gent anava desfilant davant del mariscal depressa depressa; el saludaven i els més gosats donaven visques i moris subversius. Com que tothom se sabia impune dins del palau, hi va haver una veritable orgia subversiva des del punt de vista espanyol. En sortint els Mossos d'Esquadra van haver de formar i encarar les carabines a la policia per evitar una desfeta.
>
> I l'endemà, dia dels Jocs, va esdevenir el que després de tot això era de suposar.
>
> El governador havia amenaçat amb una repressió dura i ell i el capità general van voler presidir els Jocs i van haver d'escoltar el que no haurien volgut. Ultra això el discurs d'en Guimerà, que t'incloc perquè el llegeixis, ha revoltat Espanya. Arreu s'han fet manifestacions anticatalanistes i les companyies de teatre han retirat del seu cartell les obres d'en Guimerà.
>
> A la sortida dels Jocs va haver-hi la grossa: cops de baioneta, corredisses i una lluita armada entre municipals i policies. Aquests darrers van desarmar a tres municipals i els van dur a la presó on hi va anar a parar també en Martí Monteys (ja l'ha fet deixar anar en Sala) i a on hi havem d'anar a sojornar-hi, segons l'Aragay, un dia o altre, tots els catalanistes. No et moguis doncs de Florència.[5]

Com per a tants altres artistes, l'estada a Itàlia va ser un viatge iniciàtic. Va permetre a l'avi trepitjar i viure en els escenaris i els paisatges mítics del Noucentisme i estudiar en directe i a fons l'arquitectura, l'escultura i la pintura mural del Renaixement, especialment la pintura al fresc, els primitius del Tres-cents i el Quatre-cents. Mentre viatjava per Itàlia l'avi treballava en els dibuixos del *Sil·labari català* de Pau Romeva, que apareixeria el 1922, i il·lustrant altres llibres de la Protectora. Ara bé, a la Protectora ningú es preocupava de passar

5. Anna M. i Agnès Ponsatí, *Correspondència Foix-Obiols*, Barcelona, Quaderns Crema, 1994, pàg. 29.

comptes i els pagaments s'anaven endarrerint. Al mateix temps, tant en Riba com l'avi havien signat un contracte amb l'editor Antoni Muntatañola per treballar a distància. L'avi treballava a preu fet il·lustrant un munt de llibres infantils, que eren l'especialitat de l'editorial. Juntament amb en Riba preparaven un llibre infantil sobre mitologia grega, *La leyenda de los dioses. Mitología*, amb text d'en Riba i il·lustracions de l'avi. Els dibuixos feien les delícies d'en Muntatañola, però l'editor pagava malament i tard. Això feia passar angúnies a l'avi. Sort en tenia de l'amic Foix, que li feia de secretari. En la correspondència amb Foix es fan un tip de parlar de diners, canvis de moneda, gestions amb en Muntatañola, telegrames, xecs perduts, etc. El 25 d'octubre de 1920, des d'Assís, l'avi escriu a Foix una carta llarga que acaba així:

> Veig que casi he omplert tot el paper parlant de diners. De tota manera la vida a Assís, com pots suposar, no és gaire variada. Però hi visc amb una suavitat, amb aquesta tardor preciosa que fa, que només me la torben de tant en tant aquests negocis que no s'acaben d'arreglar.
>
> Els dematins són esplèndids. Clars, amb un bon sol, i vent que ho neteja tot. Com que per tot arreu hi ha oliveres, tot brilla. Les postes també són de primera. Pel vellut de les oliveres a la tarda, per la terra vermella dels camps que ara llauren, pel verd de l'herba i per una pila d'ocres i torrats de les muntanyes, el paisatge té calitat de Tiziano bo. Tot és de vellut i or. El Giotto de l'església superior continua amoïnant-me. Una crucifixió de l'església inferior cada dia m'agrada més. L'Aragay se'n recorda? Adeu. Recorts a la pila de gent. Josep Obiols.[6]

Els Riba Arderiu havien tornat a Barcelona pocs dies abans perquè el poeta havia de prendre possessió de la càtedra de grec a l'Escola de Bibliotecàries. L'avi ho va allargar fins al març del 1921. Hauria volgut quedar-s'hi més temps, però les dificultats econòmiques el van acabar vencent. A finals de desembre del 1920 li va ar-

6. Ibídem, pàg.126.

ribar un xec que en Foix li havia girat contra el Banc de Barcelona el 23 de novembre. La cosa va anar pels pèls, perquè el Banc de Barcelona va fer fallida el 26 de desembre. En Foix li escriu el 29 de desembre informant-lo:

> Si no has cobrat (ja supòs que si) però sí per naps o per cols no haguessis anat a cobrar el xec del Banc de Barcelona abans del 26 hauries fet un mal negoci. El Banc de Barcelona ha fet suspensió de pagaments i a Barcelona hi ha un desori que esgarrifa. A tots els bancs hi ha cues de comptacorrentistes que van a retirar llurs cabals i si, com és d'esperar, no ve una solució aviat, tota la indústria de Catalunya farà un crac mortal. Tothom només parla del mateix. Tothom veu l'esdevenidor boirós. Sort que fa un temps abrilenc i les mosses que passen pel carrer cada dia fan més goig. Tristesa a les butxaques i alegria als cors. Vols res més?[7]

El 4 de gener l'avi li respon: «No el vaig anar a cobrar fins el 31, o sigui quan algun diari d'aquí ja havia donat la notícia del crac del Banc de Barcelona, me'l van pagar sense dir-me res. No sé si perquè badaven, o què». El xec es va poder cobrar, però la fallida del banc va agreujar els problemes de liquiditat de l'Editorial Muntañola i al cap d'unes setmanes feia suspensió de pagaments. Amb les butxaques buides, l'avi va tornar cap a Barcelona.

La carrera de muralista al fresc que havia iniciat a l'escola del Poblenou tot festejant amb la Montserrat Germà va prendre embranzida a la tornada d'Itàlia. Des d'aleshores ja no va parar de pintar parets. L'any 1922 va pintar la capella de l'Institut de Cultura per a la Dona que dirigia Francesca Bonnemaison, i el 1923 va seguir amb la sala de música de la Casa Guarro —on després hi hauria l'escola italiana—. En una carta a Carles Riba, que aleshores estava estudiant a Alemanya i l'encoratjava a anar-hi, deia:

7. Ibídem, pàg. 214

> Tinc gairebé dibuixats del tot uns angelots que toquen tota mena d'instruments que tinc de començar a pintar de seguida (durant el juliol i agost, ai!) al voltant de la Mare de Déu de Montserrat a l'Institut de Cultura per a la Dona. [...] Després d'això m'espera la sala de can Guarro. [...] A mi no m'espereu per ara. I no per falta de ganes, que aniria a tot arreu. Però tinc tanta feina![8]

Els avis es van casar el juny del 1923. A les acaballes d'aquell estiu van passar uns dies amb una colla d'amics a sa Tuna, prop de Begur. L'avi va escriure a en Riba convidant-lo a visitar-los: «Aquí hom s'oblida de tot. Ens donem una gran vidassa. Mengem i bevem molt. Cantem d'un cap de dia a l'altre i quan no pesquem amb canya pesquem en mar».[9] Riba va acceptar la invitació i va anar-hi a passar uns dies. Ens diu J. V. Foix que, entre cants i libacions, l'avi compartia amb els seus amics els records del viatge a Itàlia:

> L'Obiols, de mena taciturn, ens contava el viatge, les seves descobertes, les seves troballes i els seus encantaments, l'escoltàvem com si ens narrés l'estada en un país inèdit. Ni en Riba, atent i tan amatent a matisar, no va gosar dir res. Va ésser a sa Tuna on, mentre els altres ens banyàvem o provàvem d'engegar discs en una gramola rovellada, l'Obiols croquisava barques, arreus de pescar i rocalls.[10]

I, si hem de creure la crònica que ens en fa J. V. Foix, aquesta trobada d'amics arran de mar va ser absolutament memorable:

> Tots els qui som a sa Tuna, entre Aiguafreda, on hi ha els Tayà, i Aigua Blava —l'Obiols el pintor, en Fises arquitecte, en Turell que serà enginyer, en Vidal mercader, en Requesens— ens movem de

8. J. Obiols a C. Riba, 10/10/1922. Fons Riba-Arderiu, Arxiu Nacional de Catalunya.
9. J. Obiols a C. Riba, 8/9/1923. Fons Riba-Arderiu, Arxiu Nacional de Catalunya.
10. J. V. Foix, *Qüestions d'Art*, núm. 3, 1967.

bon matí enduts per una alegria comuna: avui arriba en Riba a passar uns dies amb nosaltres. Tots ens hem preguntat si en Riba es banyava. L'Obiols, al qual li agrada de pintar el mar amb Venus indecises i tritons respectuosos, ha dit, ell, el crèdul, amb aire campanyol i convençut, que no. Quan en Riba, valisa en mà, ha arribat a Begur, on alguns l'han anat a rebre, tots titil·làvem. Hem hissat la bandera al pal de la balconada i, amb sordina, hem cantat l'himne. En vesprejar, quan ullpresos per la malenconia terrosa del sol colgat soldejàvem un pescador perquè ens cantés unes tendres melodies populars mentre jugàvem a la morra, algú ha engegat un disc amb sardanes, i amb les dues o tres noies pescadores, severes i robustes, que integren el veïnat, les hem ballades en un cap de la terrassa. L'un i l'altre volíem que, havent sopat, en Riba sentís cantar les havaneres que conserven els d'ací amb tota llur candor, i amb el vell Manera les hem taral·lejades. Algú ha dit, i era ben tard de nit, de sortir en mar per recórrer la badia des de la punta des Plom fins a cap sa Sal. A sa Tuna no hi tenim ni llum, ni aigua ni estiuejants. Però el cel, entre negrors rocoses, ens acompanya amb la divina fulguració de clarors eternes. No sé si en Riba pensava trobar-se en un indret tan primitiu, gosaria dir arcaic, on un es fa la il·lusió d'haver reculat segles, on les formes dialectals en el parlar dels pocs que hi viuen tenen les sentors salabroses i l'alè humit d'una de les esplugues del cap de Begur. Hem bogat, ara un ara l'altre, entre foscors immortals; tots callàvem tot mirant l'espurneig fosforescent que brolla de l'aigua a cada cop de rem i en el ròssec de llum que deixa el timó, tan clar, que il·lumina el fons de les aigües amb llums d'aurora. A en Salvat Papasseit i a en Garcés els hauria plagut molt. Ells, en alguns dels seus versos n'han sabut donar la frisança. Aquest vespre ha estat un vespre d'eternitat. Vull dir que tots el recordarem com el millor dels instants i quan serem més grans, potser com l'Instant. I en Riba, de tant en tant, i com si pregués, recordava versos clàssics. Però m'he adonat que cadascun de nosaltres vivia intensament la pròpia solitud. Jo he sentit una esgarrifança semblant a la que em va donar, d'adolescent, la primera lectura d'uns versos

> d'en Maragall o la dels més frescs i terrencs d'en Segarra. Quan hem varat el llagut a l'escar, a tots ens semblava d'haver fet un viatge meravellós per mars pretèrites i concretes, no haver-nos mogut de les intimitats de la cala, arrecerada sense horitzons i plena de secrets. Jo no tocava de peus a terra, i a la imaginació, exaltada, bastia castells antics a les eroles que coronen les roques augustes, i les ombres de personatges mitològics es projectaven damunt l'areny dur i, malgrat l'hora, tebi. En dir-nos el Bona nit!, abans d'entrar a can Sastre on fèiem estada, en Riba ens ha fet saber, content com un noi, que demà es banyaria.[11]

L'«Instant» de sa Tuna; un «vespre d'eternitat». Eren molts i ningú. Foix traslladà l'evocació d'aquesta vetllada inoblidable al sonet, dedicat a l'avi, que encapçala aquest capítol. Apareixeria publicat molts anys més tard a *Sol, i de dol*, el seu primer recull de poesia. Rellegiu-lo! Ja m'hauria agradat ser-hi, aquells dies, a sa Tuna.

Molt pocs dies després, el 13 de setembre, es va produir el cop d'estat de Primo de Rivera. Més d'un centenar d'entitats catalanistes van quedar clausurades, incloent-hi l'Orfeó Català i l'Associació Protectora de l'Ensenyança Catalana. També l'Orfeó Sarrianenc de mossèn Àngel, és clar: es van acabar els cants d'*Els Segadors*. Van destituir Puig i Cadafalch, que va marxar a França. Mentre Cambó seguia jugant a la puta i la Ramoneta, la Mancomunitat, presidida per Alfons Sala, quedava sota el control del dictador. La primavera del 1924, cent quaranta-un professors, entre els quals hi havia Josep Aragay, Pompeu Fabra i Carles Riba, van protestar contra la supressió del Laboratori de Psicologia patrocinat per l'Institut d'Estudis Catalans que dirigia el professor belga Georges Dwelshauvers. Van anar tots al carrer. La Mancomunitat va quedar definitivament suprimida el 1925.

L'any 1925, dos anys després del cop d'estat de Primo de Rivera, el descontent contra la dictadura anava pujant de to. Carles Riba ho explicava així al seu mestre Karl Vossler:

11. J. V. Foix, *op. cit.*, pàg. 119.

> Quant a la vida general de Catalunya, igual: la vexació, la injustícia, l'escarni quotidians. Ara darrerament han estat els reis a Barcelona. Un viatge reial a casa nostra comporta una preparació i unes precaucions com si es tractés d'una expedició en territori enemic. El poble els ha rebut amb una indiferència que a estones traspuava l'hostilitat. Hi ha hagut, sobretot, un episodi greu: suposo que la premsa alemanya n'ha degut de parlar: la descoberta d'una bomba enorme, perfecta, destinada a fer volar el tren reial. Tot fa creure que era obra del nacionalisme català extremista. Això, com a símptoma, és d'una eloqüència esfereïdora, perquè fa veure clar la girada dels sentiments del nostre poble: no se n'ha pogut parlar sinó a cau d'orella, però la majoria de la gent no ha dissimulat la recança pel fracàs de l'atemptat. Els arrestats, bastant nombrosos, han estat joves de bona família, molts d'ells estudiants; la policia els ha torturat per fer-los cantar, però ells s'han resistit amb una energia, diguem-ne, irlandesa. Repeteixo que tot això, com a símptoma almenys, és més aviat nou i gravíssim: ningú que sigui una mica sensible a l'ambient no gosarà dir —com es podia afirmar dos anys enrere— que una revolta nacionalista no sigui possible a Catalunya; més, tothom ho sap i sent que es prepara.[12]

M'ho sembla a mi, o el to de Riba, aquest «una bomba enorme, perfecta», traspua una admiració poc dissimulada pels joves del Complot de Garraf? En tot cas, això d'ocupar Barcelona militarment per les visites dels Borbó està clar que és immutable. Els pronòstics d'en Riba sobre la revolta es van concretar l'any següent: el coronel Francesc Macià va liderar l'intent de revolta des de Prats de Molló. La rebel·lió va fracassar, però havia nascut un mite. Arran del judici que li van fer a París, la figura quixotesca de Macià va despertar admiració arreu del món i va conquerir l'amor incondicional dels catalans.

12. Carles Riba, *De casa a casa. Tria de cartes*, a cura de Carles Jordi Guardiola, Barcelona, Nova Biblioteca Selecta, 2007, pàg. 97.

L'any 1925 també és important perquè el primer de maig naixia la primera filla dels Obiols Germà, la Montserrat, la meva mare. La carrera artística de l'avi anava prosperant, amb encàrrecs cada vegada més rellevants. Va pintar al fresc unes llunetes al vestíbul de la Casa de Correus. Els anys següents Barcelona enllestia els preparatius per a l'Exposició Universal; l'avi va rebre l'encàrrec de decorar en diversos espais les parets del Palau de la Metal·lúrgia —on després hi hauria la Fira de Mostres— i el Palau Nacional —l'edifici on ara hi ha el MNAC—, a Montjuïc. Són catorze murals amb escenes marítimes de gust clàssic: nus femenins, sirenes, dofins, petxines, tritons i mariners. L'Exposició era una iniciativa promoguda inicialment per Prat de la Riba i Puig i Cadafalch, però va patir múltiples interrupcions i retards i es va acabar celebrant el 1929. Abans d'inaugurar-la, Primo de Rivera es va assegurar que se n'hagués eliminat qualsevol rastre de catalanitat. Les quatre columnes simbolitzant la senyera que Puig i Cadafalch havia fet erigir el 1919 per presidir les escales de la gran avinguda de Montjuïc van ser enderrocades el 1928. No tornarien al seu lloc fins al 2011.

Des del 1930, i durant els anys de la República, les famílies Riba Arderiu i Obiols Germà compartien estiueig a Ca l'Herbolari, prop de Viladrau. Segons el poeta del Montseny Guerau de Liost, Ca l'Herbolari era un casalot ben especial:

Té un no sé què de poesia,
un agredolç original
que no es pot dir de pagesia,
ni de castell senyorial.

Potser l'aroma d'elegància
de vostres arbres forasters
s'ha barrejat amb la fragància
dels manats d'herbes remeiers,

que en un racó del vell armari
tal volta resten oblidats,
per l'hàbil mà d'un herbolari
amb paciència destriats.[13]

Els Obiols i els Riba ocupaven dos pisos contigus d'aquesta gran casa propietat de la família de Jaume Bofill i Ferro. En un altre pis de la mateixa casa s'hi estaven Ramuni Paniker, un industrial químic originari de Kerala, i la seva esposa Carme Alemany, amb els seus fills: en Raimon, la Mercè, en Josep Maria i en Salvador. El viatge fins a Ca l'Herbolari era llarg. Sortien de Barcelona en tren fins a Balenyà, seguien amb el cotxe de línia fins a Viladrau, i finalment, carregant maletes, paquets i criatures en mules, arribaven fins al veïnat de les Paitides, on hi ha Ca l'Herbolari. Així descriu Albert Manent, Jaume Bofill i Ferro i la finca on passava la família els estius:

> El darrer d'una nissaga de farmacèutics el primer dels quals fou el seu rebesavi, que havia estat apotecari de cambra de Carles III. Ell havia comprat al segle XVIII una pairalia. Ca l'Herbolari, a Viladrau, que el pare de Jaume va fer renovar arquitectònicament per Josep Puig i Cadafalch. L'estil és certament modernista, però, com remarcava Bofill i Ferro, amb aire prerafaelita. En realitat, el rebesavi volia la finca sobretot com a parc botànic i hi va dur plantes d'arreu d'Europa i fins i tot de Rússia.[14]

En aquest indret esplèndid els infants corrien amunt i vall jugant pel parc i feien excursions als boscos i les fonts. L'avi sortia a caminar per la muntanya, s'acostava fins a la font de les Paitides i pintava. Durant aquestes estades va cultivar la pintura de cavallet. A Viladrau, Josep Obiols va produir una col·lecció de paisatges, en què

13. Guerau de Liost, «Visita a Ca l'Herbolari», *Obra poètica completa*, pàg. 930.
14. A. Manent, «Jaume Bofill i Ferro: retrat d'un crític humanista», *Revista de Catalunya*, núm. 73, abril 1993.

> l'anècdota en resta exclosa, i fins i tot, quant a la llum, es diria que l'artista ha triat aquella hora que menys permet els contrastos. Els grisos són els que dominen la paleta, i els verds i ocres d'aquests paisatges hi són tan matisats, hi prenen uns tons tan personals, que desapareixen davant l'objectivitat del paisatge.[15]

Al vespre, havent sopat, les famílies d'estiuejants es reunien a la sala gran de la casa per enraonar i escoltar música. La senyora Paniker tocava el piano. També feien sonar a la gramola discos que en Riba havia dut d'Alemanya. No s'hi posaven pas per poc; escoltaven Stravinsky, Schönberg i Berg.

Guerau de Liost és el pseudònim de l'altre Jaume Bofill, Jaume Bofill i Mates, que també era descendent de l'herbolari i passava l'estiu a prop, a Can Rusquelles. En Bofill i Mates s'acostava tot sovint fins a Ca l'Herbolari a fer petar la xerrada amb el seu cosí i els altres estiuejants. Alhora que un gran poeta, era un personatge notori en la política catalana. Havia entrat a les joventuts de la Lliga de la mà de Josep Carner i va col·laborar estretament amb Enric Prat de la Riba, primer com a redactor de referència a *La Veu de Catalunya* i després com a regidor de l'Ajuntament de Barcelona. Elegit al consistori el 1913, Bofill i Mates és l'home que va desplegar l'agenda cultural i educativa de Prat de la Riba, primer des de l'ajuntament i després com a vicepresident de la Mancomunitat des del 1919. El 1922, amb altres veus crítiques amb la participació de Cambó als governs de Madrid, va ser un dels promotors de la Conferència Nacional Catalana, que aspirava a refundar el catalanisme. J. V. Foix hi va tenir un paper molt actiu, inicialment, però després se'n va desvincular. El meu avi i el seu amic Riba no hi van participar directament, però s'ho miraven amb molt d'interès. La Conferència va ser l'origen d'Acció Catalana, un partit que aplegava els escindits de la Lliga i els republicans d'Antoni Rovira i Virgili, sota la presidència de Bofill i Mates. Van tenir molt bon resultat a les

15. J. Llorens Artigas, *Mirador*, núm. 247, 26/10/1933.

eleccions de la Mancomunitat del 1923, les últimes abans del cop de Primo de Rivera. Acabada la dictadura, Acció Catalana va concórrer a les eleccions municipals del 1931 promovent el Partit Catalanista Republicà. Però aquesta operació va fracassar estrepitosament, davant l'empenta de les candidatures d'Esquerra Republicana, encapçalades per Francesc Macià. Val a dir que Macià havia intentat una coalició amb ells, però l'havien menystingut. Van fer tan mal resultat que ni un sol dels seus candidats no va ser elegit com a regidor a l'Ajuntament de Barcelona. Un cop proclamada la República, els mals resultats es van repetir a les eleccions constituents a Madrid. A Acció Catalana els debats constitucionals de la República Espanyola es van viure sota fortes tensions internes. Hi havia grans discrepàncies, tant a causa de l'Estatut com també per la qüestió religiosa. Fruit d'aquestes trifulgues, Manuel Carrasco i Formiguera va ser expulsat del partit i va fundar Unió Democràtica. Quan Lluís Nicolau d'Olwer va prendre definitivament el control del partit, Bofill i Mates se'n va desvincular. El 1933 va anunciar el seu retorn a la Lliga, però va morir inesperadament al cap de poques setmanes. Diu la meva mare que quan Bofill i Mates arribava de visita a Ca l'Herbolari, el seu parent Bofill i Ferro i els altres estiuejants el rebien molt complaguts i seien a escoltar-se'l amb reverència. Segur que les tertúlies eren d'alta volada.

El 9 de setembre de 1932, quan les Corts de Madrid van donar llum verda a l'Estatut, els Obiols i els Riba eren a Ca l'Herbolari. Hi va haver festa grossa. La meva mare recorda com els grans brindaven molt contents amb xampany. A la canalla els en van donar una mica, també, en un porró i barrejat amb gasosa. Els adults van atribuir l'alegria dels infants —que reien molt i deien «Visca l'Estatut!, Visca l'Estatut!», sense saber de què parlaven— a un error de càlcul en la barreja i en Riba va dir: «Aquestes nenes han d'anar a dormir». I així es va fer.

Durant la guerra l'avi feia de professor a l'Institut-Escola i va ser molt actiu com a cartellista de propaganda republicana. Va fer l'*Auca del noi català, antifeixista i humà*, un pamflet sensacional publicat pel

Comissariat de Propaganda de la Generalitat. S'ha de veure, és adoctrinament del bo.[16] Costa triar el millor rodolí. A casa, per fer-nos passar cap al bany, sempre ens deien aquest: «Com que es dutxa cada dia se'l veu sa i ple d'alegria». Quan, durant la guerra, la Generalitat va emetre moneda pròpia, els dibuixos dels bitllets eren també obra del meu avi. Per encàrrec de Josep Tarradellas, va pintar dos grans murals a l'oli que estaven destinats a l'edifici de la Conselleria de Finances. Il·lustren la Catalunya comercial i nàutica, amb escenes de la Taula de canvi i el port de Barcelona. En Tarradellas li va pagar la feina, amb moneda republicana, just abans de marxar cap a l'exili. Pocs dies després els bitllets ja no valien per a res. L'avi va guardar les teles tota la vida, enrotllades en un racó del seu taller, tot esperant que en Tarradellas tornés, perquè ell considerava que allò ja ho havia cobrat. Quan ja feia anys que era mort, davant l'evidència que les teles, emmagatzemades a les golfes de la casa d'Arenys, s'estaven deteriorant, els seus fills i la seva vídua es van decidir a vendre-les a la Cambra de Comerç. Són uns murals esplèndids, ara exposats a la Sala dels Cònsols de la Casa de Llotja de Barcelona.

Amb les tropes d'en Franco a punt d'entrar a Barcelona, els Obiols tenien plans per marxar a l'exili. L'avi havia aconseguit lloc per a la família a la caravana de cotxes que s'havia d'emportar Carles Riba i Clementina Arderiu amb els seus fills —juntament amb molts altres escriptors i artistes, entre ells Antonio Machado— cap a França. Ell ja tenia compromès anar-se'n, però a última hora van dubtar. L'àvia estava embarassada d'en Raimon i no ho veia clar, i, a més, les nenes no volien marxar. Al final es van quedar. Quan les tropes d'en Franco van ocupar Catalunya, van depurar l'avi per *rojo-separatista*. Es va quedar sense la feina de l'Institut-Escola i se li van acabar els encàrrecs. El meu oncle, Raimon Obiols, ho explica així:

16. Té gràcia que el 2007 Miquel Iceta va triés un dels dibuixos de l'auca, el noi antifeixista i humà brandant la senyera, per a la portada del seu llibre *Catalanisme federalista*, un volum que aplega articles i intervencions parlamentàries que ara semblen de la ultratomba.

> Josep Obiols es trobà, en la Catalunya dels anys quaranta, no únicament amb el trauma comú de tots els demòcrates del país, sinó amb el problema afegit que una dimensió fonamental de la seva pràctica artística li restava dràsticament vetada. Havia tingut, segons em contà, l'honor de ser amenaçat personalment pel general Gonzalo Queipo de Llano, des de la ràdio franquista, per haver dibuixat el paper moneda que va emetre la Generalitat en temps de guerra. Em contava també el trist efecte que li havia produït veure exemplars de la seva «Auca del noi antifeixista» entre els munts de papers que cremaven a les cruïlles de Barcelona el vespre abans de l'entrada dels franquistes.[17]

Pocs mesos després, un grup de professors depurats van fundar l'Escola Isabel de Villena. Entre ells hi havia l'avi, que reprenia així l'activitat docent. Per sobreviure en els primers anys de la postguerra feia pintura de cavallet. Va exposar amb força èxit a la nova Syra que la galerista Montserrat Isern va obrir a principis de gener del 1940 a la planta baixa de la Casa Batlló. Però l'exposició de les obres de l'avi, com la d'altres artistes republicans, havia de ser clandestina, a la part del darrere de la galeria, on només hi eren convidats els clients de confiança. L'any 1943 Montserrat Isern va incloure en una exposició col·lectiva una obra de Lola Anglada. De seguida va rebre una ordre de la Vicesecretaría de Educación Popular exigint-li que l'obra de la mestra depurada fos retirada de l'exposició.

Els Riba es van estar a França, peregrinant d'una ciutat a l'altra per fugir de l'ocupació alemanya i dubtant de si marxar cap a Amèrica. Fins que l'any 1943, atrapats a la França de Vichy, van decidir tornar a Barcelona. Des de Barcelona, l'avi els va ajudar a fer gestions i paperassa i a aconseguir les recomanacions de catalans franquistes que els calien per tal que el règim tolerés el seu retorn. Carles Riba va morir el 1959, jo era encara molt petita i per tant no en tinc memòria directa. Sí que recordo bé Clementina Arderiu, molt amiga de la

17. Raimon Obiols, *El mínim que es pot dir*, Barcelona, La Magrana, 2013, pàg. 23.

meva àvia. Quan els marits ja eren morts, l'àvia i la Clementina, amb altres amigues, es reunien un cop per setmana a prendre el te al Salón Rosa, al passeig de Gràcia. Es van anar fent grans i va arribar un punt que a la Clementina li feia mandra baixar fins al passeig de Gràcia. Aleshores convocava les amigues al bar El Rincón, davant de casa seva, a l'avinguda de la República Argentina; però a l'àvia no li agradava gens anar al Rincón, li semblava molt poc senyor. L'amistat de les famílies va perdurar a la següent generació; la filla de la Clementina —l'Eulàlia— i el seu marit —l'Oriol Casassas— eren molt amics dels meus pares. El doctor Casassas era el nostre pediatre, una persona excepcional. Tot passant-nos visita quan teníem angines o el xarampió, ens recitava els seus poemes satírics, sempre adaptats al pacient, naturalment en català. Era molt ocurrent, molt brillant i exhibia un domini de la llengua sensacional. El vers de Virgili que encapçala aquest capítol era la seva divisa vital.

Després de la guerra i la depuració, com a artista de pintura mural al fresc, la pintura religiosa va ser la principal ocupació i font de subsistència de l'avi. El primer gran encàrrec li va arribar amb la reconstrucció de Montserrat. Hi va treballar uns quants anys, del 1943 al 1951, conjuntament amb els escultors Joan Rebull i Rafael Solanic i l'arquitecte Francesc Folguera. A la sagristia va pintar parets i voltes amb murals al fresc, i va dissenyar les marqueteries que en decoren els armaris. També va pintar els murals de les escales que pugen al cambril de la Verge, la capella que hi ha darrere i, dins de la clausura dels monjos, el refectori i altres estances. Després de Montserrat, els encàrrecs per pintar parets d'esglésies van venir un darrere l'altre. La tècnica del fresc requereix un gran coneixement tècnic i un treball superplanificat: «cada projecte, com saben els entesos, demana maquetes, originals, còpies i engrandiments. I la seva execució vol càlcul, enginy, habilitat, peremptorietat, disciplina i, fins i tot, robustesa física».[18] A part d'un mestratge excepcional en la tècnica del fresc, l'obra mural religiosa de l'avi és fruit d'una tasca escrupolosa d'estu-

18. J. V. Foix, *Qüestions d'Art*, núm. 3, 1967.

di. Totes les escenes estan molt estudiades, fonamentades en la tradició bíblica i en el coneixement a fons dels clàssics i dels primitius florentins. És l'obra d'un home savi.

A Montserrat, la catalanitat, la força de la muntanya i la tradició relliguen la fe popular amb l'alta cultura; els benedictins de Montserrat són una comunitat erudita i intel·lectualment sofisticada. Mentre l'avi treballava a Montserrat, el 1946, la família Obiols va patir el sotrac de la mort sobtada de l'Anna Maria, amb quinze anys. L'amistat i la convivència amb els monjos de ben segur que va ajudar els avis a passar el tràngol d'aquesta pèrdua. L'experiència de recolliment religiós i la convivència amb la comunitat benedictina en un moment tan dolorós van deixar sens dubte una petja pregona que és visible en la seva obra. L'Obiols de Montserrat és un home profundament religiós, però no era un missaire.

> Era un catòlic discretament practicant, sense la més lleugera ombra inquisitorial. La seva pintura religiosa li sortia espontània, era per a ell com una cosa viscuda amb tota naturalitat. Sense passió proselitista. Hi va haver una època durant la qual Rafael Benet, en llibres sobre Nogués o Nonell, o quan escrivia simplement sobre estètica, es posava molt en temes religiosos. Era un practicant més bel·ligerant. Segons deia l'escultor Granyer, Benet sofria un empatx indigest de Marxa Reial, de Verge Maria i de Santíssima Trinitat. Obiols m'havia dit: «En Benet s'embolica, i algun dia sortirà un fraret de Montserrat d'aquests que en saben tant, d'això, que li clavarà una allisada que el deixarà blau».[19]

Malgrat que la pintura mural civil de l'avi s'havia estroncat amb la desfeta de la República, els murals de la Sala del Bon Govern, a l'avantcambra del despatx del batlle, que va pintar el 1961 per encàrrec de l'alcalde franquista Josep M. de Porcioles, li van permetre un cert retorn a la pintura de temàtica cívica. A mi em sembla una de les millors obres murals de l'avi. En aquesta obra tardana hi abo-

19. Jaume Pla, *Famosos i oblidats*, Barcelona, La Campana Editorial, 1989.

ca l'ofici i la saviesa acumulats en tota una vida de feina. L'*Al·legoria del bon i el mal govern,* i els seus efectes a la ciutat i el camp, l'obra d'Ambrogio Lorenzetti del 1340 al Palau Públic de Siena —el primer gran conjunt profà de la pintura italiana—, l'havia impressionat vivament el 1920. El record d'aquesta obra el va inspirar i el va acompanyar fins que en va recrear la seva versió a la nostra Casa de la Ciutat. Les escenes de la vida de Barcelona transmeten un missatge que relliga la seva obra de temàtica religiosa amb la seva obra cívica d'abans de la guerra. A més, té una gràcia especial per a la nostra família, perquè, camuflats en els rostres d'alguns dels personatges, hi ha tots els seus fills i fins i tot hi va incloure el seu autoretrat. La darrera vegada que vaig ser a l'Ajuntament, per la Mercè del 2017, dies abans del referèndum, vaig demanar a un regidor de l'equip de l'alcaldessa Ada Colau si em podia acompanyar per fer una visita a la Sala del Bon Govern. No sabia pas de què li parlava. Vaig deixar-ho per a un altre dia i encara no hi he pogut tornar.

En moltes obres de l'avi s'hi identifiquen clarament personatges que tenen les cares de la meva mare, les meves ties i el meu oncle. En d'altres, dius: «Aquestes nenes tenen cara d'Obiols». L'estiu del 1959 l'avi em va retratar. El retrat és un Obiols molt Obiols; és bonic, però costa identificar que soc jo, perquè era encara un nadó. També va retratar els meus germans, l'Oriol i l'Anna Maria. Com que ells ja eren més grans, són més identificables. Tenen més personalitat. Els seus darrers anys l'avi estava cada vegada més delicat de salut; va anar perdent vista i ja no podia pintar. El recordo ajudant-se amb una gran lupa per llegir o per mirar els seus llibres d'art, gravats, dibuixos i fotografies. Després d'uns quants mesos molt delicat, va morir quan jo tenia deu anys.

L'amistat de l'avi amb J. V. Foix, el poeta confiter de Sarrià, va durar tota la vida. Per a mi el senyor Foix era un senyor sempre molt mudat, que duia barret quan ja ningú més no en duia, que venia els diumenges a passar la tarda a casa dels avis. En aquella època la gent feia molta visita. La poesia de Foix és extraordinària, potser la més rica que ha donat el segle XX en català. Però, evidentment, aleshores jo això no ho apreciava. Només sabia que per Nadal l'avi i el senyor Foix feien una targeta molt bonica per felicitar les amistats. L'avi hi posava un gravat, i el senyor Foix una poesia amb un títol molt llarg i enrevessat. Amb el temps he après a estimar l'obra de Foix. El judici del poeta sobre l'obra del seu amic pintor és categòric:

> Obiols és la mateixa catalanitat. Obiols és el «no espanyol» (no l'antiespanyol, puix que en ell no hi ha hagut presa de possessió). Obiols com a home i com a artista és tan estrany a Espanya com ho és un holandès. No és un fet de diferenciació, sinó d'irreductibilitat. *Mentre hi haurà un Obiols, hi haurà plantejat un problema davant Espanya.* Per raó d'irreductibilitat. [...] per la pintura d'Obiols sou catalans i no espanyols o bretons o estonians. Per les qualitats morals de la seva pintura, la vostra humanitat és adaptada a un paisatge terrestre tan precís com és precisa la frontera espiritual de Catalunya. La seva catalanitat està al nivell de la seva humanitat: d'ací el seu antitipisme.[20]

A més de fer de mestra a l'escola del Poblenou on es van conèixer amb l'avi, la Montserrat Germà també feia de professora a l'Institut de Cultura i Biblioteca Popular de la Dona que dirigia Francesca Bonnemaison. L'àvia ensenyava a llegir i escriure a les senyores grans que no en sabien, que en aquella època n'eren moltes. Va ser una precursora del que ara en diem educació d'adults, vaja. Va deixar de fer de mestra per casar-se, però sempre va tenir-ne l'esperit, i va seguir practicant tot ensenyant a llegir i escriure a les minyones i fent classes de reforç als vailets del veïnat. La recordo ensenyat a llegir i escriure a la portera, la Cinta; els va costar, però ho van aconseguir.

A mi també em va fer de mestra. Estava molt preocupada per la meva mala cal·ligrafia, tan allunyada del cànon de la lletra lliga-

20. J. V. Foix, «Josep Obiols», *La Publicitat*, 10/3/1934.

da vertical del *Sil·labari* de Pau Romeva. Jo soc esquerrana i, per sort, a l'escola ja no em van forçar a escriure amb la dreta. Però l'àvia no ho veia clar; pensava que potser si escrivia amb la dreta faria més bona lletra. Per sort, amb ella hi vivia la tia Núria, que també era mestra. La Núria Obiols va ser una pionera de l'educació especial. Amb Jeroni de Moragas van engegar la primera escola per a infants amb síndrome de Down a Barcelona, i van contribuir decisivament a bastir els fonaments que han fet possible que a Catalunya haguem estat pioners en la integració dels alumnes amb necessitats especials. Com que la Núria era una persona molt sàvia, i estava al corrent dels coneixements psicopedagògics més moderns, va convèncer l'àvia que fer-me escriure amb la mà dreta no era gens bona idea. Van arribar a un pacte: l'àvia em podia ensenyar, sempre que a canvi m'oferís algun premi, a cosir amb la mà dreta. I se'n va sortir. Durant anys he cosit els botons amb la dreta. En tot cas, mentre l'àvia es debatia en el dubte de si calia reeducar-me l'escriptura, jo anava tirant amb la mà esquerra fent molt mala lletra, i això no ho he millorat.

Amb l'àvia Montserrat ens hi passàvem moltes estones. Ens recollia a l'escola i baixàvem amb el tren des de Sarrià fins a l'estació de Gràcia per anar cap a casa seva. De tant en tant fèiem un extra i ens deixava pujar als cavallets de les atraccions Caspolino de la plaça de Gal·la Placídia. Un cop a casa, ens donava berenar —pa amb codonyat o pa amb vi i sucre— i després ens posava a treballar. Retallar, cosir, fer mitja, ganxet, boixets... sempre ens ocupava les mans. Creia, amb encert, que la salut mental depèn de tenir sempre alguna cosa entre mans, si pot ser, literalment. A l'àvia Montserrat no la vaig veure mai desvagada. O bé tenia una agulla entre els dits —feia mitja, o ganxet, o cosia— o bé llegia. Havia heretat intacte el talent per a la costura del seu pare sastre i sempre va tenir molta traça per fer tota mena de feines manuals. Amb l'avi, eren clarament un matrimoni d'artistes, i compartien un extraordinari sentit de l'elegància. Sense ser mai rics —al contrari, més aviat passaven estretors—, sempre anaven vestits amb molta distinció. La tradició de sastreria es va transmetre també a la meva mare i les seves germanes, totes també expertes cosidores i grans tricotadores. De fet, a casa, tota la roba, i quan dic tota vull dir tota —abrics, vestits, jerseis...—, tot el que ens posàvem, era obra de l'àvia o de la meva mare, moltes vegades treballant totes dues a quatre mans.

V

Els infants de la guerra

Com qui reposa
en l'amor o en l'onada,
fill de la guerra,
dorms en la innumerable
falda absent de la fuga.

CARLES RIBA, *Tannkas de les quatre estacions*

A l'ombra d'una bota
Clareja un toll de sang.

J.V. FOIX, *On he deixat les claus*

El meu pare i la meva mare van néixer tots dos el 1925. Van ser infants de la guerra. Tenien onze anys en el moment de l'aixecament feixista i van viure tota la guerra a Barcelona sota les bombes i passant gana.

Però anem una mica enrere: el 14 d'abril de 1931 el meu pare vivia amb la fascinació d'un infant de sis anys l'emoció de la jornada i observava com els crits contra Cambó inquietaven la tia Caterina, que era de la Lliga. La mare diu que ella no recorda el dia de la proclamació de la República. Però sí que recorda molt bé que per Nadal del 1933 hi va haver un gran daltabaix a la família perquè la seva mare va arribar tard a dinar el dia de Sant Esteve a casa de la besàvia Filomena. El matí del dia de Nadal havia mort el president Francesc Macià. Les seves despulles van ser exposades al Saló de Sant Jordi, al Palau de la Generalitat, el dia de Sant Esteve. L'àvia arribava tard a dinar a casa de la seva sogra perquè havia anat a retre el darrer homenatge al president Macià. Hi havia molta gent i se li havia fet tard. La Filomena Palau no se n'acabava de fer el càrrec, trobava que no n'hi havia per a tant i que per Sant Esteve tothom havia de seure a taula a l'hora. Però Montserrat Germà ho tenia clar. Va dir a la sogra que acomiadar-se de l'avi de Catalunya era més important que arribar puntual als canelons de Sant Esteve. L'endemà, el seguici per enterrar Macià es va convertir en una mostra de dol nacional aclaparadora; segons *The New York Times*, hi van anar un milió de persones.

Montserrat i Àngels Obiols amb el seu pare, 1929

Josep Obiols, *Auca del noi català antifeixista i humà*, 1938

La Montserrat i la Núria, Josep Obiols, 1938

La mare va fer la primària a l'Institut Tècnic Eulàlia, una escola molt catalanista que dirigia el pedagog mallorquí Bartomeu Oliver. Després de fer l'ingrés al batxillerat ja va anar a l'Institut-Escola de Sarrià, l'Ausiàs March, que s'havia instal·lat a l'edifici dels jesuïtes on després hi va haver l'Institut Químic, al capdamunt del carrer d'Iradier. I aleshores va esclatar la guerra. Els Obiols s'havien traslladat al número 22 del carrer de Castellnou, sense moure's de les Tres Torres. El 18 de juliol de 1936 les nenes Obiols estaven malaltes al llit, passant la tos ferina. Al vespre, els pares van anar al cinema amb uns amics, els senyors Millàs —Josep Millàs-Raurell i Rosa Estany—, que també vivien a les Tres Torres.

Josep Millàs-Raurell era novel·lista i dramaturg. Va ser l'introductor de Joyce a Catalunya i el president del PEN Club català fins el 1939. El juliol del 1936 treballava a la Generalitat fent de cap de negociat dels Serveis Centrals del Departament de Presidència. Gràcies a la feina, tot sovint tenia entrades per anar al cinema i les compartia amb els Obiols. El 1937, quan la CNT va prendre el control de la Generalitat, els Millàs se'n van anar a París. Després es van instal·lar a Ginebra i ja no van tornar fins 1944.

Aquell dissabte al vespre els avis Obiols i els Millàs van anar al cinema Capitol a veure *Front Page Woman* (en la versió en castellà la van titular *La que apostó su amor*), una pel·lícula de Michael Curtiz —el gran director de Hollywood que dirigiria *Casablanca* el 1942— protagonitzada per Bette Davis, que en aquell moment estava assolint la categoria d'estrella. L'àvia era molt fan de la Bette Davis. Es tracta d'una comèdia (gairebé) feminista: l'Ellen Garfield (la Davis) i el seu enamorat Curt Devlin (George Brent) són periodistes tots dos i treballen per a diaris competidors. En Curt no està disposat a admetre que una dona pugui ser tan bona reportera com un home, i l'Ellen es nega a casar-s'hi fins que ell no canviï d'opinió. Aleshores un incendi i un misteriós assassinat posen a prova la intel·ligència i les habilitats d'investigació dels protagonistes i els sentiments de l'un per l'altre. Final feliç. Sortint del cinema es van trobar amb l'enrenou.

L'endemà al matí, quan van despertar les nenes, els ho van dir: hi havia revolució. No van dir «guerra», van dir «hi ha revolució». Aleshores tota la família van pujar al terrat de casa i des d'allà van poder veure com cremaven les esglésies. D'entrada la meva mare s'havia pensat que els que feien la revolució eren els bons. Però quan li van dir que els que cremaven les esglésies eren els que feien la revolució, llavors va haver de preguntar qui eren els bons i qui eren els dolents. El seu pare no li ho va saber contestar prou clarament, i això la va atabalar. Les coses es van complicar de seguida.

La besàvia Filomena i mossèn Àngel vivien a Sarrià, al carrer Major, 71, segon pis. El 25 de juliol una patrulla de la FAI va anar a buscar mossèn Àngel Obiols a casa seva. L'home va intentar fugir, però el van atrapar. L'escamot va regirar tota la casa i van llançar pel balcó els sants, les fotografies de la família, les partitures, els llibres i missals i tota mena de material sospitós. La sotana de mossèn Àngel també va anar avall, davant l'esglai dels veïns, que en veure com queia van pensar que es tractava del mossèn en persona. Després van encendre una foguera al mig del carrer Major per cremar tot el que havien abocat pel balcó i es van emportar mossèn Àngel a la comissaria de la Via Laietana. Els veïns de davant, els adroguers de Cal Fideuer, tenien telèfon i van poder donar l'alarma trucant a l'adroguer del carrer de Castellnou, que va avisar l'avi. Per sort, gràcies a les gestions de l'avi prop del conseller de Cultura Ventura Gassol, mossèn Àngel va ser alliberat. Per sortir de la comissaria va camuflar el seu aspecte capellanesc sota una granota blava de treballador. La granota la hi havia deixat l'escriptor Joan Prat Esteve (més conegut pel pseudònim d'*Armand Obiols*), que va ser el company de Mercè Rodoreda.

Això ho sabem del cert perquè al cap d'uns quants anys la meva tia Àngels se'n va anar a viure a Ginebra i un dia que es van trobar amb en Prat per la ciutat ell li va dir: «El teu oncle encara em deu la granota que li vaig deixar».

La relació d'en Prat amb la granota blava de mossèn Àngel em fa ballar el cap. M'atabala no saber-ne més detalls, d'aquell episodi. En Prat va oferir aquella granota al meu avi abans que anés a recollir el seu germà a Via Laietana? On es van trobar? I per què? O bé en Prat ja era a dins, a la comissaria? I doncs, què caram hi feia, allà dins, repartint granotes blaves? No us recordeu d'aquest fragment de la Rodoreda?

> En Quimet també corria pels carrers i cada dia anava pels carrers i sempre pensava que un dia no el tornaria a veure. *Se'm va vestir amb una granota blava* i al cap d'uns quants dies de fum i d'esglésies llençant espurnes, se'm va presentar amb un cinturó amb revòlver i una escopeta de dos canons penjada a l'espatlla.[1]

Si poguéssim lligar caps potser la història donaria per a una seqüela de *La plaça del Diamant.*

Un cop alliberat el seu germà, l'avi va tornar la trucada a Cal Fideuer i els va dir: «El paquet està endreçat». Els veïns adroguers ho van entendre, però no van tornar a veure el capellà fins acabada la guerra. Quan les nenes van veure mossèn Àngel sense sotana, vestit amb pantalons, no van poder dissimular la sorpresa: no haurien dit mai que aquell ésser familiar, però especial, tenia cames! Tot seguit l'avi els va dir: «Ha d'estar aquí amagat, i no ho podeu dir a ningú. Si ho dieu a alguna amigueta ens mataran a tots». Les nenes no van dir mai a ningú el secret. Mossèn Àngel es va estar confinat en aquell pis del número 22 del carrer de Castellnou més de dos anys. Finalment, el 1938 li van trobar una masia a prop del santuari del Miracle, al Solsonès, on el van acollir. Va aconseguir fer el viatge sense problemes i s'hi va estar fins que va acabar la guerra.

Per la seva part, els Ponsatí van ser espectadors de primera fila de la crema d'esglésies i convents del 19 de juliol. La parròquia de Betlem, a tocar del forn, va patir amb duresa els estralls de la revolució. La decoració interior era una de les més sumptuoses de la ciutat, amb retaules barrocs de fusta, una gran talla de sant Ignasi del 1688 obra de Miquel Sala i les magnífiques pintures d'Antoni Vila-

1. Mercè Rodoreda, *La plaça del Diamant,* Club Editor, Barcelona, 1993, pàg.145.

domat. Tot cremava com una teia i les voltes es van ensorrar. Els infants de can Ponsatí veien l'església en flames des del balcó. El que més recordaran d'aquest dia és el fum, la pudor i sobretot la profunda commoció entre els més grans, que revivien amb pànic la memòria de les mòmies de les monges penjades a la reixa del temple durant la Setmana Tràgica. La besàvia Isabel Joaquima Solà va morir pocs dies després, el 2 d'agost, diuen que del disgust. Davant de tot aquell trasbals, la tia Isabel va fer un tracte amb Nostre Senyor. Li va prometre que no aniria mai més ni al cinema, ni a l'òpera, ni al teatre —i això que n'era una gran afeccionada— si tots els membres de la família sortien vius de la guerra. El tracte es va complir.

Després del 19 de juliol les fleques de Barcelona, com pràcticament tot el petit comerç, van ser col·lectivitzades i van quedar sota el control de la CNT. Oficialment els propietaris no n'havien perdut la titularitat, però els comitès agrupaven diversos establiments i els amos ja no podien decidir com organitzaven el negoci; en teoria se'ls tractava com un treballador més. Un treballador sospitós, és clar. Josep Ponsatí va quedar molt afectat per la col·lectivització i es va posar malalt. Ja no es recuperà mai més.

Com que la fleca era també el domicili familiar, es van trobar que la CNT se'ls havia ficat dins de casa. Van decidir tocar el dos i instal·lar-se al pis de la tia Caterina —que en aquell moment vivia sola—, al número 16 del carrer de Pintor Fortuny, a la cantonada amb el carrer dels Àngels. La tia Caterina vivia sola perquè s'havia divorciat del marit —l'Eduard Sala, aquell que l'havia seduït trenta anys enrere amb l'automòbil i les violetes—, però això del divorci no es deia, ni es va dir mai. De fet, el divorci de la tia Caterina era un tema tan tabú que quan els meus germans i jo érem petits ens pensàvem que l'oncle Nemesi i la tia Caterina eren marit i muller; al cap i a la fi, vivien junts al mateix pis del carrer dels Capellans, i malgrat que la tia Caterina era molt més velleta que l'oncle Nemesi ningú ens havia desmentit mai aquesta teoria infantil.

Les escoles on estudiaven els germans Ponsatí van tancar forçosament a partir del 19 de juliol. Les noies anaven al col·legi de la

Presentació del carrer de Bellafila, una escola de religioses franceses que va quedar tancada després que les monges fugissin a França. Els milicians havien ocupat el convent dels escolapis de Sant Antoni, a la ronda de Sant Pau, on el pare havia fet la primària. La majoria dels *hermanos* van poder escapolir-se abans no arribés l'escamot, però no tots. Alguns van caure assassinats. Després de l'estiu, el pare va començar el batxillerat a Institut Balmes, al Palau Montaner (on ara hi ha la delegació del govern espanyol), al carrer de Mallorca amb Roger de Llúria. A matricular-se hi va anar tot sol; el seu pare li va donar els diners i apa!

El pitjor de la guerra, per als barcelonins, van ser els bombardejos. Després que la Legió Còndor bombardegés Gernika, el 26 d'abril de 1937, la població civil de Barcelona es va convertir en el principal blanc de l'aviació feixista. La ciutat va patir vuitanta atacs de la Legió Còndor, cent tretze de l'aviació italiana i un de l'aviació franquista. Hi van morir més de dues mil cinc-centes persones.

A vegades la sirena avisava d'un bombardeig imminent mentre els nens eren a escola. La mare explica: «Aleshores els mestres ens feien sortir de l'edifici i anar corrents cap a la pollancreda, un bosquet de pollancres que feia baixada, i ens deien: "Estireu-voss aquí a terra. I ens estiràvem a terra". Quan sonaven les sirenes altra vegada ja s'havia acabat». Però sovint el bombardeig era de nit, i aleshores calia llevar-se del llit i anar cap al refugi, una mena de túnel soterrat on s'hi estaven fins que sonaven les sirenes avisant que havia passat el perill. Mossèn Àngel no hi podia anar, al refugi, perquè no podia sortir de casa. Tampoc hi anava la besàvia Filomena, que preferia quedar-se amb el seu fill capellà. Com que era molt beata, i, per tant, feia costat a en Franco, es pensava que a ella les bombes no la tocarien. No la van tocar, però la pobra dona va morir just després de l'entrada de l'exèrcit d'en Franco a Barcelona, al març del 1939. Els Ponsatí i els seus veïns del carrer de Fortuny tampoc anaven al refugi. Quan sonaven les sirenes baixava tothom al principal, a casa del doctor Lamarca, i allà passaven el rosari fins que paraven les bombes. La mare no recorda que els bombardejos li fessin passar gaire por. «Sort que quan ets petit no en tens gaire, de por, perquè n'hauríem hagut de tenir molta més de la que teníem», diu.

El 30 de gener de 1938 a les nou del matí els aviadors italians van bombardejar la zona de la catedral i la plaça Nova, on tenia la farmàcia l'oncle Nemesi. Una bomba va impactar de ple en l'edifici del costat, on hi havia una xarcuteria. Es va ensorrar del tot i hi va morir tota la família. La farmàcia de l'oncle, miraculosament, va seguir dempeus, només amb els vidres trencats i algun altre desperfecte. Al cap d'una estona, quan ja havia començat el desenrunament, amb la farmàcia plena de ferits que rebien els primers auxilis a l'espera de les ambulàncies, els avions italians van tornar. Aquesta segona passada va destruir per complet la plaça de Sant Felip Neri, on hi havia un centre d'acolliment d'infants. Hi va deixar quaranta-tres morts, dels quals vint-i-nou eren nens i nenes. Era diumenge i el meu pare havia sortit d'excursió a Collserola amb el seu cosí, Josep Maria Sala Ponsatí. Del Tibidabo estant van veure els avions aproximar-se des del mar i van presenciar els bombardejos. L'oncle Nemesi va tornar a casa molt tard, ben passades les deu del vespre, amb la bata ensangonada, desencaixat. Un dels morts era germà de l'aprenent de l'oncle. Un altre, company de classe de la meva mare. L'endemà, a l'Institut-Escola, algú va dir: «S'ha mort en Clos, l'ha matat una bomba». Pam. I van continuar fent classe.

Els pitjors atacs els va perpetrar l'aviació italiana els dies 16, 17, i 18 de març de 1938 sobre l'eixample de Barcelona. El dia 17, a la Gran Via, entre Balmes i la rambla de Catalunya, just davant del cinema Coliseum, una bomba va caure damunt un camió carregat amb quatre tones de trilita. L'incendi que va seguir va alçar una columna de foc de 250 metres i va arrasar tots els edificis de la zona. Hi van morir nou-centes setanta-nou persones. Una amiga de la mare, l'Eugènia Crexells, vivia en una de les cases que es van ensorrar. Els bombers van poder treure d'entre la runa l'Eugènia i la seva mare, la Paquita Pizà, vídua del filòsof Joan Crexells, i es van salvar totes dues. Però l'advocat que els feia d'administrador, que aquell dia era a can Crexells, es va morir. La mare de l'Eugènia es va espantar tant que se'n van anar a París i ja no van tornar fins acabada la guerra. Eren gent rica i van poder marxar.

L'endemà va caure una bomba al pati de l'Escola Milà i Fontanals a l'hora de l'esbarjo. Era ben a prop del carrer de Fortuny, on la Roser Ponsatí encara dormia perquè la família havia decidit que no anés més a l'escola; queien massa bombes. L'onada expansiva va esbotzar els vidres del pis i va fer caure la Roser del llit. Enmig de l'enrenou i la confusió, la Roser va sortir al balcó a tafanejar i va veure com pel carrer passava el camió on s'apilaven els cossets dels infants morts. La Roser, que tenia sis anys, es va quedar petrificada, arrapada a la barana una bona estona, fins que una de les ties la va treure del balcó.

Després d'aquest ensurt la família Ponsatí va prendre la decisió d'evacuar l'àvia Pepita i les dues nenes, la Roser i la Dolors, que tenia dos anys. Se les van endur a Santa Coloma de Farners, amb la família Capdevila, d'on no tornarien fins acabada la guerra. De Santa Coloma, la Roser recorda la flaire que et venia així que entraves a casa de la tia Felícia i el doctor Sala: feia olor de pomes i de menjar calent. Els dos germans grans, la Carme i el meu pare, es van quedar a Barcelona. Ell va seguir anant a l'Institut Balmes, fins que el van tancar quan ja quedaven molt pocs dies perquè entressin les tropes d'en Franco. Aleshores van venir unes llargues vacances escolars, fins que després de l'estiu l'institut va tornar a obrir. El director i molts dels professors havien marxat a l'exili; d'altres havien estat depurats. Manaven els *excombatientes*, *caballeros mutilados* i *camisas viejas*. Alguns companys apareixien amb l'uniforme del Frente de Juventudes. Tot era molt diferent.

L'Institut-Escola també va funcionar fins l'últim dia. De tant en tant havien de canviar algun professor perquè marxaven al front. El professor de filosofia, Josep Calsamiglia, anava a classe vestit de soldat. I el de llatí, Eduard Valentí, va haver de deixar la docència per marxar cap a la guerra. El va substituir un professor, el senyor Cantero, que no era gens bo, a més, va aixecar sospites. Els deixebles d'en Valentí havien après a pronunciar les ces llatines com cas:

kikero kikeris; però el nou professor deia, cicero, ciceris (pronunciant la c com una ch espanyola). Com els capellans! Efectivament, els que manaven a l'Institut-Escola no eren menjacapellans, i l'havien emparat sabent que es tractava d'un eclesiàstic. Anys després, quan la mare ja estudiava per a bibliotecària, un dia a classe de llatí se li va escapar dir *kikero kikeris* i el professor li va dir: «Roja, més que roja! Com es nota que vostè ha estat roja!». El professor substitut va fer una gran carrera eclesiàstica i política. No era altre que monsenyor Pedro Cantero Cuadrado, l'arquebisbe de Saragossa que la tardor del 1975 va despullar la Verge del Pilar del seu mantell i l'envià al Pardo per acotxar en Franco en la seva llarga agonia.

El que més recordarien de la guerra, els pares, és la gana. Molta gana. La mare ho recorda amb horror: «Molta gana, a Barcelona; molta gana. I cues: cues per al pa, cues per al carbonet del braser... Ens passàvem el dia fent cues». Quan els Millàs van marxar, el 1937, l'àvia va confiar les joies de la besàvia Conxita Erola a la Rosa Estany, la senyora Millàs, amb l'encàrrec de vendre-les i a canvi enviar-los paquets de menjar. Els paquets de la Rosa amb llaunes de carn, mantega i altres conserves anaven arribant i eren rebuts amb gran alegria, però servien només per alleujar una mica l'escassetat. Cap a finals del 1938 van deixar d'arribar-ne. Per al dinar de Nadal del 1938 l'àvia va posar a taula una arengada. Els Ponsatí tenien pa, però no pas del seu propi forn. Amb la col·lectivització dels forns la CNT havia posat la tia Isabel a fer de dependenta a la fleca del carrer del Cardenal Cassanyes i allà aconseguia pa per a la família. Tenien pa, però poca cosa més.

La gana devia ser molt traumàtica, perquè quan la següent generació érem petits, la gana de la guerra era un tema recurrent sempre que no fèiem prou bondat dinant o sopant. La fam era tal que fins i tot els més contraris a en Franco van rebre l'arribada de les seves tropes a Barcelona amb un cert alleujament. Quan l'exèrcit feixista ja estava a punt d'entrar a Barcelona, Carme Serrallonga, amiga i professora de lInstitut-Escola, va avisar els avis Obiols que a Socors Roig Internacional, a la Diagonal, s'hi podia anar a recollir el menjar que havia quedat als magatzems després que tothom hagués marxat cap a França. L'àvia Montserrat i les dues nenes grans se n'hi van anar, i en van tornar —a peu, perquè el tren de Sarrià ja no anava— tan carregades com van poder i molt contentes de portar queviures cap a casa. Quan l'endemà van entrar els feixistes, l'avi va enviar les nenes a jugar a casa de la veïna. La veïna dels baixos, la senyora Florentina, s'estimava molt les nenes. Les deixava jugar al seu jardí i els regalava floretes. La mare no entenia com era que, mentre a casa de la senyora Florentina se'ls veia a tots tan contents, a dalt els seus pares estaven tan pansits.

Qui sap si no va ser gràcies al sacrifici de la tieta Isabel i el seu pacte amb Déu Nostre Senyor que tots els membres de la família Ponsatí van sobreviure a la guerra. A principis del 1939 la Roser i la Dolors van tornar a Barcelona amb la seva mare des de Santa Coloma de Farners, on havien passat els últims mesos de la guerra. La família havia recuperat la fleca i ja tornaven a viure al carrer del Carme. Va arribar l'estiu. Gràcies a les gestions de l'oncle Nemesi, el Club de Natació va poder tornar a obrir. Un dia, en Josep, el meu pare, va dir a la seva germana Roser: «Vols que anem al club?». I es va endur la nena cap a l'escullera del port. Van haver d'entrar a la piscina caminant des de la platja perquè el pas estava barrat per edificis enrunats. La Roser no tenia vestit de bany, però li van deixar uns calçotets. Els germans es llançaren a la piscina. La Roser es va adonar que sabia nedar, com els seus germans. Una altra esportista a la família.

Amb el mestratge i l'entusiasme de l'oncle Nemesi, no sorprèn que els germans Ponsatí Capdevila visquessin intensament l'esport des de ben joves. La Carme, la germana gran del meu pare, es va fer un tip de batre rècords i recollir medalles. A la llarga va fer de la natació la seva professió. La passió pel mar del meu pare, que ens transmetria a nosaltres en les llargues estades d'estiu a Arenys, va néixer a l'escullera del port de Barcelona els anys de la República i va esclatar en els anys de postguerra, quan el Club de Natació es va convertir en el seu refugi. En els anys següents, mentre estudiava el batxillerat, i després, quan més endavant anava a la universitat per

Carme, Josep i Roser Ponsatí amb els seus pares, 1934

ser apotecari com el seu oncle, el pare va passar moltes hores entrenant a la piscina. Per a un adolescent que habitava la grisa Barcelona dels quaranta el Club de Natació era un espai obert d'esbarjo. Les llargues hores d'entrenament tenaç a la piscina i les travessies del port el dia de Nadal el van fer créixer i li van forjar aquell caràcter de nedador de fons que li vam conèixer nosaltres. Des d'aleshores el pare va ser sempre com un peix, va gaudir com ningú de nedar grans distàncies al mar. La natació va ser sempre la seva passió, i la millor teràpia davant les misèries i les tristeses de la vida.

Eren anys foscos. Racionament, malaltia i por. Amb l'ocupació de Barcelona hi havia soldats feixistes instal·lats a cada escala de veïns del Raval. Al forn els ocupants arrambaven amb barres de pa que no els corresponien i sembraven el terror. Un dia que l'avi Ponsatí es va despistar i va cridar la seva filla pel nom, «Vine, Roser!», el soldat que vigilava la cua del racionament el va esbroncar: «*Habla en cristiano*», el va colpejar i el va deixar estès a terra. L'avi vivia aterrit i ja no va recuperar la salut; estava cada vegada més malalt. Va morir el 1946. Els darrers mesos no sortia del llit. El meu pare, que aleshores ja estudiava Farmàcia, era l'encarregat de posar-li les injeccions de morfina que li feien més passadores les hores d'aquesta darrera etapa. Administrar les cures pal·liatives al teu propi pare amb càncer terminal quan tens tot just vint anys... Costa d'imaginar una lliçó vital més dura, però els infants de la guerra s'havien fet adults de cop i estaven curats d'espants.

A la Barcelona de la postguerra, amb el pa sota racionament, els forns tenien encomanada la feina de cens de la ciutat i controlaven la gent dia a dia. A través dels forns, que havien d'informar detalladament a les autoritat d'abasts a qui donaven la ració i a qui no, el règim sabia qui hi havia a cada casa. Amb l'avi malalt, el dia a dia del forn el portaven la Carme i la Roser amb l'ajuda del meu pare, que estudiava. Com la generació anterior, els Ponsatí Capdevila pensaven que no calia que les noies estudiessin gaire. De jovenetes podien treballar al forn, i després ja es casarien. La tia Roser, amb tretze i catorze anys, feia cada setmana les plantilles amb els cupons per a més de mil targetes de racionament. Hi havien d'anotar quants pans i de quina mena havien donat a cada família del barri, quanta gent hi havia a cada casa i si tenien minyona o no. La poca farina que els servien no arribava per fer tot el pa que havien de distribuir. Els veïns del Raval passaven grans dificultats i molts no poden ni pagar el pa. A més a més els inspectors d'Abastos y Transportes els collaven i cada dos per tres els queia una multa. Però més valia no queixar-se. Tothom recordava Josep Ragué, aquell forner del carrer dels Àngels que el febrer del 1939 va tancar la fleca i va penjar un cartell que deia: «*No se ha fabricado pan por falta de harina*». Li van fer un consell de guerra i ja ningú el va veure mai més.

La misèria i la tristesa de Barcelona eren difícils d'imaginar. I els anys de penúria es van allargassar. Joan Sales recordava el xoc que li havia causat la ciutat al retorn de l'exili, el 1948, i ho explicava així a Mercè Rodoreda:

> Crec que ha de revisar a fons els passatges on parla de la post-guerra immediata: res d'alegria, res d'aparadors plens, sinó fam general, tristesa profunda de la ciutat —tan alegre abans del 1936. [...]
>
> Vostè no era aleshores aquí; jo tampoc, però vaig tornar el 1948, o sigui nou anys després d'acabada la guerra. Encara aleshores, nou anys després, encongia el cor la misèria dels aparadors; sobretot faltaven articles de necessitat més immediata, com el pa, que estava rigorosament racionat, i era detestable, fet de tot menys de blat. La ració per persona era insignificant. Qui en volia més, o el volia més bo, podia comprar-lo delictuosament i clandestinament a preus exorbitants, comerç rigorosament prohibit que donava peu a detencions i empresonaments. L'oli escassejava encara més que el pa. La gent pels carrers ens feia, als que tornàvem de l'estranger, un efecte deplorable: magres, cansats, tristos, terrosos... I això nou anys després![2]

2. Sales a Rodoreda, a *Cartes completes*, Club Editor, Barcelona, 2008, pàg. 40.

Els números del forn no sortien de cap manera. Per sort hi havia la farmàcia de l'oncle Nemesi, i des del 1940 la perfumeria que va obrir la tia Isabel en un annex de la farmàcia, al carrer de la Palla. Gràcies a això la família subsistia. La tia Isabel Ponsatí va morir el desembre del 1950 sense haver tornat a trepitjar el Liceu ni cap sala de cinema ni de teatre, fidel al pacte que havia fet amb Déu Nostre Senyor a l'esclat de la guerra. Es consolava amb la lectura. I maldava perquè els seus nebots llegissin en català. S'enduia la Roser a la llibreria del carrer de la Canuda, on el llibreter, parant atenció que no entrés ningú més a la botiga, els treia de sota el taulell la caixa on tenia els exemplars d'*En Patufet*.

El meu pare tenia una gran motivació professional per aprendre l'alemany, i, un cop acabada la carrera de Farmàcia i acomplert el servei militar, va saber que a la Universitat de Heidelberg es disposaven a oferir els primers cursos d'estiu per a estudiants estrangers —els primers des del final de la guerra a Alemanya—. Va fer plans per anar-hi amb uns quants companys de la facultat. Un d'aquests companys, Bartomeu Serra, coneixia la meva mare perquè havien estat veïns a les Tres Torres. Un dia de la primavera del 1950 en Bartomeu es va trobar la mare pel carrer i li va explicar, molt cofoi, que a l'estiu aniria a Alemanya, a la Universitat de Heidelberg, a fer un curs d'alemany. L'any cinquanta sortir a l'estranger era pràcticament impossible. No és estrany que en Bartomeu estigués tan satisfet del seu pla per a l'estiu. Ella, però, no li va fer gaire cas.

Acabada la guerra la mare havia anat uns mesos a l'Institut Maragall per preparar els obligats exàmens de revalida, perquè els estudis fets durant la guerra no tenien validesa. Li agradava tan poc que feia campana. Es quedava voltant pel carrer fins que era hora de tornar a casa. Després va anar a la Isabel de Villena, l'escola que la Carme Serrallonga va muntar amb uns quants professors de l'Institut-escola que havien estat depurats. Va fer l'examen d'estat, va estudiar a l'Escola de Bibliotecàries i, un cop acabats els estudis, es va posar a treballar a la biblioteca de la Facultat de Medicina.

Per qüestions de feina es feia regularment amb la bibliotecària

Josep Ponsatí i Montserrat Obiols, 1952

de la Facultat de Química, Maria Serrallach, que li facilitava còpies d'articles i documentació científica. Maria Serrallach havia anat a l'escola alemanya, tenia lligams professionals amb la Universitat de Heidelberg i era la promotora del curs d'estiu entre els estudiants de Barcelona. Un dia que la mare va anar a recollir-li una documentació, la Serrallach li va comentar:

—No t'agradaria pas anar a Heidelberg a estudiar alemany, aquest estiu? S'està organitzant un curs d'estiu i potser hi podries anar.

A la mare li va sonar.

—I tant, que m'agradaria, però no tinc fet el Servei Social i no em donaran el passaport.

Per treure's el passaport calia haver fet el Servei Social, i la mare el tenia pendent. No l'havia fet perquè el seu pare sempre li deia: «Oh! això, d'aquí a quatre dies ho trauran, no cal que ho facis». Però la Maria Serrallach hi va insistir:

—No siguis bleda, encara hi ets a temps, de fer el Servei Social i treure't el passaport.

Aleshores en va parlar a casa amb els seus pares, que hi van estar d'acord que hi anés amb la seva germana, l'Àngels, que havia estudiat Magisteri, ja tenia fet el Servei Social i no tenia problema per treure's el passaport. I llavors la mare es va apuntar a correcuita a fer el Servei Social. Quant sortia de treballar se n'anava a una acadèmia del carrer d'Aribau. Li va anar pels pèls. De fet, li va caldre l'ajut d'una cosina que la Maria Serrallach tenia a Madrid, que era falangista i tenia bons contactes. A última hora, per tal que els papers arribessin ràpid a la capital, encara li va donar un cop de mà el bidell de la Facultat de Ciències, el pare de la cantant Victòria dels Àngels, que cada dia portava fins a l'estació de França un sac de documentació de la universitat que viatjava cap a Madrid amb el tren. Va aconseguir el passaport just el dia abans de marxar, i les germanes Obiols van poder pujar al tren i fer cap a Heidelberg.

Quan van arribar a Alemanya van quedar astorades de com es notaven encara els estralls de la guerra. L'any 1950 els alemanys passaven encara moltes privacions. Les coses anaven més justes que a Barcelona, i això que encara hi corrien les targetes de racionament. Un bon dia un estudiant de Medicina alemany amb qui havia fet amistat va convidar la mare a dinar a casa seva. Hi estava convidat també un soldat americà que festejava amb la germana de l'amic alemany. L'àpat va consistir en mitja salsitxa de frankfurt i una fulla d'enciam.

Aquell curs d'alemany a Heidelberg va ser la primera oportunitat de viatjar a l'estranger per a les germanes Obiols i per a molts altres joves barcelonins. Hi van anar, entre d'altres, Hilari Raguer, Joan Reventós, Carlos Barral, Jesús Martín Santos i Manuel Sacristán. Però, pel que a nosaltres ens interessa, el que és important és que hi van anar Josep Ponsatí i Montserrat Obiols. Dos anys després, el 2 d'octubre de 1952, es casaven a l'església de Sant Vicenç de Sarrià. Oficiava el matrimoni, és clar, mossèn Àngel Obiols. Aquell mateix any, finalment, s'havia acabat el racionament.

VI

Aixeca't i camina

S'enduien veus d'infants
el sol que jo mirava.
Tota la llum d'estiu
se'm feia enyor de somni.

SALVADOR ESPRIU, *Cançó de capvespre*

Come away, O human child!
To the waters and the wild
With a faery, hand in hand,
For the world's more full of weeping than you can understand.[1]

W.B. YEATS, *The Stolen Child*

1. «Fuig, infant! / Ves cap a les fonts i el bosc / de la mà d'una fada, / perquè al món hi ha molts més plors dels que tu podries copsar.»

Vaig néixer a Barcelona el dia de Sant Josep del 1957. Aquell dia començava el seu llarg mandat l'alcalde Josep M. de Porcioles i en Franco feia declaracions a *The New York Times* expressant agraïment pel suport dels americans. La Coca-Cola encara era un luxe desconegut per la majoria, però ja ocupava anuncis a tota pàgina. A les escoles es repartien vasos de llet en pols americana. Encara no feia quatre anys —el 23 de setembre de 1953, el mateix dia que va néixer la meva germana gran, l'Anna Maria— que els Estats Units i Espanya havien signat el pacte de Madrid. L'ajut econòmic i el reconeixement polític dels americans apuntalava el règim a canvi de les quatre bases —Rota, Morón, Torrejón de Ardoz i Saragossa—, on la Navy i l'Air Force establiren els seus centres operatius al sud d'Europa. L'any 1957 havia començat amb la segona vaga de tramvies —la primera havia estat el 1951—, un boicot total dels barcelonins al transport públic que va durar dotze dies. A la universitat començaven els primers moviments antifranquistes entre els estudiants. Al febrer s'havia reunit la primera Assemblea Lliure d'Estudiants. Aquests moviments de resistència irritaven el règim, però amb l'oxigen que li donaven els americans la dictadura tenia corda per a molts anys. Vaig viure tota la meva infància i em vaig fer una persona adulta sota el franquisme.

Als tres anys vaig anar al parvulari municipal que hi havia al carrer d'Aribau, entre els carrers de Còrsega i de París, el Montessori. Dirigien l'escola les senyoretes Canals, senyoretes però força velletes, mestres supervivents de la República. Dolors i Francesca Canals i Ferrer eren aquelles pedagogues que havien estudiat amb la Maria Montessori i amb qui la meva àvia havia començat la carrera de mestra. Però d'això ja feia molts anys. Podeu comptar si n'eren, de velletes, si la meva àvia ja havia fet les pràctiques de Magisteri amb elles! Després de la guerra van sobreviure, pels pèls, a la depuració. Estaven allà una mica com d'amagatotis, camuflades i vigilades per altres mestres que eren camarades de la Sección Femenina, que controlaven que es cantés el *Cara al sol* i es fes tot el que era obligat fer en aquella època, inclosos els càstigs físics per als nens entremaliats. Una de les senyoretes camarades, que tenia una disminució i s'ajudava amb un bastó per caminar, emprava la crossa sense manies per estovar el culet dels alumnes que volia castigar. Ni les senyoretes Canals ni la mestra de la meva classe, la senyoreta Júlia, pegaven, però quan ens renyaven deien: «Lletja, negra!». Cada tarda, amb el berenar, repartien el vas de llet en pols dels americans; a mi no m'agradava gens. El berenar el portàvem de casa dins d'una bossa de tela, amb el got de vidre on ens havien de servir la llet. L'anar i venir dels vasos de vidre era un patir. Cada vas trencat podia desencadenar un sacramental, amb esgarips i xarop de bastó. Malgrat aquestes memòries fosques, que jo només vaig viure de retruc, el Montessori del carrer d'Aribau era un bon parvulari on arrencar la vida escolar. Les senyoretes Canals feien el possible per mantenir el clima agradable d'una bona escola infantil seguint la tradició del sistema Montessori: nens i nenes de tres a set anys, tots dins la mateixa classe, amb racons i jocs. Allà vaig aprendre els rudiments de l'aritmètica i a llegir i escriure, repassant lletres de paper de vidre amb els ulls tancats i component paraules amb abecedaris de cartolina. A dins de l'aula es parlava en català. Al pati, no cal ni dir-ho.

El Montessori era molt a prop de casa. Ens hi duia la senyora Rosa, la nostra *acompanyanta*. La senyora Rosa era una mestra de la República que havia estat depurada i que malvivia miserablement acompanyant nens a l'escola. Les *acompanyantes*, com les porteres, els serenos i els guàrdies urbans del salacot blanc, eren una institució de la postguerra barcelonina. Recollien nens i nenes a les porteries com qui arreplega un ramat. Al matí ens portaven fins a l'escola, al migdia ens recollien a tots i cap a casa a dinar, i a la tarda tornem-hi. El ramat que la senyora Rosa portava al Montessori era nombrós, quinze o vint infants, perquè els nens d'aquella època ens portàvem molt bé i pels carrers no hi havia gaires cotxes. Calia vigilar el tramvia, que pujava pel carrer d'Aribau i tombava a Còrsega, però ens ajudava a creuar l'urbà del xamfrà de Muntaner amb Còrsega.

Als sis anys vaig deixar el Montessori per anar a l'Escola Talitha, que dirigia Maria Teresa Codina. La Codina, d'entrada, no volia ser mestra. De nens ja n'havia tingut prou, perquè de nena li havia tocat ajudar a criar els seus vuit germans més petits que ella, i per això va estudiar Filologia Clàssica. Tot just acabada la carrera li van proposar col·laborar en una traducció de Demòstenes per a la Bernat Metge. Diu: «I al cap de quinze dies, de veure que m'estava un matí per veure si hi posava *però* o *sembla que*, vaig dir: "No puc. És massa sec. I massa avorrit". No treballaria d'això. Vaig acabar fent de mestra». El 1956, després de passar una temporada a França, on es va introduir en la pedagogia, va treballar a l'escola de la Molina que dirigia Jordi Galí, fill del gran pedagog Alexandre Galí. Després va engegar Talitha, una escola per a nenes. Amb en Galí, que havia fundat l'Escola Sant Gregori, i altres com Marta Mata i Pere Darder, que anys després va fundar el Costa i Llobera, l'escola per a nois aparellada amb el Talitha, volien recuperar en ple franquisme la tradició pedagògica catalana que s'havia estroncat amb la desfeta. *Talitha* vol dir 'noia' en arameu. El lema de l'escola, *Talitha qum*, ja ho deia gairebé tot: 'Noia, aixeca't i camina'. S'inspirava en aquest passatge de l'Evangeli de Marc:

> Després que Jesús hagué travessat amb la barca a l'altra riba, novament s'aplegà entorn seu una gran gentada, i era a la vora del llac. Arriba aleshores un dels caps de sinagoga, que es deia Jaire, i, en veure'l, es deixa caure als seus peus i li demana instantment: «La meva filleta està a les acaballes; veniu a imposar-li les mans, perquè

> se salvi i visqui». I se n'anà amb ell. [...] Encara ell parlava, que venen de casa del cap de sinagoga a dir-li: «La teva filla s'ha mort; per què amoïnes encara el Mestre?». Però Jesús, que havia sentit també el que anunciaven, diu al cap de sinagoga: «No temis, tingues fe només». I no permeté que ningú l'acompanyés sinó Pere, Jaume i Joan, el germà de Jaume. Arriben a casa del cap de sinagoga, i veu aldarull i gent que plorava i feia grans planys, i, entrant, els diu: «Per què aquest aldarull i aquests plors? La noia no és pas morta, sinó que dorm». I es reien d'ell. Però ell, després de treure tothom, pren el pare i la mare de la noia i els qui l'acompanyaven, i entra on era la noia i, agafant-la de la mà, li diu: «*Talitha qum*», que vol dir: 'Noia, t'ho mano, aixeca't!'. I a l'instant s'aixecà la noia i es posà a caminar; perquè tenia dotze anys. I quedaren tots meravellats. Els recomanà molt que ningú no ho sabés, i digué que li donessin de menjar.[2]

Les filles d'Eulàlia Riba i Oriol Casassas, el doctor Casassas, el nostre pediatre, anaven al Talitha. Van ser ells, amb les senyoretes Casals del Montessori, que van recomanar l'escola als meus pares. La meva mare diu que es va decidir a dur-nos-hi, a part de perquè només s'hi parlava català, perquè el dia que va anar a visitar-la va trobar que tot estava molt ben endreçat! A casa meva eren molt d'ordre.

Vaig anar a l'Escola Talitha fins als catorze anys. Anar a una escola que educava en català em va permetre adquirir els referents culturals sense dissonàncies entre el que érem i vivíem a casa i el que apreníem a l'escola: els cants i les danses de la tradició popular, els primers llibres en català o els discos de la Nova Cançó, eren eines d'instrucció tant a casa com a l'escola. Els llibres de Tintín en català i els exemplars de la revista *Cavall Fort* arribaven a casa un darrere l'altre, a poc a poc. Els esperàvem amb impaciència i sempre hi havia baralles entre els germans per qui els llegiria primer. Fèiem resistència cultural sense ser-ne gaire conscients. Sabíem que érem catalans a contracorrent, però ho vivíem amb alegria. Tinc una memòria feliç dels anys a

2. Marc (5, 21-43).

Atents a la lliçó, Talitha, 1963

l'escola. Jo era una nena entremaliada i poc disposada a obeir sense discutir, però les mestres del Talitha sabien com motivar-me i treure partit de les meves energies. No he tingut mai problemes amb els estudis. Sempre m'han estimulat. Llegia molt, no llegia ben bé el que els meus pares volien, però llegia molt. A casa hi havia lectures clàssiques i nostrades que provenien de la biblioteca infantil de la meva mare, i els pares afegien material seguint el seu bon criteri i les recomanacions de lectura de qualitat que feia l'escola. Però entre les amigues de la classe ens resistíem als «Grumets de La Galera» i ens intercanviàvem —una mica d'amagatotis— literatura menys selecta en castellà, els llibres d'Enid Blyton i companyia, novel·letes que narraven les peripècies de nens anglesos que feien càmping i perseguien lladregots, serials sobre la vida dins d'un internat o les aventures d'una família exemplar americana.

L'Escola Talitha era a Sarrià, en una torre al carrer de Jaume Piquet, 23. És l'edifici on ara hi ha la casa Orlandai. Edificada el 1870 per encàrrec de Manel Galve, és una de les primeres obres de Rafael Guastavino, un arquitecte nascut a València que va emigrar als Estats Units, on va fer una gran fortuna patentant la volta catalana. Manel Galve era l'home de confiança del fundador de la indústria química Cros. El seu fill, Juli Galve Brusson, va ser el màxim directiu de la companyia Anònima Cros des del 1904 fins que va morir el 1938, a Burgos, on s'havia refugiat al costat dels insurrectes. L'edifici inicial de Guastavino, ampliat amb els annexos edificats el 1922 i el 1928, va ser la residència de la família Galve fins que el 1956 el van llogar a l'Escola Talitha.

Les meves germanes i jo hi anàvem amb el tren de Sarrià. Caminàvem des de casa fins a l'estació de Provença i allà pujàvem al tren fins a l'estació de Sarrià, que aleshores encara era una estació a cel obert, de fusta, com les de l'Oest. Estava just al costat de l'escola. El jardí de l'escola anava des de les vies del tren fins al carrer de la Verge de Núria, un carrer encara sense asfaltar que aleshores portava el nom de Virgen de Covadonga, una verge més adepta al règim. Ja és gros que fins i tot les verges tinguessin adscripció política, però així estaven les coses. A la fi de la guerra, la Mare de Déu de Núria s'havia quedat sense carrer a Sarrià i a molts altres llocs. El 1967 en Franco es va voler reconciliar amb la Mare de Déu de Núria i tenia previst presidir la cerimònia de coronació que s'havia de celebrar al santuari pirinenc el nou d'agost. Però la nit abans un grup d'acció catalanista vinculat a l'escoltisme va segrestar la talla romànica per impedir-ho i per donar ressò a la campanya «Volem bisbes catalans». La van tenir amagada fins el 1972, quan tots els bisbes eren ja catalans. Els detalls de la peripècia no han sortit a la llum fins fa poc temps, i resulta que el capità de l'operació era Nemesi Solà Franquesa, un antic escolà de Montserrat, forner i net d'un altre Nemesi forner, Nemesi Solà Vila, germà de la meva besàvia Isabel-Joaquima, tots dos fills de Joan Solà Rabionet, aquell traginer de Santa Coloma de Farners que s'havia arruïnat després de perdre les bèsties de càrrega en una nit de tempesta.

Tornem al jardí de l'escola. Per a una nena que pujava de l'Eixample, on tot era ben gris, baixar del tren a l'estació de Sarrià i creuar la reixa del jardí de l'escola era com entrar al paradís terrenal. I si accedia directament a l'interior de l'edifici per la porta principal, així que hi posava els peus em donava la benvinguda una família de paons reials de coloraines que pujaven per la volta de l'escala principal en el mosaic que cobria la paret. A les classes, les finestres eren grans i lluminoses i lluïen garlandes de vitralls amb motius florals virolats. Al jardí hi havia camins i escales, un estany amb peixos vermells, una bassa amb capgrossos i granotes i tota mena d'arbres i matolls: xiprers, llorers, mimoses, ametllers japonesos que feien una flor roja que ens menjàvem d'amagat, i un arbre de Judea amb fulles rodones que espetegava tot ell de color rosat quan floria. Al peu d'unes escalinates hi havia un caquier que a la tardor vessava de fruites que maduraven i queien a terra esberlades. A la banda que donava a l'estació hi havia xiprers i pins, presidits pel Pi de l'escola, l'arbre gegant que encara avui presideix el que resta del jardí. A l'altra banda hi havia una immensa palmera rodejada d'un parterre, i nosaltres vinga donar-hi voltes. Del jardí se n'ocupava el senyor

Mariano, un personatge deliciós que portava sabates de goma i s'assemblava a Josep Pla, però era dolç i bon home. Ens impartia lliçons d'horticultura i ens ensenyava a plantar patates. I ens donava un pinyó. El senyor Mariano tenia un hort a l'altra banda del carrer, una mica més amunt de l'escola. Allà feia créixer les seves plantes i flors més delicades; i d'allà sortien els poms de flors que ens duia per decorar les classes. El jardí també tenia el seu punt de misteri. Passades les escales, que quedaven barrades per una reixa, continuava més enllà, envoltant una altra casa. Allà hi vivien els propietaris, els descendents del senyor Galve. Per més que miràvem, no els vèiem mai. Només de tant en tant entrellucàvem de lluny unes nenes amb llaços al cap i un majordom vestit amb armilla de ratlles, com en Néstor d'en Tintín, que les vigilava.

A l'Escola Talitha jugar era una activitat que es prenien molt seriosament. I feien bé. A les estones d'esbarjo es construeixen i destrueixen les relacions d'amistat i solidaritat. Jugant, guanyant i perdent es defineixen les relacions de poder entre els companys de classe. Als patis hi batega l'ànima de les escoles; és molt important que els mestres hi estiguin amatents. El pati del Talitha quedava sota l'autoritat de Teresa Fort, una mestra totalment dedicada a les activitats de l'esbarjo. S'estava sempre al jardí i tenia per missió animar i organitzar els jocs, ensenyar-nos danses i cançons i proveir-nos de cordes per saltar i pilotes per botar. Per poder jugar, saltar, cantar i ballar com la que més, Teresa Fort anava sempre calçada amb vambes de lona i mitjons curts, blancs.

I com en la millor tradició de l'escola moderna, apreníem trepitjant el país i en contacte amb la natura. Les excursions eren freqüents, cada curs anàvem uns dies de campament i dormíem a la pallissa d'alguna masia. La professora de ciències naturals, Maria Rosa Carrió, ens introduïa en la joia dels descobriments científics. Ens feia fer tota mena de disseccions, des de granotes fins a cors o pulmons de be, col·leccions d'insectes i cria de cucs de seda. La professora de geografia, Pilar Benejam, era absolutament brillant; la seva saviesa i el seu entusiasme em van desvetllar la curiositat per les ciències socials. La professora de francès, Conxa Riart, no era tan popular. Era exigent i no feia concessions, no perdonava cap dels verbs irregulars. Li haig de reconèixer, però, el mèrit d'haver-me ensenyat l'idioma de Molière amb eficiència. Cada setmana fèiem una sessió d'actualitat. Parlàvem del que passava a Europa i al món, de la guerra del Vietnam, i també més a prop, a Catalunya: la Caputxinada, les manifestacions, les vagues de la Seat... Jo tenia molt interès i feia moltes preguntes. Sempre n'he fet moltes.

De tant en tant venia l'inspector i aleshores havíem de parlar castellà. Com que no avisaven i arribaven per sorpresa, Teresa Codina havia muntat un sistema per fer córrer la veu d'alarma. La noia que estava a secretaria, a l'entrada, davant de l'escala amb els paons reials, cridava una nena, li donava un grapat de llapis i li deia: «Té, ves a portar això a la senyoreta». Quan a la mestra li entraven un grapat de llapis que no necessitava, deia «moltes gràcies» i entenia que hi havia l'inspector. Aleshores esborràvem la pissarra. De «dimecres 10 de maig» a *«miércoles 10 de mayo»*. Desàvem els llibres en català i agafàvem els llibres de castellà. I la mestra deia: «Ara ve un senyor que li agrada més que parlem en castellà; i aquesta foto que tenim de Franco, avui la penjarem». Una vegada l'inspector va entrar a classe i va dir: *«A ver, el crucifijo en el centro, la virgen a la derecha y el Generalísimo a la izquierda, y no me hagan aparejamientos extraños»*. No va quedar satisfet. Va dir: *«Sí, todo está en castellano, pero aquí se respira en catalán»*. Pot ser que ho digués perquè a la porta que donava al jardí hi havia un cartell que deia «tanqueu la porta»? Ves a saber, el fet és que va trobar una excusa, una diligència de 25 pessetes que no s'havia pagat, i no va autoritzar l'ensenyament oficial.

Per tant, ens tocava anar per lliure a examinar-nos, en castellà, a l'Institut Infanta Isabel d'Aragó. En dos dies fèiem tots els exàmens i, apa, fins l'any que ve. A primer de batxillerat, onze anys, em van posar matrícula d'honor de ciències naturals per una esplèndida redacció en castellà sobre *El murciélago*. A tercer, en canvi, ens van suspendre el FEN, la Formación del Espiritu Nacional, a totes. Represàlia política. Què us penseu que van dir, a casa meva? Doncs: «Escolta, Clara, agafa el llibre de FEN i a estudiar i a aprovar al setembre». I sí, sí. Vaig treure molt bona nota al setembre. Encara ho recordo: *«La familia, municipio y sindicato. Las leyes fundamentales son siete. La Ley de Sucesión. España es una democracia orgánica»*. A quart de batxillerat vaig tenir un mal dia i em van suspendre la física.

Malgrat que el sistema d'exàmens a l'institut era arriscat, els mestres no ens feien sentir pressió pels resultats acadèmics. Era tot força relaxat. Jo sempre vaig anar passant sense grans patiments, però quan vaig anar a l'institut a fer cinquè, sisè i COU, anava molt sobrada. O sigui, que sense fer gaire pressió em van donar uns bons fonaments i disciplina de treball. Això que ara està tan de moda dels projectes, nosaltres ja ho fèiem. Els dos últims anys del Talitha treballàvem per projectes. No en deien així, però era això: no ens donaven classes. Hi havia llibres i materials, sortíem al carrer a fer treball de camp i anàvem aprenent. Vaig tenir la sort de no viure ni les escoles de monges, ni les escoles nacionals, ni res del fosc panorama escolar franquista, que, pel que expliquen les meves amistats, era terrible. Mentre la immensa majoria de la meva generació passaven el rosari, cantaven les taules de multiplicar i memoritzaven la llista de *«los reyes godos»*, jo m'educava a l'escola activa. Vaig ser una persona molt afortunada anant a una escola on se'm respectava, on ningú em pegava i on tothom parlava sense cridar i... en català! Són coses que a mi em semblaven naturals, però que no ho eren gens, a la Barcelona dels anys seixanta.

Les classes tenien noms de muntanyes, arbres i personatges de la literatura infantil: Canigó, Montseny, Riki-tikki-tavi, Castanyer, Kasperle, Nils, Pinotxo, Xiprer... Jo anava a la classe d'en Pinotxo. La llegenda «talithenya» diu que les Pinotxo érem la classe de les nenes més tremendes. A veure, pobres de nosaltres, a qualsevol cosa en deien portar-se malament en aquella època; érem xerraires, teníem opinions, i alguna vegada a algun professor li vam muntar algun sarau. Érem trapelles, però bones estudiants. Això descriuria el meu cas i el de Lulú Martorell —aleshores es deia Lourdes—, amb qui som encara avui molt amigues. Isabel Argimon era un cas a part. Només treia matrícules d'honor, i, a més a més, era la millor a gimnàs, feia ballet i estudiava rus. A mi em feia una mica d'enveja, tot s'ha de dir. Al Talitha, col·legi de nenes, no es portava el pamfilisme, no. Pàmfiles i bledes no, gràcies. La meva cosina Eulàlia Gríful també anava a la meva classe. Era la gran de set germans i molt responsable. Gràcies a l'Eulàlia, que ho coordina i ens organitza, una bona part les amigues Pinotxes encara seguim en contacte. Quan ens trobem, ens divertim i riem tant com quan jugàvem al jardí de l'escola.

L'Eulàlia és filla de Roser Ponsatí i Antoni Gríful. La tia Roser és una força de la natura. Acabada la guerra, com més gran es feia més frisava per fugir del forn i escampar la boira a la muntanya. El 1950 va aconseguir recollir prou estalvis per fer-se sòcia del Centre Excursionista de Catalunya. La volien inscriure com Rosario, però ella s'hi va negar. Al final va quedar registrada com Rosa Ponsatí. El Cap d'Any del 1951, al xalet de la Molina del CEC, va conèixer l'Antoni Gríful. L'oncle Antoni era l'aventurer i el muntanyenc de la família. Va ser un pioner de l'escalada, l'alpinisme i l'esquí a Catalunya. Quan es van prometre amb la Roser, li va oferir aquestes dues opcions: podia regalar-li un anell de compromís de brillants, o bé gastar-se els diners comprant un cotxe esportiu, un MC vermell de l'any 36, per portar-la a fer viatges i excursions. L'11 de setembre de 1956 es van casar a Sant Bernat del Montseny i acabada la festa sortiren de viatge de noces dalt del flamant automòbil. Després de criar set fills, la Roser va fer estudis d'assistent social i va treballar amb joves gitanos —ara en diríem pedagogia d'alta complexitat—. El cotxe vermell va passar a millor vida abans que la següent generació en pogués gaudir, però l'oncle Antoni sempre va trobar el vehicle per acostar els seus fills a la muntanya i fer-los trescar amunt. A vegades m'afegien a l'expedició. Amb ells vaig fer la primera acampada. Vam pujar a Sant Pere de Casserres. El monestir era una ruïna fantasmal. Des del cingle sobre la corba que fa el Ter a l'embassament de Sau teníem al fons tot el Pirineu, i més a prop la plana de Vic i el Montseny. Jo devia tenir deu anys. Plantar la tenda, fer foc a terra, menjar torrades i dormir sota els estels. Em va semblar el millor del món.

L'Escola Talitha era una escola cristiana. Hi havia un mossèn que feia la catequesi —jo vaig fer la Primera Comunió amb l'escola— i que deia missa els dimecres. Però no eren gens integristes i estaven atents i oberts als aires de renovació que va dur el Concili Vaticà II. Quan jo ja devia tenir onze o dotze anys, cap a finals dels seixanta, van eliminar les misses a l'escola i les famílies van organitzar la catequesi com una activitat extraescolar. Pensant en el Concili Vaticà II em ve al cap una escena que va tenir lloc just després de la mort de Joan XXIII, el 3 de juny de 1963. Havíem anat d'excursió a Vallvidrera amb la Teresa Fort i alguna altra mestra: vam agafar el tren fins al baixador de Vallvidrera, després el funicular, i ja érem al bosc a pasturar. Era el primer any que jo anava al Talitha, als sis anys, quan encara hi havia nens a la classe, els cursos de parvulari eren mixtos. Després de dinar estàvem fent la migdiada, perquè els petits sempre feien migdiada. La idea era que s'havia de fer una estona de silenci. Per tant estàvem tots asseguts o ajaguts a terra, en un raconet a sota d'un pi, amb el caparró repenjat a la motxilla, ben quiets i callats. I enmig d'aquest silenci va passar un pastor amb un ramat d'ovelles o cabres. L'any 1963, a Vallvidrera, Barcelona, un pastor pasturant un ramat d'ovelles i cabres per Collserola no era cap raresa. El pastor duia un transistor i escoltava les notícies. Tot d'una es va acostar corrent i cridant a les mestres: «Ja hi ha Papa! Ja hi ha Papa! Fumata blanca!». Dies enrere s'havia mort Joan XXIII i la fumata blanca anunciava que, dins la Capella Sixtina, el col·legi de cardenals havia elegit Pau VI. En rebre la notícia les mestres van esclatar d'alegria i, ben contentes, van donar per acabada la migdiada. Tots els nens i nenes ens vam aixecar de terra, saltant d'alegria i cridant: «Ja hi ha Papa! Ja hi ha Papa!». És una escena de pel·lícula de Fellini, però la joia era ben genuïna.

La meva educació també va tenir la seva dimensió artística. A l'escola, la professora d'arts plàstiques —en dèiem treballs manuals— era Fina Rifà, la gran il·lustradora de la revista *Cavall Fort* i de les noves col·leccions de llibres infantils en català que començaven a aparèixer als anys seixanta. Amb la Rifà fèiem dibuix i pintura i treballàvem amb tota mena de tècniques i materials: figures de fang per al pessebre nadalenc, ninots de castanyes i escuradents per Tots Sants, palmes per al Diumenge de Rams, teixits trenats amb llanes de colors, paneres i cistells de vímet... Més endavant, quan els dimecres a la tarda no teníem classe, els meus pares em van apuntar a fer una activitat extraescolar amb l'artista Enric Gelpí, que vivia i tenia el taller al carrer de Sant Pere més Baix. Reunia una colla de nens i nenes i ens ensenyava a modelar amb fang i a fer linòleum i pirogravat. Dins del taller la meitat de l'espai l'ocupava una immensa gàbia plena d'ocells: caderneres, canaris... i mussols! Els mussols tenien els seus propis espais dins de la gàbia, però com que era de dia no els vaig veure mai. La primera part de la feina era sempre pastar el fang, perquè en Gelpí ens feia treballar amb una argila que devia ser el seu rebuig. Estava seca i tenia molts grumolls. Era una feinada deixar-la en condicions. Després fèiem gerros, pots i escultures amb encert variable. Podríem dir que els meus pares, amb altres famílies —com la de l'editora Isabel Martí, que també hi anava—, els dimecres a la tarda ens enviaven a pastar fang a can Gelpí. Quedi clar que hi anàvem molt contentes.

Els dissabtes a la tarda anàvem a cantar a L'Esquitx, la coral infantil que un grup de cantaires de la Coral Sant Jordi van engegar el 1963. La Coral Sant Jordi l'havia fundat el 1947 Oriol Martorell amb els seus germans i un grup de joves amics aplegats al voltant de l'escoltisme que liderava mossèn Batlle. Volien conrear la música coral, especialment la catalana, i entenien la seva tasca musical com un acte de servei al país. Els assajos de l'Esquitx es feien al Cercle Artístic de Sant Lluc, al número 16 del carrer del Pi. Ens dividien en tres grups, els petits —amb Montserrat Solanic—, els mitjans —amb Maria Martorell— i els grans —amb Dolors Bonal—. Sèiem a cantar en cadires de boga d'altures variables al voltant de la mateixa tarima —una mena de taula rodona baixa molt gran—, on entre setmana devien seure, o jeure, les models que posaven per als artistes que anaven al Cercle a prendre apunts del natural. Els assajos i concerts començaven sempre cantant a cànon de tres veus un coral de Bach: «Llo-aa-aa-aat si-a Déu, llo-aa-aa-aat si-a Déu, el nos-tre Déu». Acabat el cànon de Bach, passàvem l'hora següent cantant tota mena de cançons. Cada any fèiem un concert de final de curs i altres actuacions arreu de Catalunya. El plat fort era el concert de Nadal, que fèiem conjuntament amb la coral dels grans al Palau de la Música Catalana. Primer cantàvem cada cor per separat. Al final, tots, petits i grans, pujàvem a l'escenari, que quedava ben atapeït, i l'Oriol Martorell ens dirigia els últims cants. El programa nadalenc variava d'any a any, però el final del concert era sempre igual. L'Oriol, dalt de la tarima, respirava fondo, ens mirava fixament als nens i nenes que ocupàvem les primeres fileres, agafava empenta, alçava els braços i engegava el *Fum-fum-fum*. Quan el cor ja sonava a tot drap damunt de l'escenari, l'Oriol girava la seva figura llarga i escardalenca —com *El profeta* de Gargallo— i donava l'entrada al públic. Amb el darrer «fum-fuuuum» i l'ovació del públic tot el Palau retrunyia i trontollaven els vitralls. Els cavalls de marbre que galopen sobre l'escenari també s'afegien a la festa. Qui canta els seus mals espanta.

La meva infància també són els estius a Arenys de Mar, on el meu pare, que hi tenia família perquè el seu oncle Lluís Capdevila s'havia casat amb una arenyenca, la tia Joaquima Maresme, hi havia comprat una casa l'any 1959. És una casa de poble, can Teixonera, al rial de sa Clavella, a tocar de la plaça de l'església i prop de la cruïlla entre el rial i la Riera, la principal rambla d'Arenys. El solar és un espai llarg i estret, amb una petita eixida al fons, amb safareig i pou. Eixida, no pas jardí; no hi havia espai per córrer ni per anar amb bicicleta. Per jugar sortíem al carrer. L'eixida era tan sols un pati on sèiem a prendre l'aire i gaudir de la fresca i on ens dutxàvem tornant de la platja a cops de galleda d'aigua del pou. Un espai verd, farcit de plantes que creixien ufanoses gràcies a l'atenta cura del meu pare, que se n'ocupava aconsellat per l'àvia de can Graupera —els veïns de la casa de més avall, que tenien una perruqueria— i per la tia Joaquima. Totes dues tenien veritables jardins botànics a les seves eixides i li donaven consell i compartien esqueixos: una gardènia, una fúcsia, una hortènsia, que sota les cures del pare esdevenien exemplars esponerosos.

A la casa d'Arenys, que tenia planta baixa i un pis, amb golfes i terrat, hi havia poques cambres i molts llits. Hi anàvem tot l'estiu amb els avis. L'avi pintava a l'habitació del primer pis, amb el balcó, que donava a l'eixida on la canalla passàvem l'estona, sempre obert. A les tardes sortia a passejar amb el seu amic el senyor Seix (Joan Seix, de l'editorial Seix Barral). Anaven vestits tots dos ben elegants i amb el cap cobert amb un barret de palla. Després s'asseien a la Sala Mercè, el cafè dels senyors, on a vegades coincidien amb Salvador Espriu i Amàlia Tineo. Al mes d'agost, la casa s'omplia de gom a gom. Venien els oncles i els cosins de Ginebra, i també la tia Núria i en Raimon. Estius de tribu. Potser eren un atabalament per als grans, però els nens érem molt feliços. En Raimon té disset anys més que jo; era el tiet jove i simpàtic i tots hi volíem jugar. Jo vaig aprendre a anar amb bicicleta amb ell, pel moll de la fusta del port d'Arenys. Ha estat un personatge molt adorat per la família, venerat per les seves germanes. Les seves filles són les meves cosines petites, jo els feia de cangur i sempre els he tingut molt d'afecte.

Tot l'estiu ens el passàvem a la platja torrant-nos al sol, nedant, pescant i corrent pels rials. Els dies seguien una rutina estricta, que ara em sembla deliciosa. Al matí, després d'esmorzar, fèiem els deures de l'escola i les feines de la casa que se'ns encomanaven: fer llits, escombrar, anar a fer algun encàrrec o ajudar a la cuina. Després anàvem a la platja un parell d'hores. Allà coincidíem amb altres famílies. Si eren dies de feina, quan el pare encara no estava de vacances, a la platja hi anàvem amb la mare. Els avis no venien mai a la platja; per algun motiu misteriós es considerava que la gent gran no s'havia de banyar. Ens reuníem una colla nombrosa de nens i nenes d'edats variades. Nedàvem, jugàvem i fèiem el mandra estirats a la sorra. Els grans xerraven, i a mi m'agradava escoltar les converses. Un dia, jaient a la platja, vaig descobrir el feminisme. La meva mare

L'eixida d'Arenys, Josep Obiols, 1959

Amb els germans i els cosins Ripoll a l'eixida d'Arenys, 1963

i la seva amiga Mercè Chao parlaven de les lectures de vacances: *El segon sexe* de Simone de Beauvoir, que llegien en francès, i *La mística de la feminitat* de Betty Friedan (publicat en castellà el 1965; en català es va fer esperar fins el 1975). Recordo vívidament la Mercè que declarava, contundent: «Jo soc feminista». Jo no vaig tenir cap dubte i vaig pensar: «Jo també». Després del bany de mar tornàvem a casa, dinàvem i fèiem la migdiada. No era obligat dormir, però sí jeure al llit. Després berenàvem i ja podíem sortir a jugar amb els amics. Anàvem amb bicicleta, sortíem a pescar amb canya al port, o corríem pels rials i ens colàvem a les vinyes per enfilar-nos als garrofers i arreplegar el que poguéssim —préssecs, figues, ametlles o avellanes—. A les nou havíem de ser a casa. Sopar i dormir. A final d'estiu, el ritme de la rutina s'estroncava quan arribaven les tempestes i rierades. Per davant de casa baixava una tromba d'aigua que s'enduia els cotxes i tot el que trobava cap a mar.

A la platja d'Arenys el meu pare hi passava hores i hores nedant. Es posava unes ulleres de submarinisme amb tub, es llançava a l'aigua i desapareixia. A vegades ho feia armat d'un punxó, com una mena de forca, i quan tornava havia capturat un pop. Abans o després donava lliçons de natació a tothom que en volgués, nens i nenes, amics i cosins. Al mes d'agost, quan ell estava de vacances, un dia per setmana se'ns emportava a passar la tarda a la piscina d'un càmping, i allà impartia lliçons més avançades. A mi sempre m'ha agradat nedar al mar, però no vaig tenir mai gaire interès per fer-ho tan disciplinadament com cal per a llargues distàncies.

Al pare també li agradava pescar. Va fer amistat amb els pescadors de la flota de quillats, els grans vaixells de pesca d'arrossegament. Eren famílies de pescadors de la Ràpita que havien vingut a Arenys quan s'havia construït el port. Cada estiu el pare sortia un dia a pescar amb l'*Ulisses*, el quillat que capitanejava el seu amic Paco. Sortien encara fosc i passaven tot el dia a mar. Nosaltres l'anàvem a esperar quan tornaven a mitja tarda per a la subhasta de peix. L'arribada dels quillats a port i la descàrrega del peix fins a les rotllanes de la subhasta eren un espectacle. Els vaixells s'aproximaven al port en processó i, un cop eren dins, la maniobra d'atracament i descàrrega es desenvolupava a gran velocitat. L'*Ulisses* era l'estrella de l'operació. Entrava a port, amb un dels tripulants, en Montserrat, que era tot un atleta, penjat al pont de la proa. Quan ja eren a pocs metres del moll, en Montserrat, talment com en Tarzan, saltava a terra arrossegant les cordes i en un tres i no res tenia fet l'atracament. Tot seguit els altres mariners feien una cadena per descarregar a tota velocitat caixes i més caixes de gamba vermella. Aquells anys els quillats capturaven gamba con si no hi hagués demà —van deixar el litoral arrasat. El pare baixava ben content per la passera i tornàvem cap a casa amb una galleda plena de gambes. L'endemà era festa grossa quan ens les menjàvem amb tota la colla de parents i amics. En Montserrat era un personatge molt popular a Arenys. Quan no estava embarcat seia al Cafè Espanyol, al capdavall de la Riera, a passar l'estona xerrant amb tothom que passava, lluint bíceps i pit de llauna, vestit sempre amb samarretes imperi de color vermell. Actuava també com a figurant de luxe a les processons de Setmana Santa, de Corpus i per Sant Zenon, la festa major. Quan hi havia processó, en Montserrat s'empolainava i desfilava vestit de gala entre les autoritats al capdavant del seguici. I ningú, ni el senyor rector, recobert amb casulles llampants, ni els caps de la Guàrdia Civil o el comandant del port, ben uniformats de xarol i de blanc, ni l'alcalde, vestit amb sahariana del *Movimiento*, no superava l'aparença tan vistosa del pescador.

Cap als anys setanta, el meu pare i dos amics farmacèutics molt afeccionats a la pesca, Pepe Albertí i Àngel Orbañanos, van comprar una petita barca de bou, la *Morena*. Era una barca vella, de fusta, molt bonica, que havia començat la seva vida navegant a rem i a la qual més endavant havien encastat un motor que s'arrencava fent girar una maneta. Calia molta força per engegar-lo. Un cop en marxa, pum pum pum, treia fum per una xemeneia, feia un soroll infernal i avançava molt a poc a poc. Les expedicions de pesca serioses sortien els diumenges de matinada a les ordres d'en Remallets, un vell pescador de palangre que es coneixia totes les senyes. Quan no hi havia GPS, l'èxit d'una bona pesca depenia de l'art de localitzar els indrets on hi havia submergits els fons de roca que acollien els bancs de peix de qualitat. Per fixar la posició d'una barca a mar, els mariners prenien senyes: «Les senyes son els punts d'orientació, i prendre senyes és determinar el paratge de mar on es troba la barca. L'operació és molt senzilla. S'entreguarden dos punts de la costa a estribord de la barca, un de prop, per exemple "La Cabra", i un de lluny, que és com ara "Grimola", i quan l'un cau exactament darrera l'altre, diuen que "ve la Cabra per Grimola". Al mateix temps es prenen dues senyes a babord, també una exactament darrera l'altra, i amb aquests quatre punts tiren dues línies rectes que formen amb el cap de mort de la barca. El lloc així fixat és ben precís, i moltes vegades rep un nom.[...] L'ús de les senyes i de les línies imaginàries, que formen angle en el cap de mort de la barca, suposa un profund sentit de les concepcions geomètriques, un veritable seny de precisió científica».[3] En Ramallets era un mestre d'aquesta ciència. Coneixia totes les senyes de la costa del Maresme. Ell preferia portar-los a lloc i no donar gaires explicacions als pescadors de diumenge. Però el pare i el meu germà, l'Oriol, burxaven en Ramallets perquè compartís els secrets de les senyes. Amb els anys van anar afinant la tècnica d'enfilar els diferents punts de referència, el turó del Mal temps, el campanar, la casa de la Francis, la Puntaire, la Creu de Canet, el Montnegre... que revelen els millors punts on tirar el volantí per capturar serrans, tacons, senyoretes i lloritos. Els amics passaven una bona estona i tornaven a casa amb peix per sopar cada diumenge. Quan la *Morena* va fer figa la va substituir la *Merceditas*. Era una barca una mica més moderna i més ràpida, però no tenia l'elegància marinera de les barques de bou; no era ni de bon tros tan bonica com la *Morena*. La *Merceditas* és la barca amb la qual el meu pare s'enduia els nets a pescar. Per a en Guillem i en Jordi, sortir a pescar amb l'avi i els cosins era un dels grans esdeveniments de cada estiu.

3. P. Coromines, *Obres completes* (1972), pàg. 807.

Els Ponsatí Obiols l'estiu del 1965

Als meus pares els estic molt agraïda. Em van donar una bona educació. El que jo crec que és important i el que no és important, m'ho van transmetre ells. A casa, quan érem petits, estàvem convençuts que els pares sabien el que estava bé i el que no, i això guiava el que ens calia fer davant de cada circumstància de la vida. I si no ho encertaves, ai!, no t'ho perdonaven fàcilment, calia rectificar. Però no eren gens protectors: a casa meva la gent s'havia d'espavilar. Posaven el llistó molt alt, i llibertat. Entre els deu i els vint anys vaig tenir els meus estira-i-arronsa amb els pares. Els pares voldrien que els fills anessin cap aquí i els fills volen anar cap allà. Simplement conflictes d'adolescència, res més. Els meus pares han sigut sempre gent d'Església, cristians. I jo, un dia, amb catorze o quinze anys, vaig dir-me: «Això no m'omple, no m'interessa, aquí no vindré mai més». I no hi vaig anar mai més, però no va ser gens traumàtic, per a mi, gens, i crec que per a ells tampoc gaire. A vegades he pensat que potser hi hauria d'haver tornat, en aquest club. Però no he trobat el trajecte de tornada.

Tots aquests anys, a casa meva es parlava molt de política, d'antifranquisme. En sentíem parlar als pares amb els seus amics i a les reunions familiars. Quan es va fundar l'Assemblea de Catalunya, el novembre del 1971, la mare ens ho va explicar i ens va fer llegir la declaració amb els quatre punts programàtics: 1) La reivindicació de llibertats socials i polítiques; 2) l'amnistia per als presos polítics de la dictadura; 3) el restabliment de l'Estatut d'Autonomia del 1932, com a pas previ per a l'autodeterminació; i 4) la coordinació amb les organitzacions democràtiques dels altres pobles de l'Estat espanyol. A la constitució de l'Assemblea de Catalunya hi havia participat l'oncle Raimon. Era un exemple molt emblemàtic, un referent. El van detenir i va estar a la presó moltes vegades. Recordo especialment una d'aquestes detencions perquè era el dia de la Mare de Déu de Montserrat, el sant de l'àvia i de la mare. Érem tots a casa dels avis després de dinar, esperant les visites que havien de venir a la tarda. En Raimon se'n va anar a la pastisseria a buscar els dolços per oferir a les visites. Quan va tornar, els senyors de la Brigada

Político-Social l'esperaven a la porta i se'l van emportar. Tot seguit un parell de policies van pujar a dalt per fer el registre del pis. Van anar a l'habitació d'en Raimon amb el meu pare i l'avi, i es van posar a revisar prestatgeries i armaris. Jo vaig acostar-m'hi per tafanejar. Vaig veure que els policies remenaven papers i, ja davant de la porta de l'habitació, vaig preguntar al meu pare: «Què passa?». El pare va sortir, va tancar la porta i em va enviar cap a l'altra punta del passadís. A l'altra banda del pis, a la sala d'estar, hi havia l'àvia amb la mare, els meus germans, la tia Núria i les visites. L'àvia plorava com una magdalena. Era el primer cop que jo veia un dels grans plorar. Em va xocar moltíssim. Fins aleshores em pensava que els grans no ploraven mai. En Raimon es va passar uns mesos a la Model, i no va ser la última vegada.

VII

Joventut Comunista

Una ignora, de jove, que els principis
no tenen res a veure amb els finals.

JOAN MARGARIT, *Principis i finals*

Les jeunes ne savent pas que l'expérience
est une defaite et qu'il faut tout perdre
pour savoir un peu.[1]

ALBERT CAMUS, *L'envers et l'endroitt*

1. «Els joves no saben que l'experiència és una derrota i que per aprendre una mica cal perdre-ho tot.»

L'octubre del 1972 jo tenia quinze anys i vaig començar el 5è curs de batxillerat a l'Institut Joanot Martorell d'Esplugues de Llobregat. L'escolarització al Talitha arribava fins a quart de batxillerat. El suspens de física a l'examen final de quart de batxillerat va ser la causa que anés al Joanot. Vaig aprovar al setembre, però el suspens m'havia retardat en el procés de matriculació i no vaig poder entrar ni al Montserrat ni al Joan Boscà, els dos instituts que eren prop de casa i on anaven altres amigues. A última hora, al Joanot van obrir dues línies noves de cinquè i m'hi van voler. Recordo de tornar un dia a casa i dir a la meva mare: «Ja m'he matriculat a l'institut». Em va preguntar: «Ah, sí? I a quin?». Ho vaig decidir jo. I amb tota naturalitat. No us penseu que era res extraordinari. Funcionaven així, les coses.

La meitat dels companys de classe vivien a Esplugues, Sant Just, Molins de Rei, Sant Feliu i Cornellà, i l'altra meitat érem gent de Barcelona, de famílies de classe mitjana atrets perquè havíem sentit a dir que aquell institut era molt modern. Per anar fins a Esplugues agafava l'autobús SJ o feia autoestop des d'on ara hi ha El Corte Inglés de la Diagonal. De tornada sempre fèiem autoestop i no vam tenir mai cap problema.

Tots els professors eren molt progres, excepte els de FEN i de gimnàs, que havien de ser de la Falange. Alguns ens parlaven obertament de la seva militància comunista: «Jo soc del partit». Pedagògicament l'institut era molt modern. Teledirigits per Paco Noy des de l'Institut de Ciències de l'Educació de la Universitat Autònoma, feien experiments. Els directors *in situ* eren el matrimoni format per Carmina Pleyán i Pepe García López, professors de llengua i literatura espanyola. No sé si els experiments tenien gaire sentit, però el professorat estava molt motivat i ho transmetia.

Érem als darrers anys del franquisme. I allà va començar el meu afer amb la Joventut Comunista. I dic afer perquè va ser una història d'amor, va ser una història sense premeditació, va ser molt intensa i va ser breu. Gairebé tot el que ens passa a la vida és culpa o mèrit de les males companyies. I, en aquest cas, tot va ser culpa de Vera Sacristán, l'amiga de qui vaig esdevenir inseparable aquest anys de l'institut. La Vera era la filla del filòsof comunista Manuel Sacristán i la hispanista italiana Giulia Adinolfi. Abans de venir a l'institut anava a l'Escola Aula, on la Giulia feia de professora. Quan va fer catorze anys va dir als seus pares que ella ja no hi volia anar més, a aquella «*escuela de burgueses*». En Manolo i la Giulia no van tenir més remei que acceptar-ho, perquè era veritat. La van deixar anar a un institut amb «la classe obrera». I es va trobar amb mi.

Quan vaig arribar a l'institut jo ja em sentia molt motivada, políticament, però no tenia cap contacte directe amb el món de l'activisme antifranquista. La Vera sí que estava ben connectada. Un dia sèiem de costat a la classe de dibuix i mentre ens intercanviàvem els llapis i la goma d'esborrar em diu:

—Hauríem de fer un comitè de lluita.

Jo mai no havia sentit l'expressió «comitè de lluita», ni tan sols l'havia llegit, i no sabia ben bé de què em parlava, però em va seduir absolutament la seva proposta. I em va seduir ella, pel seu atreviment. I vaig veure que allò era l'inici d'una aventura sense precedents i vaig dir:

—Endavant, som-hi.

Tens aquest somni romàntic de ser una batalladora antifranquista i et trobes que a la taula del costat hi ha una nena que té un pare comunista que ha estat a la presó i és tan espavilada que sap com es munta un comitè. En quatre dies vam tenir un comitè fantàstic organitzat a l'institut, i ens vam ficar en la lluita clandestina, assemblees, «*manis*», reunions, cites, cites de seguretat... I això es va convertir en el vehicle del nostre viatge iniciàtic cap a l'edat adulta.

La Vera i jo anàvem a les reunions clandestines de la coordinadora de comitès de batxillers. La coordinadora era un guirigall fantàstic. Hi participaven nois i noies enquadrats en tota mena de grupuscles marxistes, trotskistes, leninistes, maoistes, de tota varietat i matisos. Ens reuníem als soterranis de les parròquies i discutíem eternament i barrocament sobre quina era la plataforma reivindicativa adequada per als batxillers, si calia convocar la lluita armada o si n'hi havia prou amb la vaga general, si la solidaritat amb el poble vietnamita havia d'anar abans o després de la reivindicació de l'ensenyament gratuït. I sempre —malgrat que les baralles gairebé arribaven a les mans— entre crides constants a la unitat. Hi havia una rivalitat i uns enfrontaments totals, però, al cap i a la fi, era el que corresponia al que érem: tribus urbanes d'adolescents. A les reunions de la coordinadora, en representació de l'Institut Ausiàs March, hi venien dos xicots rossets que eren els únics que sempre parlaven en català. Els dos rossets eren els germans Colomines. En aquell moment a les coordinadores i manifestacions els que volien portar la veu cantant, el trotskistes variats, els de Bandera Roja i algun altre grupuscle, es barallaven de mala manera, però estaven d'acord que s'havia de parlar i fer les pintades i els fulls volants en castellà. Si en una assemblea parlaves català, sempre s'aixecava algú del fons i deia: «*¡En castellano, compañeros!*». Em van agradar, els Colomines, perquè en aquesta atmosfera tan hostil al català, ells no feien concessions. Així és com vaig conèixer el meu amic Agustí Colomines.

L'oferta d'organitzacions polítiques era molt rica, però la Vera tenia molt clar que, pel que fa a partits, poca broma, el partit era el Partit. De manera que, gràcies a ella, no vaig flirtejar ni un minut amb cap grupuscle. Ens vam apuntar als seminaris de la Joventut Comunista de Catalunya, les Joventuts del PSUC, que capitanejaven en *Ramiro* i en *Julián*, noms de guerra de Chema Corral i Jordi Conde. Ens estimaven i ens cuidaven com si fóssim dues floretes i ens instruïen en els rudiments del marxisme amb o sense leninisme, en l'anàlisi de la situació política, en la lectura de *Treball* i de *Mundo Obrero*, i de vegades fins i tot de revistes «acadèmiques» com *Nous Horitzons* i *Realitat*. Em vaig convertir en una fervent revisionista i en una experta en la ruptura i la política de reconciliació nacional, en l'aliança de les forces de treball i de la cultura, la vaga general política i la vaga nacional —hi havia uns matisos molt delicats, calia filar prim— i a vegades entre discussions i lectures fins i tot ens atrevíem amb el disseny de les diverses etapes que ens havien de portar a la dictadura del proletariat des de la democràcia burgesa. Això de la dictadura del proletariat jo no ho veia gaire clar, però no hi patia gens perquè pensava que ja ho arreglaríem amb això de l'eurocomunisme, que aleshores s'estava inventant.

Al cap de pocs mesos van detenir en Ramiro i en Julián i les Joventuts dels instituts van quedar desarticulades. Davant les baixes, algú del partit —no recordo exactament qui, potser l'Àngels Martínez Castells, que sempre entrava i sortia de can Sacristán, on jo em passava la vida— ens va convidar a prendre el relleu i la Vera i jo vam ingressar a la Joventut Comunista de Catalunya.

Poques setmanes després de començar el sisè de batxillerat, el 20 de desembre de 1973, ETA va fer saltar pels aires el lloctinent del dictador, l'almirall Carrero Blanco, quan anava amb cotxe, com cada dia, cap a missa de bon matí. La notícia es va saber a mig matí i a l'institut ens van donar festa. Vam passar-nos la resta del dia amb la colla d'amics voltant pels camps de la masia de Can Serra de l'Hospitalet, just darrere de l'institut. Sempre que podíem hi anàvem. Ens assèiem a qualsevol racó, xerràvem, tocàvem la guitarra i cantàvem, rèiem i fumàvem. Aleshores hi havia tanta tolerància amb el tabac que ens deixaven fumar a classe, i érem nanos de catorze, quinze o setze anys. Després de Nadal el curs va seguir molt animat. La Vera i jo vam organitzar una cèl·lula de les Joventuts a l'institut i, amb l'instint gregari dels adolescents, de seguida s'hi van apuntar la majoria d'amics. Els que manaven a les Joventuts no s'ho creien: «No en teníem cap i ara en tenim trenta!». Ens vam convertir en la banda juvenil més influent de l'institut.

Quan van matar Salvador Puig Antich, el 2 de març de 1974, ens vam posar en vaga i vam tallar la carretera d'Esplugues. Va venir la Guàrdia Civil i tot van ser corredisses. Aquell dia hi va haver una pila de detencions entre els estudiants de batxillerat. Del nostre institut van atrapar Glòria Martí i Victòria Seix. Per sort les van deixar anar ràpid, la Glòria al vespre i la Victòria l'endemà. No gaire lluny, davant del Joan Boscà i l'Ausiàs March, també hi va haver merder. Allà van detenir la meva amiga Lulú Martorell. Es va passar quinze dies a la presó de Trinitat Vella en una cel·la d'aïllament. Va sortir tan rebotada que diu que encara li dura.

A les Joventuts vaig pujar com l'espuma. Sembla que havia fet prou mèrits perquè em cooptessin al Comitè Nacional i, en dos dies, al Comitè Executiu de la Joventut Comunista. Com que es feia tot per cooptació, van dir: «Ai mira, aquesta nena!». I pum!, em van fer pujar. T'estiren amunt.

L'hivern del 1974 el partit va reunir el Comitè Nacional de les Joventuts Comunistes, que feia molt de temps que no es reunia, des que s'havia desarticulat arran d'una «caiguda» el 1970 quan els havien detingut a tots. Ens vam trobar tot un cap de setmana en una casa de colònies, probablement un antic seminari, en un indret misteriós del Vallès. Superclandestí. «Aquest cap de setmana, estigues disponible.» Quan ja hi érem, em van dir: «Això és el Comitè Nacional de la Joventut Comunista i tu seràs la responsable de la Joventut Comunista de tots els instituts de Catalunya».

Era l'única noia del comitè executiu i a les reunions m'avorria com una ostra. No em feu dir de què parlàvem, perquè no me'n recordo. L'avorriment de les reunions, però, tenia compensació, i amb escreix: la intensitat emocional de l'experiència. La clandestinitat i l'admiració que despertaven els dirigents llegendaris amb els quals entràvem en contacte. Encara recordo el dia que vaig seure al costat d'un senyor que es deia *Nogué*, que era un avi encisador, tan plàcid, que jo em vaig adormir tot escoltant-lo. I aleshores quan vaig sortir algú em va dir: «Escolta, Marta (era el meu nom de guerra), una mica més de respecte». I algun delator em va dir que el camarada de la veu dolça que m'havia agombolat no era altre que Gregori López Raimundo. Compartir estones amb ell, i amb altres personatges fascinants, em feia sentir la persona més privilegiada de la terra. Miquel Núñez era un seductor irresistible i Miquel Serradell (conegut com a *Roman*) feia una mica de por. I encara sento el so del català impecable que parlaven Pere Ardiaca i Antoni Gutiérrez, *el Guti*. Tots dos, a més de per alliberar la classe obrera, vivien «per salvar-nos els mots i per retornar-nos el nom de cada cosa».

El juny del 1975 em van enviar a Roma, amb Domènec Martínez i Josep M. Riera, per representar la Joventut Comunista a la celebració del vuitantè aniversari de Dolores Ibárruri. En Domènec era el secretari general. En Riera va ser diputat del PSUC al Congreso a les eleccions del 1977 i després va passar a alt càrrec del primer govern del PSOE. Per arribar-hi vam anar fins a Gènova en vaixell —el *canguro*, en deien— i d'allà vam agafar un tren tronat i lent com ell sol que parava a totes les estacions fins a Roma. Potser ens hi vam passar deu hores, dins del tren. Ple a rebentar, gent pujant i baixant sense parar, amb maletes, farcells, criatures, de tot... Vaig tenir unes quantes hores asseguda al costat una senyora que traginava una gàbia de pollastres vius i la va col·locar entre les seves cames i les meves. Recordo com si fos avui la flaire d'aquell viatge en tren. La meva primera immersió a Itàlia va ser ben meridional.

Arribats a Roma Termini, vam anar en tramvia fins a la seu del PCI, a la Via delle Botteghe Oscure. Nom perfecte per conspirar, oi? Em vaig quedar astorada de l'elegància amb què vestien les «camarades» del PCI que ens estaven esperant. Ens van rebre amb una amabilitat exquisida i ens van ficar dins un cotxe amb xofer —una *macchina del partito*— que ens va dur fins a una magnífica vil·la romana, una mena de casa de colònies molt endreçada, als afores de Roma. Com que jo era noia, i la més jove, em van posar en una habitació per a mi sola: «*La niña sola*», va dir la camarada que manava organitzant la logística. Un cop instal·lats vam baixar al menjador, una sala pleníssima de gent. Molta gent gran, vells exiliats, com ho soc ara jo. Vaig reconèixer el més cèlebre, Rafael Alberti.

Amb Domènec Martínez i Josep M. Riera al primer míting del PSUC al Baix Llobregat, juliol del 1976

També hi havia una bona colla de dirigents del PC i del PSUC: Ignacio Gallego, Simón Sánchez Montero, Manuel Azcárate, Jordi Solé Tura, Pilar Bravo i Alfonso Carlos Comín. Al cap d'una estona d'expectació es va sentir un repicar de mans i, de bracet de Santiago Carrillo, va entrar la Pasionaria! La vaig saludar i em va fer un petó. Va ser molt emocionant, evidentment. L'endemà hi havia un míting en un estadi de futbol, amb Enrico Berlinguer. L'estadi era ple de comunistes italians encantats de la vida cridant: «*¡Sí, sí, sí, Dolores a Madrid!*». Quina sort que tenien de viure en una democràcia.

Després del míting, amb un quants camarades més que tampoc tenien ganes de tornar a la casa de colònies del *partito*, ens vam escapar. Vam anar a sopar una pizza al Trastevere, la millor pizza que he menjat mai, us ho asseguro. Després vam passar la nit en una pensió prop de l'estació, i l'endemà al matí, ben aviat i sense dir res a ningú, me'n vaig anar fins al Vaticà. Vaig visitar la plaça i la basílica de Sant Pere, i vaig entrar al museu i a la Capella Sixtina per primera vegada. Hi he tornat altres vegades, és clar, i cada vegada m'impressiona. Però com aquell primer dia, cap.

No hi havia gaire gent. Pràcticament no vaig fer cua. Quan, pujant escales amunt, vaig topar amb l'*Escola d'Atenes* de Rafael, em vaig quedar sense alè. Després em vaig tornar a reunir amb els meus camarades per tornar a Barcelona en avió. Ells havien passat el dia a la botiga del partit —Rinascita, es deia— i venien ben carregats de literatura marxista, clàssica i moderna. Quan els vaig dir que jo havia passat el dia al Vaticà, es van quedar ben estranyats.

L'estiu del 1975 vaig acabar el COU. Havia de decidir què estudiar a la universitat. Tot i que no eren espectaculars, tenia bones notes. De petita volia ser arquitecta. Més endavant em va interessar molt la història. Encara ara em fascina. A l'institut vaig tenir dos professors d'història excel·lents, Joan Roig i Montserrat Llorens, i vaig sospesar fer aquests estudis. Ho vaig descartar pensant que no n'aprendria gens, a la universitat de l'època. Encara hi ha moments que penso que és un ofici que jo hauria fet bé. Periodisme no, perquè em costa fer judicis ràpids, soc de reflexió lenta. També m'agradaven les mates. Però a classe hi havia uns quants companys molt dotats per a les matemàtiques, la mateixa Vera i Marc Noy —tots dos han estat professors de matemàtiques a la UPC—, i els germans Carles i Xavier Mamano, que eren uns friquis molt brillants. A mi em semblava que tots eren molt més bons que jo. Al final vaig fer Econòmiques perquè no em vaig atrevir a fer Arquitectura o Matemàtiques. Vaig pensar que no era prou bona amb els números. Potser sí que era prou bona, però no m'hi vaig atrevir. De l'arquitectura em va fer pànic el dibuix lineal. La tinta xinesa aleshores era un ingredient imprescindible. I en els cursos de dibuix del batxillerat no vaig aconseguir mai que els meus exercicis amb tiralínies i la tinta xinesa fossin prou polits. Quan ja tenia la feina gairebé acabada, sempre m'hi queia la inevitable gota de tinta negra que s'escampava sobre el full banc, i ja no hi havia remei. Per més que intentessis eliminar la taca amb el secall i la goma d'esborrar, el resultat sobre el paper sempre era un nyap que arruïnava la creativitat del projecte i la feina de tota la tarda. Al final, la meva politització també va tenir el seu pes. Vaig triar Econòmiques pensant, amb aquell marxisme de pa sucat amb oli dels cursets clandestins, que entendre d'economia m'ajudaria a entendre el món. Després, amb els anys, ja he entès que el món no es pot entendre.

L'estiu del 1975 en Franco va passar massa hores assegut en una butaca mirant la tele. Feien el campionat mundial de futbol a Alemanya. La selecció espanyola no jugava i la selecció holandesa de Cruyff i Neeskens s'ho menjava tot, però a la final Alemanya la va derrotar. Suposo que en Franco devia estar content que no guanyessin els del Barça. Però tantes hores quiet assegut davant del televisor li va causar la famosa tromboflebitis. Va estar a punt de dinyar-la. Aquell mes d'agost, els activistes i dirigents antifranquistes no van marxar pas de vacances, tothom es va quedar a casa, pendent de si en Franco estirava la pota flebítica. Però el paio es va recuperar. El 27 de setembre de 1975 va signar les últimes penes de mort. Les execucions van aixecar una onada internacional de protestes i dotze cancelleries occidentals van cridar els ambaixadors a consultes.

Davant d'això el règim va respondre amb un *acto de desagravio*. En Franco va fer la seva última aparició pública davant d'una immensa multitud que omplia la plaça d'Oriente —TVE va dir que eren un milió—. En tot cas, desenganyem-nos, hi havia una gentada: ciutadans agraïts al dictador, fidels servidors de l'Estat, bidells, buròcrates i pixatinters, policies, jutges, militars, funcionaris de tots nivells. Ningú d'aquells que cridaven «¡Franco! ¡Franco!» no va marxar dels seus llocs de poder quan el règim es va transvestir; les mateixes famílies encara manen avui. Malgrat que gairebé no s'aguantava dret, en Franco va pronunciar entre gemecs el seu darrer discurs. «*Todo lo que en España y Europa se ha armado obedece a una conspiración masónico-izquierdista, en contubernio con la subversión comunista-terrorista en lo social, que si a nosotros nos honra, a ellos les envilece.*» Res de nou al front. En Juan Carlos i la Sofia, allà, palplantats a primera fila, ben estarrufats, a punt per entomar l'herència. Aquell dia en Franco va passar fred, i això el va deixar tocat. Tres dies després, quan ja començava la Marxa Verda al Sàhara, el dictador va patir un infart, però encara va tenir humor per seure a presidir el seu darrer consell de ministres. Després va començar l'agonia. Acaronat pel braç incorrupte de santa Teresa i cobert amb els mantells de les verges de Guadalupe i del Pilar, va passar les sis setmanes següents en coma, controlat per l'«*equipo médico habitual*». Una multitud de fins a vint-i-cinc metges encapçalats pel seu gendre, el marquès de Villaverde, potinejaven la desferra ulcerosa i sagnant del dictador tot emetent tres vegades al dia el *parte*, que es va convertir en una lletania de rutina als telediaris. Per fi, el 20 de novembre, Arias Navarro, sanglotant, ens va donar la notícia: en Franco ja era mort. A l'altra banda del televisor vam esclatar de joia i vam poder destapar el xampany —encara no en dèiem cava— que teníem des de feia més d'un any a la nevera.

La repressió no va parar pas, mentre en Franco agonitzava. El 5 de novembre la policia va detenir un grup de joves independentistes, entre els quals hi havia la meva amiga i companya d'institut Núria Martín. La Núria té l'honor d'haver estat una de les poques amigues de l'institut a qui la Vera i jo no vam aconseguir reclutar per a les Joventuts Comunistes. El motiu pel qual la Núria declinava la nostra invitació era claríssim, i cada vegada que hi penso em desvetlla un immens respecte: ella era independentista i el PSUC no. Segons explica *La Vanguardia* del 6 de novembre, el grup de detinguts eren un escamot perillosíssim. Diu:

> *Todos los citados, al parecer, han participado en la siembra de propaganda, pintadas de letreros por sitios públicos y además han efectuado acciones de agitación política en fábricas y centros docentes. Se puede también decir que del conjunto de actuaciones practicadas así como de las declaraciones de los detenidos, se desprende que los mismos puedan pertenecer a las llamadas Juventudes Revolucionarias Catalanas e incluso al PSAN. Las personas detenidas en unión del material propagandístico intervenido y con las diligencias tramitadas, han pasado a disposición de ingresar en la autoridad judicial militar.*

A la comissaria de Via Laietana els van torturar i després van ingressar a la presó. La Núria va celebrar la mort d'en Franco i el seu aniversari —en feia divuit— a la presó de Trinitat Vella. Després de Nadal, quan el rei va concedir els primers indults, la van deixar en llibertat. Amb aquell indult també van sortir de la presó Marcelino Camacho i els altres dirigents de Comissions Obreres condemnats al procés 1001. Per al mossèn de la colla, però, Francisco García Salve, va ser vist i no vist. Quan va arribar en tren a Madrid, es va adreçar a les masses que l'esperaven a l'estació, va alçar el puny i el van arrestar de nou.

El 1976 comença amb el metro de Madrid en vaga i l'onada de mobilitzacions i aturades per reclamar drets sindicals i millores laborals estenent-se com la pólvora. A Barcelona, seguint la crida de l'Assemblea de Catalunya, els diumenges 1 i 8 de febrer milers de persones sortíem al carrer reclamant l'amnistia. El ministre de l'Interior, Manuel Fraga Iribarne, va reaccionar amb aquella famosa frase: «*La calle es mía*». Però no era del tot cert. Malgrat l'actuació violenta de la policia i les nombroses detencions, les mobilitzacions no frenaven. El 3 de març, amb la ciutat de Vitòria paralitzada per la vaga general, la policia va dissoldre a trets de metralladora l'assemblea que s'havia reunit a l'església de Sant Francesc. Hi van deixar cinc morts i cent ferits.

Setmanes després la UGT va rebre permís de les autoritats per fer unes «jornades d'estudi i treball», un eufemisme que camuflava l'autorització governativa per al trentè congrés del sindicat, entre el 15 i el 18 d'abril. Mentre els sindicalistes de la UGT escoltaven tranquil·lament el discurs de Felipe González, a Madrid mateix la Brigada Político-Social detenia Domènec Martínez i set companys més, acusats de ser de la direcció de la Unión de Juventudes Comunistas de España. Els van aplicar el decret antiterrorista; es van passar vuit dies als calabossos la Dirección General de Seguridad de la plaça del Sol de Madrid i els van torturar brutalment. Entre els detinguts hi havia una noia de vint-i-tres anys embarassada, que poques setmanes després va tenir un avortament. Jo també era a Madrid amb dos companys més, esperant rebre la cita per anar a la reunió que preparaven els detinguts. Vam tenir sort. Ens va arribar a temps la notícia de la caiguda i vam escampar la boira. Els detinguts van ser a la presó fins al 15 de juny.

Arran d'aquestes detencions, a partir de la primavera del 1976 vaig subtituir Domènec Martínez com a representat de la Joventut Comunista a l'Assemblea de Catalunya. L'Assemblea, que reunia forces polítiques i tota mena d'organitzacions socials, fou el principal motor de les mobilitzacions antifranquistes. Era una organització unitària i políticament transversal, pero el PSUC hi tenia un paper preponderant. La persona que movia els fils era Antoni Gutiérrez, *el Guti*. El Guti era un mestre de la conspiració; amb ell, el PSUC i els «independents companys de viatge» ho tenien tot controlat. Un cop, però, vaig tenir l'ocurrència d'abstenir-me de votar a favor d'una proposta del Guti —alguna cosa menor, perquè tot el que era important es decidia per consens— i es va muntar un sagramental; potser va ser aquell dia que vaig arruïnar la meva carrera política.

Reunió de l'Assemblea de Catalunya, 29 d'agost de 1976

El Partit Comunista d'Espanya va ser legalitzat el 9 d'abril, la vigília de Pasqua del 1977. El PSUC i les Joventuts Comunistes no van ser legals fins al maig. Jo havia entrat a les Joventuts amb setze anys i vaig sortir-ne que en tenia vint. Després vaig ser militant de base del PSUC a la facultat fins que vaig acabar la carrera. A la mateixa cèl·lula hi «militaven» Anna Birulés, Anton Costes, Joan Carles Gallego i Josep Piqué, déu-n'hi-do. La meva darrera actuació com a activista va ser a la campanya electoral del juny del 1977. Penjàvem cartells, fèiem vermuts, paradetes, i anàvem porta a porta demanant el vot. Recordo els cartells electorals, que aleshores em semblaven sensacionals. Un paio que exhibia les mans i ens deia: «*Mis manos, mi capital. El PSUC, mi partido*». Com ha canviat el món. Jo no podia votar, en aquelles eleccions, perquè encara no tenia els vint-i-un anys. Malgrat que el PSUC controlava la vida política de l'antifranquisme, aquesta hegemonia no es va traduir en supremacia electoral. A les eleccions del 1977 el PSUC va obtenir el 18% dels vots, mentre que els socialistes se n'emportaren el 28,5% i el Pacte Democràtic per Catalunya de Jordi Pujol el 17%. En els anys següents, amb Josep Benet com a cap de llista, van assolir el 20% a les primeres eleccions al Parlament de Catalunya, però en les conteses subseqüents els suports van caure en picat.

Ser del PSUC abans de la legalització no pressuposava tenir un perfil ideològic gaire definit. Durant el franquisme, la vida clandestina, la repressió, havien deixat molt esmorteïda la discussió doctrinal. Les notícies desagradables que arribaven de Moscou eren atribuïdes a la propaganda de l'imperialisme, i per als militants comunistes que als anys cinquanta i seixanta es deixaven la pell en la lluita antifranquista, l'URSS seguia sent el far de l'alliberament de la classe obrera. El 1968, després de l'ocupació de Praga pels tancs soviètics, les posicions prosovietiques van trontollar. La Unió Soviètica va deixar de ser una referència i en va quedar expurgada qualsevol referència a la premsa i els documents del partit. Però la urgència del dia en dia a la lluita antifranquista i l'èxit esclatant del partit com a eina de resistència els darrers anys de la dictadura convertiren el PSUC en una organització que acollia, al costat dels vells militants ortodoxos, molts demòcrates pragmàtics. Després de les primeres eleccions del 1977, els resultats electorals, francament decebedors, i la celebració del IV Congrés del PSUC el 1978, el primer en la legalitat, van fer inevitable una discussió de família: el «qui som i on anem?» que s'havia anat posposant. Va esclatar la batussa doctrinal entre leninistes i eurocomunistes. A principis del 1977, amb el PCE encara il·legal, en Carrillo havia publicat *Eurocomunismo y Estado*, el seu refregit de la doctrina eurocomunista del PCI. L'aportació diguem-ne original del llibre era una carregada sense miraments contra la Unió Soviètica. Fins aleshores, tant la crítica del PCE i del PSUC com la del PCI havien estat molt prudents, i els comunistes francesos i portuguesos no s'havien mogut ni es mourien mai ni un bri de l'ortodòxia. En Carrillo havia caigut del cavall després de dècades de fidelitat només enterbolida per una crítica tènue? No ben bé. El PCE encara era il·legal, però el PSOE, que durant dècades havia estat una força política pràcticament inexistent que no feia cap mena d'ombra al PCE —totalment hegemònic entre les forces de l'oposició antifranquista—, havia ressuscitat. La socialdemocràcia europea, especialment l'alemanya, ja havia posat tota la carn a la graella promovent Felipe González. Amb aquell discurs antisoviètic, en Carrillo feia una aposta per intentar disputar l'espai polític de la socialdemocràcia. Volia aparèixer com a material polític digerible, com a força de govern. El 1977 fins i tot va viatjar als Estats Units a predicar la seva bona nova antisoviètica. Va procurar arrossegar els comunistes italians a les seves posicions, però no ho va aconseguir. La resposta dels soviètics va ser furibunda, mentre el PCI d'Enrico Berlinguer nedava i guardava la roba. Al final l'aposta d'en Carrillo va fracassar estrepitosament; el PCE no va aixecar mai el vol com a força rellevant en la política espanyola després del 1978. El PSUC, en què la militància ja no es veia amb cor de seguir combregant amb les rodes de molí que els servia en Carrillo —ja s'havien empassat la monarquia, la bandera i els pactes de la Moncloa—, va entrar en una crisi que va ser mortal. El PSUC es va ensorrar consumit per les disputes internes abans de la caiguda del mur de Berlín.

Al principi d'aquests debats, potser per inèrcia, em va semblar que jo més aviat m'identificava amb les posicions dels eurocomunistes. Però amb una mica més de reflexió vaig veure que la discussió en realitat no m'interessava gens, que probablement era tan sols el mirall retòric de la batalla per apropiar-se de les noves eines, els nous espais d'influència i de poder, i els guanys materials que la Transició oferia als qui controlessin el partit. De fet, el gruix dels eurocomunistes destacats van acabar al PSOE de Felipe González. Jo vaig deixar de participar-hi i d'interessar-m'hi. Després de marxar als Estats Units la tardor del 1982 ja no vaig tenir-hi cap contacte mai més. Res. No he tornat a tenir carnet de cap partit.

Les discussions doctrinals no m'interessaven aleshores ni m'interessen ara. No m'he sentit mai còmoda amb les taxonomies ideològiques. No és que el debat d'idees em resulti indiferent, al contrari, soc una persona apassionada per la política i en general per la vida comuna dels col·lectius als quals pertanyo, ja sigui el meu veïnat, una universitat, un centre de recerca o un club de petanca. Valoro la llibertat individual i rebutjo tot el que limita que les persones l'exerceixin amb igualtat d'oportunitats. Però això em classifica en una ideologia? Jo diria que no. No em costa tenir opinió sobre situacions o propostes concretes, especialment en política, i procuro que estiguin ben fonamentades. Tinc una ment analítica, amb una gran inclinació a l'abstracció i la teoria. Crec que el pensament abstracte és útil per categoritzar les situacions i per sistematitzar la cerca de solucions. Però em sento molt incòmoda amb les generalitzacions que tenen implicacions d'ordre moral, tant en la vida privada com en la col·lectiva. ¿Deu ser perquè penso que mai no és possible copsar tota la riquesa de la vida i les contradiccions del món, i que no ens podem limitar a les categories ideològiques que responen a les situacions del passat? Potser perquè massa vegades les etiquetes ideològiques són tan sols la coartada dels corruptes i els ganduls, que, un cop adscrits a un club —les esquerres, els liberals, els ecologistes, els bons, ells, nosaltres—, renuncien a pensar o perden la capacitat d'analitzar amb una mirada lliure els problemes i de fer front amb honestedat intel·lectual a les dificultats i contradiccions que no podrem evitar mai.

Formular grans principis per a la vida pública que semblin indiscutibles no és complicat. Davant d'un problema de decisió col·lectiva és fàcil enumerar-ne uns quants que d'entrada ens semblen desitjables, o fins i tot imprescindibles, irrebatiblement necessaris. Però, lamentablement, en la majoria de les situacions concretes aquests principis són lògicament incompatibles; ens trobem davant de la impossibilitat de proposar solucions que siguin compatibles amb els principis que ens semblaven imprescindibles. L'expressió més analítica, matemàtica, d'aquesta reflexió la va formular Ken Arrow en el seu famós teorema d'impossibilitat. Ser-ne conscient és imprescindible per navegar sortejant els esculls de la política sense dogmatismes, conscients que sempre hem de triar i que triar requereix fer sacrificis.

Vaig estudiar Econòmiques a la Universitat de Barcelona entre el 1975 i el 1980. Quan vaig començar la carrera vaig trobar una feineta de mitja jornada i me'n vaig anar de casa. Marxar de casa als divuit anys, just en començar la carrera, no era habitual. Me'n vaig anar a viure amb un xicot més gran que jo. Ell tenia vint-i-quatre anys i ja es guanyava la vida. Als meus pares no els va agradar gaire que marxés, sobretot perquè no els agradava el xicot. Tampoc no vam durar gaire. Quan encara no feia ni dos anys que vivíem plegats va trobar una altra noia que li va agradar més i em va deixar; jo vaig tornar a casa dels pares amb la cua entre cames.

Em van rebre contents, però no tenien on ficar-me. Com que jo havia marxat i la meva germana Anna Maria també, perquè s'havia casat, havien fet obres i havien eliminat un dormitori per estar una mica més amples a la sala d'estar. Per fer-me lloc, el pare va comprar un llitet que es podia enquibir en un racó i m'hi vaig estar un parell d'anys. Després vaig trobar un pis amb unes companyes de la facultat, al carrer de Rosselló, davant de la presó Model. Estava força tronat. La finestra del menjador donava a la presó. Es veien els patis i les finestres de les cel·les i podíem sentir perfectament les converses a crits dels presos amb les seves dones, mares o filles, que eren al carrer. Nosaltres seguíem la vida dels interns i ells seguien la nostra. Alguns dels reclusos que habitaven les cel·les que donaven a Rosselló van notar que allà davant, a l'altra banda del carrer, hi havia un pis amb tres noies. M'ho recordava no fa gaire un amic que passava estones amb nosaltres: «Clara, no te'n recordes? Tu et passejaves pel pis amb poca roba i els presos, pobres, es posaven com una moto!». Em vaig estar en aquest pis amb les dues amigues fins que me'n vaig anar als Estats Units.

La formació que em va donar la Facultat d'Econòmiques entre l'any 75 i l'any 80 va ser molt fluixa. Potser l'excepció eren els professors de Teoria de l'estat, una assignatura a mig camí entre el dret polític i la filosofia política que no estava malament. Amb Rafael Ribó fèiem anàlisi de la Transició en directe, mentre la Transició estava passant. També tenia molt èxit Ignacio de Otto, que parlava de filosofia política amb una oratòria d'estil molt espanyol. Els catedràtics de teoria econòmica feien un parell de classes d'introducció i després ja no tornaven en tot el curs. Hi enviaven els ajudants, que eren una mica millors. Un d'aquests ajudants era Joan Tugores, que ens feia classes de Teoria monetària. Era molt jove i molt brillant, però quan apareixia a classe totalment torrat —passava sovint— feia força angúnia. Hi havia uns quants professors que feien teoria marxista, i molt mal feta. I finalment hi havia els franquistes tronats que feien classe d'Estructura econòmica d'Espanya i et feien saber de memòria detalls tan interessants com «*la cosecha del tomate del año 66*». Horrible. L'últim any de carrera ens va impartir classes Fabià Estapé, que tornava a la docència després de molts anys de no trepitjar una aula. L'Estapé és un d'aquest personatges que el país té en un pedestal. Jo no he entès mai per què. Era ocurrent, tenia gràcia explicant coses, anècdotes de quan treballava per als governs d'en Franco, però cap mena de profunditat. A primer i a segon els cursos de càlcul donaven una mica de feina i ens fèiem un tip de fer integrals. Vaig fer el que vaig poder. Vaig passar, però sense gaire afició, tampoc. El gust per les matemàtiques no el vaig adquirir fins després, quan les vaig descobrir com una eina per pensar en les coses que a mi m'interessaven, per fer teoria econòmica i teoria de jocs. Però a la universitat, res de res.

Quan vaig acabar la carrera vaig tenir la sort que el meu oncle, Josep Ripoll, era economista; un economista diferent, un home cosmopolita. Em va guiar i em va encendre l'espurna de veure món. Això va ser decisiu per a la meva carrera. L'oncle Josep era el marit de la meva tia Àngels Obiols, germana de la meva mare. Vivien a Ginebra, a Suïssa. Ell, funcionari de les Nacions Unides, era tot un personatge. De jove no havia estudiat perquè era gamberro i aventurer. Va fer Comerç, es va posar a treballar per a una companyia d'assegurances i va anar a parar primer a Tànger i després a Ginebra. Ja de gran i amb fills petits, va estudiar Econòmiques, de nit, a la Universitat de Lausana. Després va aconseguir entrar d'alt funcionari al Programa de Desenvolupament de l'ONU. Aquest home per a mi era un referent professional. Jo, de gran, volia ser com ell. Ens estimàvem molt. La meva tia també em protegia molt. De petita, com que estudiava francès, se m'emportaven a Ginebra amb els meus cosins i em feien jugar amb els nens del carrer perquè n'aprengués. Jo allà veia que el món podia ser net, endreçat; que el nord era ric i lliure. Quan vaig acabar la carrera vaig anar a veure el meu oncle perquè m'ajudés a desbrossar el meu futur professional. No el veia clar. Em va donar unes quantes idees. Potser podia començar cercant feina com a becària de l'ONU a Ginebra.

Quan ja tenia aquests plans al cap, un dia vaig anar a la facultat a fer els papers per treure'm el títol. A la cua de secretaria em vaig trobar un company del partit que havia anat sempre un curs endavant, Eudald Canadell.

—I què fas? —li vaig preguntar.

—Mira, m'han agafat a l'Autònoma, hi faig de professor ajudant. Tenen un màster i estan buscant gent per al curs que ve. Per què no t'hi apuntes?

Allò sí que era una cosa insòlita en el món mundial: una convocatòria oberta! Vaig decidir provar-ho. I em van agafar! Em van fer un contracte de professora ajudant per fer unes classes de problemes. No és que tingués unes notes superbones, però em devien veure desperta i em van voler donar una oportunitat.

Xavier Calsamiglia, Joaquim Silvestre i Joan Maria Esteban són la tripleta que va aixecar el Departament d'Economia de l'Autònoma on vaig anar a parar. A ells els dec l'arrencada de la meva carrera acadèmica. En Xavier i en Joaquim havien estat a Minnesota fent el doctorat, seguint les petjades d'Andreu Mas-Colell, i en Joan Maria havia estudiat a Oxford. Havien aconseguit fer-se un forat a l'Autònoma, una universitat més nova que la Universitat de Barcelona; tenien un projecte, un espai on fer-lo créixer i l'estaven defensant. Anys després, en Joaquim tornaria cap als Estats Units i a l'Autònoma s'hi incorporaria Salvador Barberà, però d'això en parlarem més endavant. El seu projecte en aquell moment era fer créixer la comunitat de gent formada per fer recerca d'economia amb estàndards internacionals: agafar gent jove i enviar-los a estudiar a Amèrica. Creien que calia que molta gent fes el mateix que havien fet ells per generar una comunitat amb massa crítica que des de Catalunya parlés de tu a tu al món. I, entre molts d'altres, em van ajudar a mi a trobar el camí.

Jo sempre havia somiat anar a estudiar a l'estranger, però em semblava un somni inabastable. Llavors, a l'Autònoma, vaig trobar la xarxa, algú que em va explicar com fer-ho possible. Quan feia poques setmanes que rondava per l'Autònoma, un dia en Joan Maria em va portar en cotxe cap a Barcelona i, mentre conduïa pels revolts de la Rabassada, em va dir:

—Bé, Clara, ja saps que si et vols quedar, aquí no t'hi pots quedar, oi?

Volia dir que per ser professora primer me n'havia d'anar a fora a formar-me.

—Ah, bé! Però tu creus que jo també hi puc anar, a Amèrica? I com es fa, això?

En Joan Maria m'estava obrint la porta per entrar a la xarxa. Ell i en Joaquim em van donar el manual d'instruccions, em van ajudar a fer les sol·licituds, a demanar les beques i a fer tots els preparatius. I sobretot em van donar confiança, em van fer creure que jo també podia fer-ho. Així doncs, al cap d'un parell d'anys fent de professora de problemes i preparant-me a l'Autònoma, aterrava a Minnesota per començar el doctorat.

VIII

Amèrica

The greatest ride in my life was about to come up, a truck, with a flatboard at the back, with about six or seven boys sprawled out on it, and the drivers, two young blond farmers from Minnesota, were picking up every single soul they found on that road.[1]

Jack Kerouac, *On the Road*

The greatest gift of life is friendship, and I have received it.[2]

Hubert H. Humphrey

1. «El gran viatge de la meva vida estava a punt de començar, un camió amb una plataforma oberta darrere on jeien sis o set xicots, i els conductors, un parell de joves rossos, grangers de Minnesota, recollien tota ànima vivent que trobaven en aquella carretera.»

2. «El millor regal de la vida és l'amistat, i jo l'he rebut.»

El 27 de maig de 2020 la mort a mans de la policia de George Floyd, un home negre que havia estat detingut a Minneapolis, va desencadenar un esclat de protestes que va posar la principal ciutat de Minnesota al centre de l'actualitat mundial. L'assassinat va ser gravat en directe per un vianant, però l'agent que l'havia perpetrat no va ser detingut fins quatre dies més tard. Aquest nou episodi d'injustícia racista va alçar una onada d'indignació que es va escampar arreu dels Estats Units.

Les cròniques d'aquella revolta em van transportar a la ciutat on vaig estudiar fa més de trenta anys. No he tornat a Minneapolis des de la tardor del 1988. Vaig anar-hi per darrera vegada per a l'acte de defensa pública de la meva tesi doctoral. Aleshores estàvem vivint a Princeton, a Nova Jersey, i vaig fer el viatge amb en Guillem, el fill gran, que tenia tres anys. Trenta-dos anys després, confinada a Brussel·les en plena pandèmia, m'arribaven per internet les imatges de televisió del barri d'Uptown. A la zona comercial de prop de la intersecció entre les avingudes Lake i Hennepin, els joves indignats per l'assassinat de Floyd construïen barricades, incendiaven la comissaria de policia i saquejaven els comerços del veïnat. L'establiment de la cadena Target, uns magatzems de consum popular on venen una mica de tot, havia quedat arrasat. Tot veient les imatges i llegint a la premsa les adreces del veïnat on havia viscut, se'm van despertar records d'aquella última estada a Minneapolis que tenia somorts. Em va venir al cap que, un cop acabada la defensa de la tesi, per celebrar el final d'un doctorat que m'havia costat penes i treballs, vaig voler obsequiar amb una joguina en Guillem. Vam anar al Target de Lake Avenue, el magatzem que ara era saquejat durant les protestes, i li vaig comprar un cavallet que va tenir molt èxit. Era una joguina clàssica, com aquells cavalls que s'improvisaven girant una escombra de cap per amunt. El cavall d'en Guillem era simplement un cap de goma groga que s'aguantava a l'extrem d'un bastó de plàstic dur ataronjat. El cap era més expressiu que el d'una escombra, perquè tenia orelles, ulls, boca i nas, i el repintat de coloraines en ressaltava les faccions. Al clatell hi lluïa una magnífica crinera blava feta de fils de raspall. Agafant el cavall per les brides, en Guillem cavalcava feliç amunt i avall amb el bastó entre les cames fent dringar els cascavells. Aquell cavall va ser un dels pocs tresors que va viatjar amb nosaltres a Catalunya quan al cap d'un any hi vam retornar per quedar-nos-hi. Encara va fer moltes cavalcades pel corredor del pis de Sant Cugat abans no va ser definitivament abandonat pel seu propietari al fons de l'armari.

Vaig arribar a Minneapolis per començar el doctorat el setembre del 1982, amb vint-i-cinc anys. Per què a Minneapolis? No era, ni de bon tros, la primera estudiant catalana que anava a fer el doctorat a la Universitat de Minnesota. Però que hi fèiem tants estudiants catalans i espanyols estudiant Economia a Minnesota? D'on surt la connexió entre Minnesota i els economistes acadèmics catalans? La Universitat de Minnesota tenia entre els seus mecenes una fundació que es deia Andreas i que, entre altres bones causes, tenia tirada a ajudar els estudiants espanyols.

La Fundació Andreas sempre va ser una entitat molt misteriosa, identificada en els pocs llocs on surt citada simplement per una bústia de correu a Mankato, una petita ciutat de la Minnesota rural. Cap dels estudiants que van tenir la sort de poder gaudir de la seva beneficència hi van tenir mai cap contacte directe. Però sabem prou coses del seu principal patró, Dwayne Andreas, per reconstruir l'argument principal de la trama que lliga la fundació d'Andreas amb el Departament d'Economia de Minnesota, i de retruc amb els estu-

Amb les *roommates* de Portland House, 1983

diants catalans. És una història de cultius de fava de soja a les planes de l'Oest Mitjà i polítiques d'exportació d'excedents agraris durant la Guerra Freda.

Cal fer marxa enrere, fins al 1945, quan un jove professor de ciència política, Hubert H. Humphrey, guanya les eleccions municipals i esdevé batlle de Minneapolis. En Humphrey s'entrega en cos i ànima a la ciutat; és un alcalde que deixa petja. Sota el seu mandat Minneapolis aprova la primera legislació dels Estats Units que prohibeix la discriminació racial al mercat laboral. En Humphrey es converteix en un dels caps visibles de la facció més liberal del Partit Demòcrata que fan campanya pels drets civils. A la Convenció Demòcrata del 1948 fa de portaveu d'aquest grup i defensa incloure els drets civils a la plataforma electoral del partit amb un discurs vibrant:

> *To those who say, my friends, to those who say that we are rushing this issue of civil rights, I say to them we are 172 years (too) late! To those who say this civil rights program is an infringement on states' rights, I say this: the time has arrived in America for the Democratic Party to get out of the shadow of states' rights and walk forthrightly into the bright sunshine of human rights!*[3]

Contra tot pronòstic, la proposta passa per 651 vots a favor contra 582. Els delegats del sud, indignats, abandonen la Convenció i acaben presentant el seu propi candidat a la presidència, Strom Thurmond. Això hauria pogut costar la presidència al Partit Demòcrata, però els vots que es perden al sud queden compensats amb escreix. El suport a l'agenda dels drets civils atrau molts vots de la població afroamericana. En Truman guanya la reelecció i derrota, per segona vegada, el governador de Nova York, Thomas Dewey.

3. «Als que diuen, amics, als que diuen que anem massa de pressa, amb això dels drets civils, jo els dic: anem cent setanta-dos anys (massa) tard! Als que diuen que aquest programa de drets civils viola els drets dels estats, jo els dic: ja ha arribat l'hora a Amèrica que el Partit Demòcrata emergeixi de la tenebra dels drets dels estats i camini de dret cap a la llum brillant del sol dels drets humans.»

En aquestes mateixes eleccions, en Humphrey surt elegit pel Senat federal amb el 60% dels vots de l'Estat. És el primer senador demòcrata per Minnesota des de la guerra civil.

Per a la campanya al senat, en Humphrey havia rebut una donació de mil dòlars de Dwayne Andreas, un jove empresari que començava a destacar en el negoci emergent de la soja. La fava de soja és una llavor d'origen asiàtic, una font de proteïna de molta qualitat i amb un cost molt baix. Al llarg del segle XX se n'escampa el consum i es converteix en una matèria primera fonamental per a l'alimentació arreu del món, tant directament —per a la nutrició dels humans— com indirectament, com a pinso per al bestiar. Fins abans de la Segona Guerra Mundial la soja que alimentava Europa i Amèrica arribava de l'Àsia, especialment de Manxúria, la regió nord-oriental que avui forma part de la Xina. Però a finals dels anys trenta les exportacions van quedar interrompudes, primer per la guerra a la Xina, i després per la Segona Guerra Mundial. Per fer front a l'escassedat d'aliments, el govern americà va engegar un programa per animar els grangers a cultivar soja. És un conreu que s'adapta molt bé a les condicions del sòl i al clima de les grans planes de l'Oest Mitjà, i el programa va tenir un èxit espectacular. Ben aviat la soja va substituir el cultiu de blat de moro i altres cereals. El 1942 els Estats Units ja produïen més soja que Manxúria, i des d'aleshores en són el primer productor mundial.

L'Andreas era fill d'una família de grangers de Minnesota que vivien sobre el terreny aquests canvis de conreus. Quan va entrar en contacte amb en Humphrey, durant la campanya del 1948, ja s'havia fet un forat en el negoci de l'emmagatzematge, el processament i el comerç de soja. En Humphrey i l'Andreas es van conèixer arran de la donació i de seguida es van fer molt amics. Aquella amistat durà tota la vida i alimentà de manera simbiòtica la carrera política de l'un i la carrera empresarial de l'altre. En Humphrey fou un dels personatges més influents de la política americana de la segona meitat del segle XX i l'Andreas es convertí en el principal factòtum de les exportacions agroalimentàries americanes arreu del món.

Per damunt la neu lleuger dalt d'un trineu, 1988

Quan en Humphrey va arribar al Senat, l'agenda de drets civils va xocar amb el filibusterisme de republicans i sudistes, i va quedar encallada. Atent a la seva base electoral entre els grangers de Minnesota, i assessorat pel seu amic Andreas, en Humphrey va dedicar les seves energies a promoure l'exportació d'excedents agrícoles, que s'encarrilaria a través dels programes d'Alimentació per la Pau. L'Andreas va aprendre a moure's per Washington i va cultivar amistats també entre els republicans. Va convèncer Thomas Dewey, el governador de Nova York, per engegar un programa per processar els excedents agrícoles de l'Oest Mitjà per produir aliment de baix cost per a les classes treballadores de Nova York. Quan en Humphrey va aconseguir entrar al Comitè d'Afers Exteriors del Senat, l'Andreas el va acompanyar en els seus viatges pel món. Mentre el senador feia política, el seu amic empresari persuadia de les virtuts de la llavor de soja americana en Perón, l'Stalin, en Khrusxov, en Tito i... en Franco. L'Andreas era un home audaç. El 1952, quan el Departament de Comerç li va denegar una llicència per exportar excedents d'oli de soja a la Unió Soviètica, no es va arronsar pas. Com que sabia que l'Argentina havia enviat a Rotterdam cent cinquanta mil tones d'oli de soja destinada a diversos països europeus, l'Andreas va enviar un altre vaixell amb la mateixa quantitat des dels Estats Units. Un cop allà, els carregaments van canviar de destí sense fer soroll. L'oli argentí se'n va anar cap a Rússia, i l'oli nord-americà es va distribuir als països europeus. Negoci rodó.

El maig del 1957 en Humphrey va visitar Espanya en una missió oficial i va declarar a la premsa: «El programa d'assistència alimentària és una de les eines més importants de la política exterior nord-americana». L'Andreas, que l'acompanyava, no va perdre el temps. Van tenir reunions amb els alts càrrecs del règim, que preparaven el pla d'estabilització sota la batuta d'Alberto Ullastres. Aquells mateixos dies arrencava a Madrid l'activitat del Soybean Council of America i el Ministeri de Comerç espanyol donava a conèixer un concurs per adjudicar la importació de 7,2 milions de dòlars d'oli de soja procedents dels Estats Units. Els anys següents, amb l'obertura gradual de l'economia espanyola a l'exterior, els negocis de l'Andreas amb Espanya van continuar progressant.

El 1965, amb en Johnson de president i en Humphrey de vicepresident, els tecnòcrates de l'Opus Dei entraren al govern d'en Franco i les relacions amb els Estats Units s'intensificaren. Faustino García-Moncó, ministre de Comerç, visità Washington acompanyat del seu secretari general tècnic, el professor de la Universitat Complutense Manuel Varela. En Humphrey va organitzar una trobada del ministre i el seu equip amb Walter H. Heller, cap del consell d'assessors econòmics del president i professor de la Universitat de Minnesota. Naturalment, l'Andreas també hi era. Estava molt satisfet per la suspensió d'aranzels, que havia liberalitzat totalment la importació de soja a Espanya, i va prometre dues beques per a estudiants espanyols a la Universitat de Minnesota. El professor Varela en va prendre nota. No sabem si l'Andreas va prometre res més. En García-Moncó va sortir del govern el 1969 esquitxat per l'escàndol Matesa. El 1966 l'Andreas va prendre el control de l'Archer Daniels Midland Company i a partir d'aleshores la va convertir en el conglomerat agroalimentari més gran del món. La història d'en Humphrey i l'Andreas va seguir, és clar, però, pel que a nosaltres ens interessa ara, la podem deixar aquí.

Després de la Caputxinada un grup d'estudiants catalans que havien estat expedientats a la Universitat de Barcelona pel seu activisme antifranquista es van haver d'espavilar per acabar la carrera, i ho van haver de fer a Bilbao. Entre ells hi havia Andreu Mas-Colell i Salvador Barberà. Acabada la carrera, l'Andreu va fer el servei militar a la Marina. A les estones que li deixava lliure la navegació per la capital marítima del regne, el port de Madrid, va entrar en contacte amb l'entorn del professor Luis Ángel Rojo, a la Complutense de Madrid. L'Andreu, en Salvador i molts altres joves economistes volien anar a estudiar a l'estranger. Als seus deixebles preferits Rojo els enviava a fer el màster a Anglaterra, però ni l'Andreu ni en Salvador entraven en aquest grup més ben connectat, així que van haver de cercar alternatives. L'Andreu va ensopegar amb Manuel

Varela, que el va posar en contacte amb Walter H. Heller, del Departament d'Economia de Minnesota. Finament, les beques de la Fundació Andreas es van concretar i l'Andreu, amb dos estudiants catalans més —Joaquim Silvestre i Antoni Bosch—, se'n va anar cap a Minnesota. Així és com va començar la saga dels *minnesotos* catalans. Per la seva part, el curs 1969-1970 Salvador Barberà va assistir a les classes que impartia a la Complutense Arthur Treadway, un jove professor de la Northwestern University. Arran d'aquest contacte en Barberà va aconseguir que l'admetessin al doctorat d'aquesta universitat amb seu a Evanston, un suburbi benestant prop de Chicago, i se n'hi va anar la tardor del 1970. Els pioners van deixar el llistó molt alt i van obrir camí. Des d'aleshores els comitès d'admissions examinaven les sol·licituds que arribaven de Barcelona i de Madrid amb molt més interès que si no hagués existit l'«efecte Mas-Colell». L'un darrere l'altre, el grup va anar creixent i expandint-se cap a altres universitats.

El moviment contra la guerra del Vietnam va marcar la vida a les universitats americanes durant més d'una dècada i va ser determinant a les eleccions presidencials del 1968. Fins al 1966 les protestes als campus universitaris havien estat notòries, malgrat que fora dels campus no havien aconseguit trencar el consens polític majoritari favorable a la guerra. Però les coses van canviar el 1967. Fins aleshores Martin L. King havia estat reticent a criticar obertament la guerra, per lleialtat a Lyndon B. Johnson. Al cap i a la fi, el president de la guerra del Vietnam era també el president de la Llei de drets civils del 1964 i de la Llei de dret de vot del 1965. Però el març del 1967, a Nova York, en King va fer un dels seus memorables discursos: «Més enllà del Vietnam: és hora de trencar el silenci». Es posicionava sense embuts contra la guerra i cridava obertament a l'objecció de consciència. Li va caure un xàfec de crítiques. S'hi van oposar fins i tot els diaris liberals, el *The Washington Post* i el *The New York Times*, i també l'Associació Nacional per al Progrés de Persones de Color. Però, trencant el seu silenci, en King havia obert la caixa dels trons. Tot seguit el senador de Minnesota, Eugene McCarthy, va anunciar que disputaria la nominació demòcrata amb una plataforma radicalment contrària a la guerra. A començaments del 1968 les notícies que arribaven sobre l'actuació de l'exèrcit americà davant l'ofensiva del Tet van horroritzar molts ciutadans americans i l'opinió pública es va polaritzar. A les primàries de Nou Hampshire, en McCarthy va fer molt bon resultat; va quedar a pocs vots de derrotar Johnson. Quan va veure que en Johnson trontollava, Robert Kennedy es va decidir a entrar a la cursa. La resposta d'en Johnson va ser tirar la tovallola; va anunciar que frenava els bombardejos i que renunciava a la reelecció. El 4 d'abril en King fou assassinat i la indignació encengué les comunitats afroamericanes. En Kennedy, que s'havia posat per davant a les primàries després de guanyar a Califòrnia el 6 de juny, va ser assassinat poc després. A l'agost es va celebrar a Chicago la Convenció del Partit Demòcrata entre aldarulls i violents enfrontaments al carrer. Els delegats haurien de triar entre dos fills predilectes de Minnesota. El vicepresident Humphrey s'enfrontava al senador Eugene McCarthy. En Humphrey va guanyar la nominació, però el Partit Demòcrata va quedar esgotat i dividit. Al novembre en Humphrey va perdre les eleccions contra Richard Nixon. Dwayne Andreas havia contribuït amb donacions importants a la campanya del seu amic Humphrey, certament. Però també a la d'en Nixon.

En Johnson va acabar el seu mandat deixant les negociacions de pau a París encetades. Però en Nixon va optar per escalar el conflicte. El 30 d'abril de 1970 va ordenar la invasió de Cambodja. El 4 de maig, la Guàrdia Nacional d'Ohio, enviada pel governador per reduir les protestes a la University Kent State, disparà contra els manifestants i va deixar quatre morts i nou ferits. Aquesta matança va ser un punt d'inflexió en la consciència del país. El rebuig de la guerra va generalitzar-se entre les classes mitjanes. Els campus universitaris bullien. Rememorant les seves primeres impressions d'aquella tardor del 1970, quan ell tot just acabava d'aterrar als Estats Units, en Salvador deia: «Va ser arribar i trobar-nos les manifestacions amb barricades al centre per protestar contra el bloqueig del golf de Tonquín. Tinc una pel·lícula de súper 8 gravada al campus amb els estudiants enfrontats a la policia. La ràdio de la universitat emetia en directe els discursos de Chomsky i la Jane Fonda animava la festa. La societat americana era molt més oberta que l'actual. Els Set de Chicago, els activistes acusats d'incitar els aldarulls de la Convenció Demòcrata, sortien a la tele fumant porros. Coses avui dia impensables».

A Minnesota l'espetec final del moviment antiguerra es va produir al maig del 1972. Les protestes dels estudiants contra la guerra es van combinar amb les reivindicacions veïnals contràries a la construcció d'uns nous blocs de pisos. Durant vuit dies es van succeir manifestacions, ocupacions d'edificis, barricades i enfrontaments amb la policia. Al final, el governador va ordenar que hi intervinguessin vuit-cents membres de la Guàrdia Nacional per dispersar la protesta. Deu anys després, quan jo vaig aterrar a Minneapolis, els ecos dels «vuit dies de maig» encara ressonaven entre els *lefties* que passaven l'estona al New Riverside Cafe, un cafè cooperativa que tenia les seves arrels en els experiments comunals sorgits de la revolta. Allà vaig sentir per primera vegada la paraula *organic* associada als aliments. La Guàrdia Nacional no va patrullar mai més pels carrers de Minnepolis. I no hi tornaria fins al maig del 2020, arran de l'assassinat de George Floyd.

Entre els delegats de Minnesota que feien costat al senador McCarthy a la Convenció del 1968 hi havia el professor Leonid Hurwicz. Era un jueu polonès nascut a Moscou i refugiat als Estats Units des del 1940, després que la seva família patís primer la persecució dels bolxevics i més endavant la dels nazis. El 1951 Walter H. Heller va contractar en Hurwicz per a la Universitat de Minnesota. Els anys següents el tàndem Heller-Hurwicz va convertir Minnesota en un centre de referència de la recerca econòmica. En Heller era un economista aplicat, enfocat a la política. En Hurwicz era un teòric i va esdevenir l'ànima i el motor intel·lectual del departament. Va ser un dels primers economistes a reconèixer el valor de la teoria de jocs per a l'anàlisi econòmica i és el fundador de la teoria del disseny de mecanismes. La teoria d'en Hurwicz és revolucionària, perquè canvia dràsticament la manera com els economistes pensem en els sistemes econòmics. En lloc d'acceptar les regles i les institucions d'una economia com quelcom inmutable i examinar què és possible dins les seves limitacions —el mètode estàndard—, la teoria del disseny de mecanismes d'en Hurwicz proporciona un mètode rigorós per pensar en com dissenyar les institucions i les regles d'interacció (els mecanismes) per tal assolir els objectius que la societat consideri desitjables. Per aquesta contribució va rebre el premi Nobel el 2007.

Durant els anys setanta a Minnesota hi va florir la revolució de la nova macroeconomia. Amb Thomas Sargent, Christopher Sims i Neil Wallace les expectatives racionals i la nova teoria monetària es van fer un lloc al passadís del departament, al costat del disseny de mecanismes d'en Hurwicz. Quan el 1980 hi va arribar Edward Prescott, la macroeconomia va passar a ocupar el lloc preeminent. Aquell mateix any Ronald Reagan derrotava el president Jimmy Carter a les eleccions. La meva estada als Estats Units va coincidir amb els anys de Ronald Reagan a la Casa Blanca.

El 1982, quan vaig aterrar a Minnesota, la comunitat d'estudiants d'economia catalans i espanyols era molt nombrosa. Devíem ser més d'una dotzena. Eren com una gran família, actuaven com una xarxa d'ajuda mútua molt activa i donaven suport als nouvinguts. Els encarregats de venir-me a rebre a l'aeroport de Minneapolis-St. Paul van ser Teresa García-Milà, avui directora del Barcelona School of Economics i que ha estat consellera del Banc de Sabadell, i Miguel Sebastián, que va ser ministre del govern d'Espanya del PSOE amb Zapatero. En Miguel tenia cotxe, un Ford Pinto, un cotxe més aviat petit on ens va costar entaforar-nos-hi tots tres amb les maletes. Un cop a dins vam anar de l'aeroport fins al 2606 de Portland Avenue, la casa on m'havien organitzat un allotjament provisional. Per fer el trajecte de l'aeroport fins allà vam sortir de l'autopista M-95 a Uptown i vam circular per la Lake Avenue, passant per davant dels *car dealers* —'els venedors d'automòbils'—, les *liquor stores* —les 'botigues de begudes alcohòliques'— i els magatzems Target. Recordo com si fos avui que anava pensant: «Ostres, això sembla una pel·lícula!». De sobte era als Estats Units i tot em semblava l'escenari d'una sèrie de televisió. Gairebé quaranta anys més tard el Twitter i el Youtube em transportarien de nou a Lake Avenue, però la indignació, les barricades i el foc que arribaven de Minneapolis a la primavera de la pandèmia eren ben lluny de les escenes toves de les sèries del Hollywood dels anys vuitanta.

A Portland House —com anomenàvem aquella casa en el cercle d'amistats— hi vivia Cristina Mazón, una estudiant madrilenya que havia arribat a fer el doctorat dos anys abans, com en Miguel i la Teresa, i quatre noies americanes: l'Annie, la Lisa, la Denise i la Valerie. Em van allotjar a l'habitació dels convidats, en principi temporalment. Al cap d'uns dies a Portland House, però, encara no havia trobat allotjament i, tot sopant, l'Annie va dir:

—Escolta, i per què no ens la quedem, aquesta?

I jo vaig dir:

—Ah, si us va bé, jo encantada; em quedo.

I no se'n va parlar més, em vaig quedar allà. Els dos anys següents els vaig passar al 2606 de Portland Avenue.

L'endemà d'arribar vaig començar la immersió. D'entrada em va sorprendre com de fàcil era tot. Registrar-se a la universitat, tenir el carnet, treure's el número de la Seguretat Social o el permís de conduir, obrir un compte al banc... Podies fer tota mena de gestions per telèfon. Tot es pagava, fins les quantitats més petites, amb un taló. Em vaig quedar admirada de com estava organitzada la universitat, totalment al servei dels estudiants i la recerca. Els professors eren sempre al despatx, amb la porta oberta, i et rebien amablement sempre que els necessitaves. Les biblioteques de la universitat no tancaven mai, ni de dia ni de nit, i els usuaris podien accedir directament als llibres i les revistes. Qualsevol cosa que busquessis al catàleg, hi era.

Una altra gran sorpresa: allà no es fumava! Només estava permès fumar en alguns espais acotats. A la universitat no es fumava; ni a classe ni enlloc. Als restaurants i altres llocs públics, només al racó reservat als fumadors. Jo fumava molt poc, només socialment. Va ser arribar a Minneapolis i no fumar mai més. Minnesota havia aprovat el 1975 la primera legislació antitabac, havia obert el camí a legislacions similars en molts altres estats i seguiria a l'avantguarda de la lluita contra el tabac. Als anys noranta, la demanda de l'estat de Minnesota contra Philip Morris va destapar les pràctiques criminals de la indústria del tabac i va marcar decisivament l'establiment de polítiques antitabac arreu del món. Per cert: el fiscal general de Minnesota que liderava la demanda era Hubert H. (*Skip*) Humphrey. Endevineu de qui era fill.

El barri on vaig anar a parar, South Minneapolis, havia estat un barri benestant probablement fins als anys seixanta. Després les classes mitjanes havien emigrat cap als suburbis i la zona havia quedat força abandonada. La casa havia conegut temps millors, però era gran i còmoda i havia mantingut el caràcter. Per a mi, acostumada als espais estrets dels pisos de Barcelona, era una mansió de luxe. A la planta baixa hi havia una bona sala d'estar i una magnífica cuina on fèiem vida les habitants de la casa i la multitud d'amics i coneguts que entraven i sortien sense parar; la porta era sempre oberta. Els dormitoris es repartien en els dos pisos superiors, els de més amunt en forma de mansarda. Hi havia una única cambra de bany. Amb sis noies, us podeu imaginar les cues. Però aquesta fricció potencial es portava amb molta alegria. El soterrani era un niu de brossa i mals endreços inaccessible, i la rentadora havia deixat de funcionar feia molt temps. Per fer la bugada anàvem a la bugaderia que hi havia a Franklin Avenue, amb aquelles màquines de rentar i assecar la roba que funcionen amb monedes.

Conviure amb quatre noies americanes em va anar molt bé per posar-me a to amb l'anglès. Totes eren superhippies, superalternatives. Eren vegetarianes i ja menjaven tofu i «orgànic» l'any 1982. També s'ha de dir que més d'un vegada em va desaparèixer algun bistec de la nevera. La Denise treballava amb la comunitat nativa americana, força nombrosa a Minneapolis; va marxar al cap de pocs mesos cap a San Francisco darrere d'un líder del moviment. L'Annie era productora de vídeos, una novetat en aquell moment. La

Lisa era pintora i treballava al *City Pages*, un diari local que informava de la vida artística i cultural. La Valerie Ellis volia obrir-se camí com a escriptora i de moment feia feines administratives al Walker Art Centre, un museu d'art contemporani. Amb la Valerie encara hi tinc una bona amistat. És una escriptora maleïda. No ha acabat de triomfar i viu de fer classes d'anglès. Però és una persona brillant, extraordinàriament interessant.

El campus principal de la Universitat de Minnesota s'estén entre les dues ribes del riu Mississipí. El gruix de la ciutat de Minneapolis queda a la riba oest. A l'est hi ha la ciutat de Saint Paul. Les *twin cities*, en diuen, les 'ciutats bessones'. Són ciutats germanes i rivals, com Sabadell i Terrassa, a banda i banda del riu Mississipí que les separa. Jo vivia a Minneapolis i al campus hi podia anar amb bicicleta i amb autobús. Tardava uns vint minuts. Feia vida al despatx que compartia amb cinc o sis companys de curs. Tot el sant dia treballant. Era molt bèstia. M'estava tot el dia fent els deures. Ens posaven unes llistes de problemes que no s'acabaven mai. L'èxit dels grans programes de doctorat són els estudiants. Un bon grup de professors atrau bons estudiants. I els estudiants aprenen dels altres estudiants. D'entre els meus companys de doctorat n'hi ha un grapat que han fet carreres acadèmiques molt lluïdes.

A Minnesota hi fa un fred llegendari. Durant mesos les temperatures estan per sota de zero dia i nit. Molts dies hi fa un fred senzillament inhumà. Ells en diuen un fred «amarg». Hi neva molt. Sempre està tot congelat. Tot està organitzat perquè la vida no s'aturi, faci el temps que faci, però la veritat és que es fa molt pesat. Quan al mes d'abril, o maig, arribava encara una altra tempesta de neu i el termòmetre seguia sota zero, costava fer-hi bona cara. Però els nadius, i els que s'hi han aclimatat, s'ho prenen amb molt bon humor. Segueixen les dades meteorològiques amb molta atenció i celebren cada nou rècord del termòmetre. El que és segur és que durant els mesos de fred el millor que es pot fer és treballar.

A la universitat de seguida em vaig adonar que allò seria tan difícil com jo m'esperava, o potser una mica més i tot. Per sortir-me'n hauria de fer un gran esforç. Els primers tres mesos els vaig passar patint, amb penes i treballs, però quan van arribar els exàmens, al desembre, els vaig aprovar. «No han notat que t'has colat sense merèixer-ho, doncs aprofita-ho i queda-t'hi!», vaig dir-me. En acabar el curs, a l'estiu, s'havien de fer els exàmens importants. Els *preliminary exams* ('exàmens preliminars'), uns exàmens generals com de revàlida, llarguíssims i molt difícils. T'hi passaves quatre o cinc hores, fent-los. Recordo que el meu amic Albert Marcet, un company català del meu curs, el dia de l'examen preliminar de macroeconomia estava tan concentrat, tan absort, que es va treure les sabates i els mitjons. Va fer l'examen descalç, amb els peus sobre la cadira. Hi havia molta gent que havia de fer aquells exàmens unes quantes vegades. Jo els vaig passar a la primera; pels pèls, però a la primera. L'Albert va fer un gran paper. Després ha fet una de les carreres acadèmiques més brillants de la nostra generació. És un primera espasa.

El curs de macroeconomia del primer any el feia Edward Prescott. Tot el que en Hurwicz tenia de demòcrata, en Prescott ho tenia de republicà i fatxa. Els continguts que ensenyava no deixaven traslluir directament les seves posicions polítiques, però sempre hi havia moments en què sorgien la discussió i el debat polític. Recordo un dia que va venir Robert Lucas, l'estrella del Departament de Chicago. Va venir, es va asseure allà a prendre cafè amb nosaltres, i vam estar parlant de tot durant dues hores. Mostrava un respecte total per aquells xitxarel·los que érem allà preguntant-li coses. Em va impressionar moltíssim la seva proximitat. Com escoltava totes les preguntes amb interès i responia amatent i al mateix temps amb contundència. Recordo que em vaig dir a mi mateixa: «Si aquest senyor és hiper-ultra-liberal i opina que els sindicats són criminals i que els governs fan tant mal... ostres, potser té raó, tu!». No és pas que donés per fet que tot el que deia aquell home havia d'anar a missa, ni de bon tros, però feia pensar. De tota manera, aquest tipus de discussions eren l'excepció. Al final tot era molt tècnic. Es complien les condicions de transversalitat? El punt fix existia o no existia? I si el punt fix existia, era únic? En fi, tot molt *highbrow*, molt elevat.

També em va fer classe en Hurwicz, però aquell any no va parlar de disseny de mecanismes. Va ser una llàstima. S'estava acostant a la jubilació. Devia voler canviar de tema i ens va explicar els articles que havia escrit molts anys enrere amb Kenneth Arrow, uns treballs sobre l'estabilitat de l'equilibri que havien passat sense pena ni glòria. Que resulta que tens un ou, i et preguntes si està en equilibri o no ho està; i si hi està, si és un equilibri estable o no. El tema no em va desvetllar gaire interès, la veritat, però el que era realment educatiu no eren els continguts concrets. Era veure com es plantejava les preguntes i com les responia. Eudald Canadell —aquell company que dos anys enrere m'havia trobat a la cua de la secretaria de la facultat— també era a Minnesota. L'Eudald sempre se'n fotia, d'en Hurwicz: «Ens podem preguntar si té sentit que ens preguntem, que ens fem la pregunta, que ens preguntem, que ens preguntem la pregunta?», feia imitant-lo. La resposta havia de ser sí o no, evidentment.

Jo tenia un nivell d'entrenament inicial justet, però vaig anar sobrevivint, i arriba un moment que et dius: «Bé, si has sobreviscut als exàmens, deu ser que estàs preparada». Però una cosa és fer problemes i exàmens, i l'altra és escriure la tesi, fer recerca. I triar el tema. Això sí que ja són figues d'un altre paner. Jo no sabia què fer, i això és un turment. El doctorat és una tortura: si tens clar el que vols fer pateixes, perquè la tria pot ser molt difícil o inviable. I si no saps què vols fer, encara pitjor. O sigui, que, peti qui peti, fer una tesi doctoral és un patiment sempre. A banda d'això també és veritat que els meus interessos de recerca no coincidien amb el que s'anava imposant com la moda al Departament d'Economia de Minnesota als vuitanta. Jo volia fer teoria de jocs, i ells eren forts en macroeconomia. Jo tenia molt clar que no volia fer macro. M'incomodava el component polític encobert que hi detectava. Em semblava que amagava sota l'estora els problemes de veritat. A la macroeconomia acadèmica tot és aparentment molt asèptic, però al final hi ha prescripció sobre el que han de fer els governs. És implícit, però hi és. Per acabar-ho de complicar, després del segon any, un cop vaig haver acabat els cursos i els exàmens, me'n vaig anar a viure a Princeton amb Toni Malet.

Jo havia descobert la teoria de jocs gràcies a Andreu Mas-Colell. El curs 1981-1982, quan m'estava preparant per anar als Estats Units, l'Andreu va passar un any com a professor visitant a l'Autònoma i hi va fer un curs memorable. A Minnesota em va ensenyar teoria de jocs Jim Jordan, que era un gran teòric. Em va semblar natural posar-me a fer la tesi sota la seva supervisió. Podria haver intentat fer la tesi a Princeton, però em va fer por i mandra tornar a fer els exàmens. Per tant, vaig optar per un sistema una mica problemàtic: seguir amb Jim Jordan —que treballava a Minnesota— com a supervisor i viure a Princeton. Vaig pensar que, com que ja havia acabat tots els exàmens, només havia d'escriure la tesi —com si fos poc—, i que això ho podia fer a Princeton, a més de dos mil quilòmetres de Minnesota. Va ser poc eficient.

Princeton és una de les universitats de l'Ivy League, les més elitistes del nord-est dels Estats Units. El lloc i l'ambient eren molt diferents de Minneapolis. La Universitat de Minnesota és una universitat pública, excel·lent i molt competitiva, però és una universitat molt gran, molt diversa. Allà ni els estudiants ni els professors se sentien part de cap club d'elegits. Les relacions entre els alumnes i els professors eren prou relaxades. El professorat vestia de manera informal, fins i tot desmanegada. A Princeton, en canvi, es respiraven el privilegi i l'orgull de pertànyer a un club selecte. Els que hi són se senten especials i ho fan notar. Els professors —tots eren homes— anaven vestits amb l'uniforme d'intel·lectual de Nova Anglaterra: camisa i corbata, americana de *tweed* i pantalons de pana. No sé si hi havia cap directriu sobre la vestimenta, però en tot cas ningú no s'arriscava a desentonar. Els estudiants de llicenciatura eren nois i noies blancs, alts i guapos, vestits com models de roba esportiva cara. Es veia d'una hora lluny que eren rics. Els estudiants de postgrau i doctorat érem els pobres. Habitàvem en uns complexos de barracons tronats, d'aspecte militar, propietat de la universitat. El campus és immens i molt bonic, però el centre del poble era minúscul: una plaça, Palmer Square, i un carrer, Nassau Street. La resta, suburbi, una quadrícula de carrers tranquils amb grans cases i magnífics jardins on vivien, a més dels professors, famílies benestants que en molts casos anaven a treballar a Nova York.

El meu primer fill, en Guillem, va néixer després del primer any que vam passar a Princeton, l'estiu del 1985. Tothom que ha tingut una criatura sap que no és el mateix pensar que la tindràs que tenir-la. Se suposava que havia d'arrencar amb la tesi, però amb un nadó em costava Déu i ajuda. Després de dos anys patint a Princeton, veient que la tesi no avançava prou, vaig voler donar-li una empenta i vam tornar a Minneapolis a passar-hi un any. Aquesta vegada vam anar a viure a Saint Paul. La universitat tenia allà un complex d'habitatges per a estudiants i vam poder llogar-hi una caseta. En Guillem anava a una llar d'infants que estava molt rebé. Me'n recordaré tota la vida, del lema que tenien: «*We believe in messy play*» ('Creiem en el fet de jugar embrutant-nos'). Els nens sortien a jugar a la neu a l'hivern, i amb el fang a l'estiu. Era sensacional. Molt bona llar d'infants, ens costava una fortuna i la podíem pagar pels pèls. Anàvem molt justos de diners. A mi se m'havien acabat les beques, però la universitat em va contractar de professora ajudant i hi feia classes.

Malgrat que aleshores jo no ho formulava com un pensament ni explícit ni articulat, el programa de doctorat exercia discriminació contra les dones: els professors —eren tots homes— feien molt cas als nois, però a les noies simplement ens ignoraven. Amb els nois anaven a prendre cerveses després dels seminaris, jugaven a softbol, hi havia una atmosfera de camaraderia. Tots els xavals que es van arrambar a Edward Prescott, que aleshores era l'estrella més potent de macro a Minnesota, han fet un carrerot, fins i tot els més rucs. Jo vaig fer la tesina del segon any amb en Prescott, però no m'hi vaig entendre gens. Camaraderia, zero. Per això vaig canviar per fer la tesi amb Jim Jordan. Però l'home tampoc no va tenir una actitud gaire compromesa. Potser no li devia semblar prou intel·ligent. Probablement tampoc li interessava gaire el que jo proposava. Però podria haver-me reconduït, i no ho va fer. Em sembla que si jo hagués estat un noi, li hauria estat molt més fàcil implicar-s'hi activament, agafar i dir-me: «Escolta, per què no fas això altre?». O: «Jo de tu ho atacaria per aquí». M'hauria pogut ajudar molt més. Ara que he dirigit unes quantes tesis doctorals, sé el que pots fer per ajudar un estudiant i el que no pots fer. Es poden fer moltes coses. Jo en aquell moment no m'atrevia ni a pensar-hi, en això de la discriminació. Hi he reflexionat després. La intuïció que t'estan discriminant perquè ets una tia la tens des del principi, però sempre hi ha aquella veu interior que et diu que això és una excusa, que és la teva manera de defensar-te del fracàs. Les dones tenim una intel·ligència que funciona diferent, i moltes vegades els homes no la detecten. La creació intel·lectual requereix molta comunicació, i la comunicació només s'assoleix fent comunitat. Però ser dona i participar com un igual en una comunitat on tot són homes és pràcticament impossible. Ara segurament les coses estan millorant. Hi ha moltes més noies que acaben el doctorat amb molt bones tesis i entren molt potents al mercat acadèmic. Després, si tenen fills, la majoria s'encallen.

Quan vivíem als habitatges del campus, tant a Princeton com a Minnesota, tots els veïns eren famílies d'estudiants, parelles amb nanos petits. És a dir, l'home estudiava i la senyora es cuidava de l'home i les criatures. Jo era l'única que era mare i estudiant. L'única. Sortia al pati amb el nen ben petit i les dones em deien: «Ah, estàs fent la tesi, tu? Caram!». El primer any vam anar tirant així: ara t'hi quedes tu, ara m'hi quedo jo, ara el deixem amb una veïna... La majoria del temps m'hi quedava jo. Em sentia molt sola. Una criatura dona molta feina i et consumeix moltíssimes energies. I jo era la dona, la mare, la que havia de ser-hi per defecte. Quan veus que sempre et toca a tu, això mina molt. Fa mal. En Toni es comparava amb els companys que tenien fills, i tots tenien una esposa devota que es cuidava del marit i dels nens. I jo, clarament, era diferent. La comparativa era tremenda. Aquest és el pecat original de la nostra relació. Vam anar tirant uns quants anys, molts anys, però fallava per aquí. Jo no seguia el model tradicional.

Al final me'n vaig sortir. Vaig fer una tesi sobre estratègies de negociació. La teoria de la negociació és una cosa bastant abstracta —com tota la teoria econòmica, en definitiva—. Es tracta d'abstraure dos o tres aspectes d'una situació amb una certa convicció que són els aspectes essencials, i llavors deduir què es pot inferir d'aquests principis. Feta la teoria, és feina dels analistes empírics examinar les dades i mesurar si la teoria aporta cap llum sobre el que realment està passant. La tesi es titula *Incomplete information two person bargaining with a finite set of possible agreements.* ('Informació incompleta en negociacions bilaterals amb un nombre finit d'acords'). O sigui, situacions de negociació amb un nombre finit de resultats possibles —dos, tres... pocs—, en què les posicions límit que cada part pot acceptar són desconegudes per l'adversari. L'element d'informació incompleta és l'essencial en l'anàlisi de conflictes. Si tu tens informació perfecta de tot i poder de computació i de racionalitat total, no hauria d'haver-hi mai cap conflicte. Sé fins a on pots arribar tu, quins recursos tens; tots dos ens posem a pensar, deduïm com anirà el nostre conflicte, arribem a la conclusió que d'aquest conflicte el que en sortirà és que jo guanyaré deu i tu hi guanyaràs noranta. Doncs estalviem-nos el conflicte i els costos del conflicte. Ens posem d'acord en un instant: sempre passarà que el primer que es mou posarà una oferta sobre la taula que serà l'oferta raonable, que l'altre entendrà que és el que toca, ho acceptarà i ens donarem la mà i cap a casa. El problema, però, és que si el món fos així no hi hauria guerres, ni vagues, i els catalans no tindríem el conflicte que ara tenim. Què és el que li falta, a aquesta aproximació? Que en realitat no tenim informació perfecta o completa. Per exemple, Pedro Sánchez no sap quines cartes té o fins a on arribarà o quins són els condicionaments d'en Puigdemont o de l'Aragonès. Fins a cert punt, va una mica a les palpentes. La idea és que si incorpores la incertesa, el repertori del que pot arribar a passar en la negociació és molt més obert.

La vida intel·lectual i les inquietuds d'un acadèmic poden estar molt diversificades i no sempre van totalment conjuminades amb la tasca acadèmica. Tota la meva formació intel·lectual i tot el meu treball acadèmic m'han dut a analitzar les situacions amb molta lògica i amb molta racionalitat. Però la paradoxa és: quina rellevància té això per a l'acció pràctica? Els economistes treballem en un context social i tenim opinions i punts de vista, ideologies i sentiments. Es podria dir que aquella frase meva que tant ressò va tenir, que jugàvem al pòquer i anàvem «de farol» —*de catxa* en català normatiu—, traspua una aproximació hiperracionalista de la modelització de situacions de conflicte. Crec, però, que és una percepció acurada del que estava passant durant l'octubre del 2017. Però per jugar bé de catxa cal anar fins al final i el contrincant t'ha de creure; malauradament, l'octubre del 2017 els contrincants ja ho veien, que no hi hauria determinació per arribar fins al final.

El 1988, amb la tesi encarrilada, vaig començar a buscar feina. A la vida acadèmica, quan busques feina és especialment important tenir mentors que t'ajudin, i tinc la convicció que a mi no em van ajudar gaire. Una bona posició als Estats Units en acabar la tesi m'hauria significat un inici de la carrera professional més fàcil. Sigui com sigui, en Toni encara era a Princeton acabant la tesi i teníem en Gillem petit: no me'n podia anar gaire lluny. Vaig aconseguir un lloc al Bell Communications Research, un centre de recerca de les companyies de telèfons, a Nova Jersey, no gaire lluny de Princeton. Era una posició postdoctoral que no m'obligava a res més que a fer recerca. Hi anava quan volia. Escrivia, polia els papers de la tesi, pensava... De fet, allà, reflexionant en solitari, vaig tenir dues bones idees, probablement les més incisives que he tingut com a investigadora dels processos de negociació. La primera idea és que la mediació d'un tercer ajuda a resoldre conflictes només si el mediador filtra la informació: és un actor neutral que rep en secret ofertes de cada part, però no les revela a la part contrària fins que no son mútuament compatibles. El mediador filtra la informació transmetent a les parts, a mesura que passa el temps, només que les concessions encara són insuficients per assolir un acord, però com que no revela fins on ha fet concessions el contrincant, dona incentius perquè les concessions creixin esglaonadament. La segona idea, que les dates límit, si són genuïnes, generen discontinuïtats en els guanys, i, per tant, causen una acumulació d'ofertes just en el moment de la data límit, i això mateix pot ser la causa que el resultat de la negociació sigui el trencament sense acord. Vaig començar a pensar-hi i a explorar les conseqüències d'aquestes intuïcions aleshores, però les publicacions que desenvolupaven aquestes idees encara van tardar anys a materialitzar-se. A Bell Core em van donar el meu primer compte d'email; no servia de gran cosa, només per a les comunicacions internes, perquè ningú més no en tenia. Al final d'aquell any acadèmic ens van oferir feina a l'Autònoma. En el meu cas, l'oferta va arribar mitjançant una trucada de Salvador Barberà, per telèfon, no pas per email. I la tardor del 1989 tornàvem a Catalunya.

IX

Al Vallès, feina i família

Qui pogués esqueixar tota la vida
i escriure-la millor,
com al deixar la carta corregida
s'esqueixa el borrador!

JACINT VERDAGUER, *Al Cel*

Wisdom is knowing what you have to accept.[1]

WALLACE STEGNER, *Angle of Repose*

1. «La saviesa és saber el que has d'acceptar.»

La meva primera estada al Vallès l'havia fet a Bellaterra la tardor de l'any 1960. Tres mesos abans havia nascut la meva germana Berta i els pares havien agafat una minyona, la Bienve, perquè ajudés amb les feines de casa. La Bienve tenia una tos persistent, i quan la va examinar un metge, va resultar que tenia una tuberculosi avançada. La van ingressar a correcuita al sanatori Flor de Maig. Li va anar pels pèls, però es va curar. Després marxà cap a París i prosperà muntant un negoci de flors artificials. Naturalment, després de diagnosticar-la a ella ens van fer les proves a tota la família per esbrinar si algú més estava infectat. L'Anna Maria, l'Oriol i jo ens havíem encomanat. Per sort el nostre cas es va detectar en fase de primoinfecció. No era greu, però no podíem anar a escola mentre durés el tractament. El doctor Casassas va prescriure una temporada de confinament respirant aire pur a la muntanya. No calia anar gaire lluny, al Vallès «tres turons fan una serra i quatre pins un bosc espès». La muntanya van ser els turons de Bellaterra, ben a prop de Barcelona. Ens vam instal·lar una temporada a l'Hostal Sant Pancraç, al costat de l'estació del tren de Bellaterra. El pare pujava i baixava per anar a la feina. Mentre la mare vigilava la Berta, que dormia al cabasset, els tres infectats corríem pel bosc on anys després edificarien el campus de la Universitat Autònoma. Al vespre, quan ja érem al llit dormint, el pare ens punxava l'antibiòtic. I així, arreplegant fulles, bastons i bolets, respirant l'aire dels pins i jugant amb el fang, va passar la meva primera estada a Bellaterra.

Vint anys més tard vaig tornar a Bellaterra, tot just acabada la carrera, per fer de professora ajudant a l'Autònoma abans d'anar cap als Estats Units. Els grans edificis de formigó del campus universitari ja havien envaït els turons on els meus germans i jo ens havíem refet del brot de tuberculosi. Bellatera ja no era un lloc d'estiueig; l'Hostal Sant Pancraç havia reorientat el negoci cap al restaurant i oferia un menú de dinar que era molt popular entre els professors, especialment els dijous, quan servien la típica paella d'afartapobres.

La meva tercera estada a Bellaterra va començar la tardor del 1989, quan vaig tornar dels Estats Units, i va durar més de vint anys. Si vam tornar a Catalunya va ser sobretot per mi. En Toni hauria preferit quedar-s'hi. Però jo m'enyorava, i sobretot necessitava més suport familiar per pujar en Guillem. Professionalment potser ens hauria anat millor si ens haguéssim quedat als Estats Units més temps, però no va sorgir cap oportunitat clara de feina que fos compatible per a tots dos. Cap a l'estiu del 1989 m'havia trucat Salvador Barberà, que aleshores era el cap del Departament d'Economia a l'Autònoma i m'havia ofert un contracte de professora titular interina. A en Toni li van oferir una beca postdoctoral de reincorporació. Com que a Barcelona hi teníem feina tots dos, vam fer els paquets i vam tornar cap a casa. Ens vam instal·lar a viure a Sant Cugat del Vallès.

Al cap de sis mesos d'arribar vaig passar una oposició i em van fer professora titular. Realment va ser arribar i moldre. Ara no s'ho creuria ningú. Acabaven de muntar la Pompeu Fabra, se n'hi havia anat molta gent, i a l'Autònoma necessitaven omplir les vacants que havien quedat. Em van fer titular amb un currículum de mèrits que consistia bàsicament en una tesi doctoral a Minnesota i perquè havia escrit uns articles de recerca que semblava que prometien i que segurament es publicarien en una bona revista científica. Amb això em van fer professora titular. A mi em va semblar que era merescudíssim i comparant-ho amb la mitjana de la gent que aleshores ocupava els llocs de titular no hi ha discussió que ho era, i tant que sí. Des d'aquell dia, era funcionària. Ningú passaria comptes amb mi mai més, només jo mateixa. Em podria haver plantat

La família Malet Ponsatí, 1994

allà, podria haver-me dedicat a fer les classes els dimarts i els dijous, o potser els dilluns i els dimecres, tant se val si bé o malament, i no fer mai més res. Era el que feien alguns companys. Jo vaig voler fer més coses perquè, dona, ja que ets viva, val més viure. Estar dormint mentre vius és trist. Com diu la meva amiga Ada Ferrer, motivació interna. Jo en tinc a cabassos, de motivació interna. No necessito que em diguin que si no treballo no em pagaran. Al contrari, a mi això em desmotivaria.

Confesso que la docència, amb aquelles classes massificades i impersonals, no m'engrescava especialment. Aquells anys a l'Autònoma hi vaig fer classes una mica de tot: matemàtiques, microeconomia, organització industrial, economia pública. Pujava dalt de la tarima, amb unes vuitanta o cent persones desconegudes assegudes allà davant, i apa!, explica'ls què és un conjunt obert o tancat i si una funció és contínua o derivable. Era molt difícil conèixer ningú o detectar afinitats entre els alumnes. Als grups grans, quan després dels exàmens posava les notes i donava una matrícula d'honor, em preguntava: «I aquest qui deu ser?». De tant en tant em tocava un grup petit i deia: «Ostres, mira! Aquí hi ha persones vives». Quan se'm presentava aquesta oportunitat generava sintonia amb els estudiants i gaudia molt més de la feina. Alguns els vaig acabar enviant als Estats Units a fer el doctorat, com havia fet jo. Però això passava molt de tant en tant. Amb la gran majoria de la gent que vaig tenir com a alumnes, Ada Ferrer i Raül Romeva entre molts d'altres, no hi vaig poder tenir cap tracte personal. Al llarg dels anys m'he anat trobant persones, que em deien: «Jo vaig ser alumne teu». Ells em recorden a mi, però jo a ells no. En canvi, la docència a St Andrews m'ha permès un tracte molt personal amb els alumnes, i això és molt agraït.

El que a mi em motivava de veritat era fer bona recerca i contribuir a millorar les maneres de fer i les estructures de la vida universitària. Per tant, vaig dedicar tots els meus esforços, totes les meves energies intel·lectuals i físiques, a ajudar a muntar un programa de doctorat que s'emmirallés en el que jo havia viscut als Estats Units.

Quan vaig tornar a l'Autònoma, Salvador Barberà era el cap del departament. A finals dels vuitanta ja havíem fet doctorats als Estats Units una bona colla, i molts anàvem tornant. El curs acadèmic 1989-1990, al mateix temps que jo, s'hi van incorporar tres companys més acabats de doctorar als Estats Units. Andreu Mas-Colell, que de Minnesota havia passat a Berkeley i després a Harvard, era un far per a tots nosaltres. En Salvador també havia fet el doctorat als Estats Units, però ell no s'hi havia quedat. Havia tornat, primer per anar a Bilbao i ara a l'Autònoma, però això no li havia impedit seguir fent recerca de primera i que la seva feina assolís un gran reconeixement internacional. Ell era la demostració vivent que des de les nostres pobres universitats era possible bastir una trajectòria de recerca brillant. En Salvador, per tant, liderava el front de l'interior, a la trinxera de les universitats catalanes. En aquell moment vam començar a plantejar-nos: per què no muntem aquí un doctorat com els dels americans, ara que ja en som uns quants que sabem de què va tot això? No tot havia de ser només enviar gent a fora a fer doctorats. Per què no començar també a rebre gent que els volgués fer aquí? Però no ho vèiem clar. L'endogàmia era el nostre gran enemic: l'endogàmia universitària genera comunitats acadèmiques tancades, intel·lectualment poc oxigenades, plenes de clientelisme. Havíem d'evitar el model tradicional segons el qual qui estudiava a l'Autònoma feia el màster a l'Autònoma, feia el doctorat a l'Autònoma i acabava sent professor a l'Autònoma. Per fer-ho ens vam posar tres condicions: primer, el doctorat havia de ser obert i internacional. Segon, havia de ser en anglès. Des del primer dia. Els catalans i els espanyols serien ben rebuts, però aspiraríem a atreure estudiants de tot arreu. No volíem restringir-nos als estudiants hispànics. Tercer, no contractaríem els nostres doctors. Encara que fossin boníssims, no ens els quedaríem, els ajudaríem a cercar feina al mercat acadèmic internacional. I ens vam posar a la feina. En Salvador es va moure per aconseguir uns quants diners per al projecte. No gaires, no era gens fàcil persuadir els possibles mecenes. I vam engegar l'IDEA (International Doctorate in Economic Analysis). En el projecte IDEA cristal·litzà tota l'etapa anterior de formació de gent nova i de regeneració de valors. Valors d'internacionalisme, qualitat i no endogàmia. Des del curs 1990-1991 s'hi han format més de cent doctors, que estan treballant arreu del món. Durant els primers anys el va dirigir en Salvador i jo vaig ser la segona directora. No era fàcil, anàvem absolutament a contracorrent. Hi vaig deixar la pell fent una feina que no lluïa gaire.

Mentrestant, seguia batallant amb la recerca. Vaig anar fent progressos, però bastir una trajectòria de publicacions em va costar molt. Als vint anys, als trenta anys, és quan més necessites gent que t'assenyali el camí. «Jo vull anar cap allà.» «Doncs, mira, s'hi va per aquí.» Això és crucial. Quan al món professional on entres no trobes dones en posicions de lideratge, et dius: «Doncs seguirem el ramat d'homes». I, és clar, ells ho fan diferent i les dones ens encallem. El que passa és que en el moment en què ho estava fent aquesta reflexió no podia ni pensar-la. Perquè, si ho verbalitzava, l'única resposta era que m'estava buscant excuses. Potser és per tot això que després he procurat ser una bona mentora per a altres dones que s'han anat incorporant a la nostra professió. I penso que ho he estat. Jo he reclutat moltes dones per als equips que he dirigit. I crec que les he ajudat molt. Com que ells s'ajuden entre ells, nosaltres, les dones, ens hem d'ajudar entre nosaltres. Les xarxes estan segregades per gènere. Això és així, perquè les afinitats tenen molt a veure amb els estils de comunicació. L'any 1991 va néixer en Jordi, el nostre segon fill. Bastir una carrera acadèmica sent dona, criant dos fills, sense cap mentora que m'assenyalés el camí, no va ser fàcil.

Em va ajudar que de tant en tant, amb en Toni i els nens, fèiem una escapada llarga i em podia concentrar més en la recerca. A part de fer recerca, el gran objectiu de les nostres escapades era que els nens anessin a escola en llocs diferents, que creixessin amb la ment desperta i oberta i aprenguessin bé l'anglès. El curs 1993-1994 vam anar a San Diego, a Califòrnia. En Jordi ja tenia dos anys i mig, però no parlava, era un nen mut. Era un nen molt feliç, però no deia res. Fins que un dia va arrencar a parlar en català i en anglès alhora.

Califòrnia em va agradar. Als anys noranta, el sud de Califòrnia era una societat molt relaxada, de platja i surf. Vivíem en un piset d'un complex que acollia molta altra gent de la Universitat. Feia molt bon temps i els nens ho passaven molt bé jugant i nedant a la piscina amb els altres nanos del veïnat. En Jordi va anar a una guarderia de la First Baptist Church, on tenien una gàbia amb una taràntula enorme.

L'estiu del 1997 el vam passar a la Universitat de Cornell, al nord de l'estat de Nova York. Després de les setmanes de feina vam fer un viatge en cotxe fins a les Rocoses. Vam conduir fins a les Boundary Waters, la zona de llacs que hi ha a la frontera de Minnesota amb el Canadà, i vam fer uns dies de travessa amb canoa. Una tarda que érem tots quatre fent travessa dalt de la canoa, mentre en Toni i en Guillem remaven, jo aguantava la canya de pescar d'en Guillem, sense cap esperança de capturar res, ho reconec. Però de sobte va mossegar l'ham un peix enorme, immens. Hi va haver una gran excitació entre la tripulació de la canoa. L'alegria de la concurrència feia trontollar la barca i posava en perill els sacs i farcells amb l'equipatge per fer acampada, que no van anar a l'aigua pels pèls. Quan va ser l'hora de recargolar el fil amb el rodet per treure el magnífic exemplar de l'aigua, no vaig saber com fer-ho, em vaig atabalar i se'm va escapolir. En Guillem i en Jordi es posaven les mans al cap. Quina decepció! A partir d'aleshores vaig quedar relegada al rem i els nois es van concentrar en la pesca, però no va picar mai més cap altre exemplar d'aquelles dimensions. Pocs dies després vam seguir el viatge fins a Yellowstone. Vam acampar a la vora d'un riu, i en Guillem va tornar a tirar la canya. Aquell dia sí, va capturar una truita magnífica. Recordo la imatge esplèndida del moment. El sol, que ja es ponia, es reflectia sobre el riu i donava una llum màgica a l'escena. En Guillem, feliç i estarrufat, cridava excitat mentre cargolava el rodet amb perícia per recollir el fil i treia de l'aigua un peix resplendent d'argent tornassolat.

El curs 2000-2001 el vam passar a Toronto, al Canadà. Vam intercanviar el nostre pis de Sant Cugat per la casa d'un professor català que passaria un any a Barcelona amb la família. La casa on vivíem era al barri de High Park, a l'oest de Toronto. És un barri de classe mitjana, cases unifamiliars, carrers tranquils, bona gent. Els nois anaven a escola al veïnat i amb tot un any escolaritzats van fer molts progressos. A Toronto hi fa un hivern llarg i cru. No és Minnesota, però déu-n'hi-do. Va nevar molt. Vam aprofitar per practicar l'esquí de fons i el patinatge sobre gel. En Jordi fins i tot es va apuntar a jugar a hoquei sobre gel. Després de cada nevada sortia a jugar amb els seus amics del veïnat. Feien ninots de neu i curses de trineus i tornaven a casa ben xops. La neu és molt bonica i dona alegria als jocs dels infants, però el fred cansa. Ens vam atipar de passar la pala per treure la neu de davant de casa.

La Universitat de Toronto és al centre de la ciutat. Per anar a treballar em desplaçava en metro, mitja horeta d'anada i mitja horeta de tornada cada dia. El viatge era silenciós i sense congestió, i tinc molt bon record de les lectures que feia al metro. Em vaig aficionar molt a llegir assaig de divulgació científica. Recordo especialment la lectura d'*El gen egoista* de Dawkins. A la meva vida hi ha un abans i un després de llegir aquest llibre. Vaig encaixar moltes peces. Jo em sentia com incòmoda amb la humanitat, o enfadada, o fins i tot culpable que el món no fos millor. Llegint *El gen egoista* em vaig mig reconciliar amb els humans i vaig entendre millor la inevitable presència de la maldat. El llibre explica que la unitat d'acció a la natura no som les persones i la nostra consciència, sinó els gens. És un llibre que s'ha de llegir. Va amplificar encara més el meu escepticisme: hi ha coses que no poden ser. Però també em va fer més tolerant. No deixa de ser un llibre de ciència popular, així que suposo que qualsevol que en sàpiga una mica d'aquest tema se'n riurà, dels meus comentaris.

L'any d'immersió al Canadà em va servir per apreciar molt aquest país, que fins aleshores havia ignorat, pensant, com fa tothom que s'ho mira de lluny, que era molt semblant als Estats Units. Però és ben diferent. Es nota l'empremta colonial britànica en moltes coses; per exemple, en l'estil força encarcarat de les elits. És una societat d'aparença menys vibrant que l'americana, però, al mateix temps, han estat capaços de desenvolupar un estat del benestar i unes institucions polítiques més dúctils, adaptables i avançades que els seus veïns del sud. Em va semblar un país exemplar en molts sentits. Trobo que han assolit una síntesi molt interessant entre els estils de vida dels Estats Units i Europa.

De petits, en Guillem i en Jordi van anar a l'escola que hi ha al campus de Bellaterra. Era una bona escola. Tenia un equip de mestres molt cohesionat, estaven molt motivats. Jo potser hauria volgut que fossin una mica més exigents acadèmicament, però no em puc queixar, feien molt bona feina. Què és l'important, per a una bona educació? Aprendre a llegir, escriure, sumar i restar. Vull dir tenir recursos per cercar coneixements, fer-se preguntes, gaudir dels referents que ens han deixat els que ens han precedit, saber expressar-se i comunicar i tenir les eines per pensar amb rigor. S'ha de saber pensar. Això és molt important. No fotem! Crec que l'educació clàssica tenia moltes virtuts i entenc que el món està canviant i que els referents morals i culturals van variant, però cal educar la gent en l'esforç i l'autoexigència. Això demana saber motivar en positiu els infants, però també saber dir que no i saber posar límits. I cal que qui posa límits ho faci amb criteri i consistència. Per a això cal que la gent que es dediquen a l'educació estiguin molt ben preparats, i no tothom ho està.

És molt important que els infants creixin aprenent a tenir una personalitat que s'aguanti sola. Sense dependències emocionals. I a les famílies d'ara, com que són tan petites, hi ha uns nivells de possessió dels pares cap als fills, i dels fills cap als pares, molt bèsties. Generen individus molt més febles des del punt de vista emocional, moral i ètic. A les famílies d'abans, quan érem molts germans, ningú, ningú, perdia gaire el temps amb nosaltres. Si et feies una rascada, anaves al lavabo i te la rentaves tu sola. No anaves a plorar perquè t'hi posessin una tirita. Anaves per feina i ja t'ho feies tu. De compartir n'apreníem sense teories de la justícia, amb la pràctica. Pots tenir fills independents i ser estimat. L'amor no és control ni dependència. Justament l'amor és oferir al nen eines perquè s'espavili. I una part d'això és no estar patint, perquè, és clar, el problema al final és aquesta possessió malaltissa. Amb els fills has de deixar que caiguin perquè aprenguin a aixecar-se.

Amb en Toni ens agradava anar a caminar, i des que els nois eren ben petits sortíem a fer excursions regularment. Passàvem les vacances al Pallars Sobirà i els nois van créixer estimant la muntanya. Quan en Guillem tenia deu anys, a Sant Cugat es va posar en marxa l'escola d'excursionisme del Club Muntanyenc i de seguida hi va voler anar. En Jordi també hi va ha anar així que va ser prou gran. Feien sortides els caps de setmana i campaments llargs a l'estiu, amb travesses força serioses pel Pirineu. L'excursionisme és molt sa i ajuda a construir l'esperit. Va ser un puntal per a l'educació dels nostres fills.

Així que va ser prou gran, en Guillem va començar a sortir tot sol amb els seus amics. Pujava muntanyes i feia tota mena d'activitats a la natura. Darrere l'excursionisme va venir l'escalada en roca i l'alpinisme als Alps. Cada vegada feia més coses. No ens va passar mai pel cap dir-li que no. Amb setze anys se'n va anar a escalar Montserrat amb les cordes. Anava amb gent que en sabia més que ell. Amb dinou se'n va anar al Brasil a passar-hi uns mesos amb un programa d'intercanvi de la universitat. Les últimes setmanes, després de l'estada d'estudis, va fer un viatge tot sol. Va anar a Rio, a l'Iguaçú, al Paraguai i a no sé quants llocs més. Vam passar unes quantes setmanes sense saber on era, li vam perdre la pista. En Jordi va seguir l'exemple i és també un escalador i un alpinista entusiasta.

No sé si als fills els traspassem el caràcter. És clar que alguna cosa els traspassem. És una pregunta que els científics encara no han sabut respondre: quin tant per cent traspasses genèticament, biològicament, i quin tant per cent traspasses amb la teva manera de fer, amb la socialització. Per sort, però, no hi ha dos fills iguals.

De petit, en Jordi era un nen que quan parlava tots l'escoltàvem. Té carisma. En Guillem era diferent, més tímid, més introvertit. Tenia

Hem fet el cim, Jordi i Guillem, 2009

Guillem a Montserrat, 2008

els seus amics, però en Jordi era més sociable i popular. Mentre que en Guillem sabia de ben menut què li interessava i on volia anar, en Jordi sempre va ser més indecís. Va acabar estudiant Arquitectura. Ara és arquitecte, però també ha treballat com a fuster, i escriu. De fet, és una mica de tot, i bé que s'espavila. Perquè s'espavilen.

No tot és previsible, a la vida. Moltes vegades és una sort, perquè els fills et donen moltes alegries imprevistes. Altres vegades et donen disgustos. I dol. El maig del 2011 se'ns va morir en Guillem. Tenia vint-i-cinc anys. Em costa molt parlar-ne, però ho provo. Hi ha criatures que tenen força interior. Els veus que van sols i l'únic que has de fer és deixar que facin la seva: que vols anar cap aquí, doncs apa, cap aquí. En Guillem sempre va tenir molt clar que volia estudiar Biologia. Jo a vegades li deia: «Home, una mica més de matemàtiques, Guillem». Però a ell no li interessaven les matemàtiques. Va estudiar Biologia amb molt bones notes. En Guillem se'n va anar a estudiar el doctorat de Biologia als Estats Units, a la Universitat d'Emory, a Atlanta, després d'una temporada en un laboratori de biogenètica del Parc Científic, a l'Hospital del Mar. Era el mes d'agost del 2010. M'havia separat d'en Toni l'any abans. El mes d'octubre jo tenia una reunió a Nova York, i vaig agafar un vol a Atlanta per veure'l. Vam passar un parell de dies junts, però ja no es trobava gaire bé i el vaig acompanyar al metge. Ja me'n vaig anar amb angúnia. Al cap de quinze dies em va trucar i em va deixar un missatge: «Truca'm, és molt urgent». Vam fer un Skype: «Tinc un càncer». Era un càncer que havia començat a la base del nas, s'havia escampat cap al coll i ja era al cervell. Vaig agafar el primer avió, l'endemà al matí, cap a Atlanta. Vam començar la ronda de metges a l'Hospital de la Universitat d'Emory, a veure què s'havia de fer. Si s'havia d'operar, si no s'havia d'operar... En Toni també va venir. En Guillem s'ho havia agafat amb molt coratge i feia el cor fort, però quan vaig veure la cara que feia el metge mentre se'l mirava ja em vaig adonar que la cosa pintava molt malament. El van operar l'endemà del dia d'Acció de Gràcies. Va ser una operació molt bèstia, de moltes hores. Els metges americans van tenir un tracte molt fred. Molt. De fet, després del dia de l'operació, el cirurgià que el va operar ja no el vam veure mai més. Va fer la feina, ens va fer una descripció de com havia anat molt freda i científica i se'n va anar.

Va ser un Nadal dur, perquè després de l'operació es va trobar molt pitjor que abans. L'havien remenat per tots costats i tenia el cap i el coll ple de punts i de ferides. Van venir en Jordi, la meva germana Berta amb el seu home i els fills i uns amics d'en Guillem i vam fer el que vam poder. Després de Nadal es va tornar a trobar molt malament. El vam haver d'ingressar d'urgències. Va ser la primera vegada que ens va atendre un metge una mica empàtic. Jo ja vaig entendre que allò s'estava acabant. No en vam parlar mai obertament. Ni amb ell ni amb en Toni ni amb en Jordi. Però jo ho vaig veure clar.

Vaig parlar amb la gent de Barcelona. Què havíem de fer? Vam decidir portar-lo a Barcelona. Hi vam arribar la vetlla de Reis. Li van donar la primera dosi de quimioteràpia aquella mateixa nit, al Clínic. Allà sí que els metges van ser molt més propers. Amb la primera sessió de quimioteràpia, va millorar una mica. Estava cansat, dormia molt, feia vida de malalt. Mirava pel·lícules, el venien a veure els amics, passejava una mica... De seguida t'acostumes a la vida de l'hospital de dia d'oncologia on vas a fer la quimioteràpia. És bèstia per la normalitat que agafes. Vas allà, les infermeres et coneixen, són molt amables, et saluden amigablement encaixant-te quan hi arribes: «Hola Guillem, passa, passa». Fan bromes, els pacients els segueixen el joc. És tot molt poc solemne... per sort.

«També li farem radioteràpia», van dir els metges. Li havien de fer una gorra, com una mena de casc, i primer calia prendre-li les mides. Però al cap d'uns dies la doctora que ho havia de fer ens va cridar a en Toni i a mi i ens va dir: «No, això ja no ho farem». Estava tot perdut. Ja no calia. Recordo molt bé aquesta doctora i el seu gest. Vam anar fent les sessions de quimioteràpia fins al mes de maig i aleshores va empitjorar molt. En pocs dies va empitjorar molt. Després de les últimes sessions ja tenia un dèficit neurològic molt clar, quasi cognitiu, en algun moment. A estones li costava parlar.

Crec que en Guillem ho sabia, que s'estava acabant. El 5 de maig el vam ingressar al Clínic i ja no vam sortir-ne. S'hi va estar sis dies, morint-se. I ja està. Es va acabar. Amb vint-i-cinc anys.

L'acte de comiat va ser multitudinari. La mort d'una persona tan jove causa una immensa commoció. Evidentment va ser un terrabastall molt bèstia per als seus amics i per a tota la família, i, de retruc, per a moltíssims altres amics, parents i coneguts. A la vetlla va venir tanta gent que alguns ni me'n recordava que existien. Molta gent que feia molts anys que no veia, i que no he tornat a veure mai més. Aquesta part, en realitat, és més fàcil de viure que tota la resta. Les primeres setmanes es reben molts condols i mostres d'interès. Hi ha molta gent que mira de fer-te costat, que intenta donar-te un cop de mà, però no poden. No poden. I després ve la part més difícil. Després, quan han passat unes setmanes, uns mesos, la vida torna al seu curs i tothom torna al *life is as usual*. Però tu no; tu no hi tornes mai més. Vaig tornar a fer vida d'aparent normalitat quotidiana al cap d'unes quantes setmanes: anar a treballar, fer això, fer allò. Però la normalitat no torna mai més. En Jordi tenia vint anys, quan va morir el seu germà. Encara era una persona a mig fer, molt tendra, i va quedar molt afectat. Ell tampoc no va poder tornar al *life is as usual*.

Tenint en compte el cop tan dur que arriba a ser la mort d'un fill, crec que ho he viscut amb força salut mental. Durant els sis mesos que vaig tenir en Guillem malalt a casa, vaig haver de prendre pastilles per dormir. Després vaig seguir-ne prenent un parell de mesos més, i llavors les vaig deixar. No les necessitava. Com que vaig anar tirant sense medicació em va semblar que... en fi, que la cosa funcionava. Però potser m'hauria convingut buscar ajuda psicològica professional. Primer estàs tan afectat que no et veus amb cor ni d'això. Ni de parlar-ne amb un metge. I després dius: «Bé, estic funcionant, oi?». T'aixeques i tic, tac, toc: «Entesos, tinc tots els ossos al lloc, oi? Doncs va, tira!».

I, al cap de sis mesos, patapam!, es va morir de sobte Emili Lledó, el meu cunyat. El marit de la meva germana Anna Maria. En Guillem es moria al maig i l'Emili va morir a l'octubre. L'Emili era un puntal de la família. Ell i la meva germana vivien al pis on havíem viscut de petits, al carrer de Còrsega, a tocar del Clínic. Durant la malaltia d'en Guillem passàvem moltes hores a casa seva i ells ens havien fet molt costat. L'endemà que morís en Guillem i els dies posteriors els vaig passar a casa seva. Jo me l'estimava molt, l'Emili. Era diabètic des que tenia divuit anys, però es cuidava molt, tenia molt bona salut, era molt esportista, molt atlètic, navegava i feia de tot. Va tenir un infart navegant al Port Olímpic. Quan el van treure del mar ja era mort. Va ser un xoc terrible. Un altre. Octubre del 2011, sí. Va ser un any molt bèstia, el 2011. La tardor de l'any següent me'n vaig anar a treballar a la Universitat de Georgetown, a la capital dels Estats Units. Tenia ganes d'escampar la boira.

X

De nou rodant pel món

How does it feel, how does it feel,
To be on your own, with no direction home,
A complete unknown, like a rolling stone?[1]

BOB DYLAN, *Like a rolling stone*

Para além da curva da estrada
Talvez haja um poço, e talvez um castelo,
E talvez apenas a continuação da estrada.[2]

FERNANDO PESSOA, *Poemas de Alberto Caeiro*

1. «Què et sembla, ara? Què et sembla / la solitud, no tenir rumb ni sostre, / estranya que rodoles com un còdol?»

2. «Més enllà del tombant del camí / hi ha potser un pou, i potser un castell, / o potser tan sols continua el camí.»

La tercera part de la meva vida professional, més o menys, l'he passat a l'estranger. Han estat quinze anys fora de Catalunya: set anys de doctorat, un any a Califòrnia, un any a Toronto i un any a Washington. A Escòcia, a St Andrews, n'hi he passat cinc, i, d'aquests cinc, dos i mig són d'exili. La diferència entre viure a l'estranger i viure a l'exili és que ara no puc tornar a casa. He viscut a molts llocs i a tot arreu m'ha semblat que hi havia coses interessants, però casa meva és a Barcelona. Per això anava i venia, cosa que ara no puc fer. Soc conscient de les mancances que tenim com a col·lectiu, els catalans. I dels defectes de Barcelona. Però estimo Barcelona, m'agrada molt.

El curs acadèmic 2012-2013, amb cinquanta-cinc anys, el vaig passar a la Universitat de Georgetown, a la capital dels Estats Units, Washington. Quan feia pocs mesos que havia mort en Guillem, durant la tardor del 2011, es va convocar el concurs per cobrir la càtedra Príncipe de Asturias i m'hi vaig presentar. Tenia un currículum amb prou mèrits per aspirar a la plaça i vaig fer una proposta docent molt bona, però pensava que era molt poc probable que em seleccionessin. La càtedra està adscrita a un centre d'estudis europeus molt enfocat als estudis sociològics i polítics, i no havien seleccionat mai un economista. Contra tot pronòstic, vaig guanyar el concurs. Crec que als de Georgetown els feia il·lusió que per fi hi anés una dona. I que, a més, fos algú familiaritzat amb el sistema universitari americà i que els podia garantir una docència de qualitat en anglès; sembla que uns quants dels meus predecessors tenien dificultats per fer classes en aquesta llengua.

La càtedra s'havia creat després que en Felipe fes un màster d'Afers Internacionals a Georgetown. Endesa havia fet una aportació al fons patrimonial de la universitat per posar-la en marxa i la universitat pagava la meitat dels costos del contracte del professor amb el rendiment d'aquest fons patrimonial. L'altra meitat la retribuïa directament la Fundación Endesa.

Quan ja em faltaven poques setmanes per marxar cap a Washington em va trucar Jesús de Miguel. El senyor De Miguel —que havia ocupat la plaça en els seus anys inicials i actuava com el factòtum d'una informal «Hermandad de Catedráticos Príncipe de Asturias»— em va convidar a dinar per «orientar-me». D'entrada em diu:

—*Clara, ¿ya te has reunido con el príncipe?*

—No. Ningú no m'ha dit que m'hi hagués de reunir.

Com que a ell li semblava imprescindible la reunió, es va encarregar de moure els fils per concertar-la i pocs dies després es posà en contacte amb mi una persona de la casa del príncep per demanar-me que hi anés. Així que ja em tens dalt del tren cap a Madrid. Em van enviar un cotxe que em va recollir a l'estació i em van portar a La Zarzuela, on, evidentment, no havia posat els peus en ma vida. Impressiona una mica, el parc del Pardo. És molt pelat, no és la Sierra encara, no hi ha bosc, i recorda una mica la sabana africana. Això de *pardo* és molt descriptiu, és de color caqui d'uniforme militar. Pocs arbres i tot ben ple de cabirols. A l'entrada hi ha un control de la Guàrdia Civil, i, un cop passat, encara cal circular uns tres o quatre quilòmetres per dintre del puto Pardo aquest d'en Franco fins que no arribes al palau. Un cop allà em van deixar en una mena de sala d'espera amb una decoració molt rància i al cap d'una estona em van fer entrar al despatx del príncep. I ja em tens a mi i en Felipe despatxant.

Érem al juliol del 2012. Havien passat dos anys de la sentència del Constitucional sobre l'Estatut i de la gran manifestació del 10 de juliol de 2010. Les enquestes ja deien que l'independentisme estava pujant molt. Era el moment de la crisi del deute. Primer vam estar parlant de la crisi econòmica i de la corrupció. Recordo que en un moment determinat li vaig dir: «Què ha passat? Doncs un fracàs clamorós de les elits, que han fallat per tots costats». Cap al final de la conversa va treure el tema de Catalunya. Acabava de sortir una enquesta que detectava que el suport a l'independentisme rondava el 40%. Jo vaig ser discreta, no em vaig mullar gaire, però li vaig dir: «Home, mira, la gent no està gens contenta perquè el Tribunal Constitucional ha fulminat l'Estatut. Si el Constitucional ens diu als catalans que l'Estatut no és constitucional ni després de passar pel ribot del Congreso; si ens diu als catalans que no tenim espai dins la Constitució, doncs potser és que no n'hi ha. Això no vol dir necessàriament que els catalans no et vulguin a tu com a rei, però tu t'ho hauries de guanyar ajudant a resoldre el problema». Valga'm Déu, que innocent que era jo!

Vaig ser molt mesurada. A mi en aquell moment el xicot no em va fer mala impressió, ho confesso. Vaig pensar que estava ben informat. Vam estar una hora parlant i va ser molt ben educat, molt amable. Quan vam sortir va fer una brometa sobre com s'estimava les seves dues nenes. Tenia una foto immensa de totes dues a l'entrada del despatx. Estan molt ben entrenats per a aquest tipus de trobades. En acabat va venir un fotògraf i ens van fer la foto. Deuen retratar tothom que passa per allà, suposo. Fa gràcia, semblem sant Joan i la carbassa, jo li arribo justet una mica per sobre de la cintura. Després d'això no vam tenir més contacte.

Quan em van donar la càtedra no sabien que s'estaven ficant l'enemic a casa? Segurament van badar, van deixar fer la selecció als professors de Georgetown amb algun funcionari innocent del Ministeri. Si ho haguessin volgut saber, no els hauria costat gaire detectar que jo era una *indepe* perillosa.

Vaig arribar a principis de setembre i em vaig instal·lar en un piset al costat de Dupont Circle, un barri prou agradable i cèntric. De casa meva a la universitat hi podia anar a peu o en bici. Feia una vida prou simple i agradable. Washington és força provincià, comparat amb Nova York, però també és més còmode per viure-hi. Hi havia cinema, hi havia música... I podia anar sovint a Nova York i a Princeton a veure amics.

Quan tot just feia quatre dies que havia arribat a Georgetown, l'Onze de Setembre del 2012, l'ANC va convocar una gran manifestació amb el lema «Catalunya, nou estat d'Europa». Jo vaig veure la manifestació per internet. Va ser impressionant. Algú de la cadena de televisió Al-Jazeera va trucar a Georgetown per demanar-me si volia anar a un programa que havien de fer per parlar-ne. Vaig acceptar la invitació i vaig aparèixer en un debat que duia per títol «What's going on in Catalonia». Hi intervenien també Alfred Bosch i un antiindependentista paramarxista que havien trobat a no sé quina universitat del Canadà. Aquell dia vaig ser extraordinàriament ponderada: «Sí, els catalans tenen una història i uns drets, aquests drets no són respectats...». Durant el juliol del 2012, abans d'anar cap a Washington, no recordo amb precisió si abans o després de la visita a La Zarzuela, havia col·laborat amb la Fundació Catdem, que aleshores encara dirigia Agustí Colomines, participant en un vídeo sobre dèficit fiscal. La meva intervenció en aquest vídeo perillosíssim i consistia a informar l'espectador que el govern espanyol es resistia a fer públiques les dades d'ingressos i despeses territorialitzades que permeten fer els càlculs de les balances fiscals.

El cas és que va arribar a orelles de l'ambaixador d'Espanya a Washington que la catedràtica Príncipe de Asturias havia sortit en un vídeo sobre el dèficit fiscal i havia defensat el dret d'autodeterminació en un programa de la cadena de televisió Al-Jazeera. L'home es va enfadar molt i va aixecar la llebre a Madrid: «Què passa, que m'heu enviat una separatista a la càtedra Príncipe de Asturias?». I aleshores van començar a furgar i a moure's per bloquejar la renovació del meu contracte.

El meu cap de Georgetown, el professor Jeffrey Anderson, estava encantat de la vida amb mi. Vaig impartir un curs que es deia «Strategy, politics and economics», una introducció a la teoria de jocs per als estudiants del màster d'Estudis Europeus. Era un curs introductori on hi assistien una vintena alumnes. També en vaig fer un altre de més centrat en l'actualitat, en aquells moments Grècia

Visita a La Zarzuela, juliol del 2012

estava petant, que es titulava «Crisis in Europe». Els estudiants estaven contents amb les classes i l'Anderson volia de totes totes que m'hi quedés un altre any: «Sí, sí, Clara, et renovem el contracte». Però quan va voler formalitzar l'extensió del contracte, la gent del Ministeri callava. No hi havia manera que li donessin una resposta. Per Nadal vaig anar a Barcelona i quan hi vaig arribar em van trucar els de la Fundación Endesa: «*Clara, ¿puedes venir mañana a Madrid?*». Això era el 23 de desembre i em van fer anar a Madrid el dia 24.

Quan vaig arribar a la seu del carrer Serrano, els directius de la Fundación em van dir:

—*Clara, los vídeos, los vídeos. ¡Por favor, Clara, los vídeos! Que no se repita.*

—Ah, bé, entesos, no faré més vídeos, no patiu.

Però ja vaig veure que el contracte no es renovaria. L'ambaixador ja havia posat el veto: «*¡Esta fuera! ¡Queremos a otro!*». Els ministres Margallo i Wert van donar les ordes pertinents, els jerarques del Ministeri d'Educació van bloquejar la renovació del contracte i Georgetown ho va acceptar.

Se suposa que Georgetown defensa la llibertat de càtedra, i, per tant, els hauria d'haver posat a lloc. Però Georgetown és una universitat de l'establishment, i les universitats de l'establishment es dobleguen a l'establishment. I ja a està. Es van doblegar. Punt. Com també es va doblegar el gener del 2019 la London School of Economics el dia que l'ambaixador espanyol a Londres els va pressionar exigint que canviessin el programa d'una conferència que havíem de fer amb Aamer Anwar, el meu advocat escocès. L'ambaixada els va pressionar, i ells van canviar el programa que tenien compromès amb mi des de feia mesos; van afegir-hi un altre ponent, un espanyol de la corda de l'ambaixador. L'establishment és l'establishment, i mentre nosaltres no ens imposem i no passem a formar part de l'establishment, no podem esperar que les institucions acadèmiques o de la mena que sigui actuïn per defensar-nos.

Per a mi l'episodi de Georgetown va ser revelador: vaig adonar-me que Espanya estava en guerra amb nosaltres. Ells ho tenen claríssim.

Cada vegada que algú s'exclama perquè ens han fet això o allò altre, «Oh, quin escàndol! Això és intolerable!», em venen ganes d'escanyar l'escandalitzat. Per favor. És clar que ens han fet això i que ens faran tot el que puguin. Tot el que puguin. Tot el que els deixem fer.

L'estiu del 2013, quan feia molt poc que havia tornat de Georgetown, va morir el meu pare. Tenia vuitanta-vuit anys. Va estar en molt bona forma fins poques setmanes abans de morir. Anava cada setmana a la piscina de Montjuïc i a Arenys seguia nedant llargues distàncies. Amb la mare feien una vida molt activa. Anaven a concerts i al teatre, amunt i avall amb el pare conduint el seu Citroën, fins que un dia li vam haver de dir: «Escolta, papà, ja no pots conduir més!». L'única que no notava que era un perill conduint era la meva mare, que portava tota la vida asseguda al seient del copilot. El van ingressar a l'hospital per un problema que no semblava gaire complicat. No teníem gens la sensació que s'estigués morint. Jo vaig anar a visitar-lo a l'hospital, el vaig afaitar —«Papà, que no vas ben afaitat»— i l'endemà era mort. El meu pare era tan ben educat, tan considerat, que potser va pensar: «Saps què?, aquí ja començo a fer nosa, plego». El meu pare i la meva mare, en bona part per afinitat familiar amb en Raimon, havien estat molts anys simpatitzants molt actius del PSC. Com tants altres socialistes catalanistes, però, van anar perdent la il·lusió. I com tants altres catalans, amb el sainet de l'Estatut, el pare es va fer independentista. El 10 de juliol de 2010 ens vam trobar per casualitat a la manifestació per protestar contra la sentència del Tribunal Constitucional, entre un milió de compatriotes que cridaven independència. La cantonada de Balmes amb Provença era tan plena que no vaig poder trobar-me amb cap dels amics amb qui havia quedat. I, de cop i volta, patapam!, ensopego amb el meu pare. Va ser molt bonic compartir amb ell l'alegria de constatar que el país era ben viu; molt més viu del que ens pensàvem. La manifestació no podia avançar, estàvem encallats, gairebé ens ofegàvem, era perillós. Després d'una estona sense moure'ns de lloc, el vaig convèncer que aquell dia ell ja havia fet prou i el vaig acompanyar al tren de Sarrià per pujar cap a casa.

El pare es va involucrar molt activament en la revifada de l'independentisme que va seguir i va ser fundador de l'ANC. Probablement era una de les persones més grans d'entre totes les que van assistir a l'assemblea fundacional a Tarragona. «Aquesta noia, la Carme Forcadell, és magnífica!», em deia. Josep Ponsatí Capdevila era molt fan de Carme Forcadell.

Jo em vaig fer sòcia de l'ANC poc després de la seva constitució, però no era activa com ho era el meu pare. Naturalment, vaig participar en la cadena catalana i a la ve baixa i vaig anar a votar a la consulta del 9-N. Seguia amb molt d'interès l'actualitat, però no era una activista. A la primavera del 2016 hi havia eleccions al secretariat de l'ANC. Un grup de gent que no coneixia de res es van posar en contacte amb mi i em van animar a presentar-m'hi. M'hi vaig presentar i vaig treure molts vots. El reglament de l'ANC és molt complicat i posa moltes traves en períodes electorals. El resultat és que la gent que ha de votar no acaba de saber qui són els candidats. En el meu cas, com que amb l'episodi de Georgetown durant uns quants dies, en l'entorn independentista, es va parlar de mi, era una mica més coneguda que altres candidats. Suposo que el grup de gent que m'ho va proposar també em van buscar per això. Vaig dir que sí de seguida perquè a mi em va la marxa. Em va fer gràcia, era una oportunitat de tornar a fer activisme. No havia fet activisme des que tenia vint anys. Vaig pensar que tornava a ser hora. Si hi creus, doncs va, fes-ne.

Quan vaig entrar al secretariat de l'ANC l'estiu del 2016 era el moment en què començava a fer forat el debat del referèndum, però un cop al secretariat de seguida vaig veure que era una organització amb una gestió molt complicada. L'ANC té un reglament molt estricte que ho regula pràcticament tot i dona molt poc marge a la presidència per crear-se un equip. Tot està fiscalitzat pel secretariat, però al mateix temps el secretariat tampoc no té competències per delegar grans coses. És realment un sistema molt encarcarat, ningú es refia de ningú i es perd molt de temps en discussions absurdes. A més, hi ha moltes reunions. I jo no suporto les reunions. Em vaig trobar en plena guerra entre Jordi Sànchez i Liz Castro i els respectius entorns. Aquesta lluita tenia una derivada: qui tenia el control dels llocs de treball. A l'ANC hi ha molta competència sobre qualsevol cosa: si muntes un acte, per exemple, per si els altaveus te'ls posa l'empresa dels uns o l'empresa dels altres; si fas una samarreta, per si l'encarregues aquí o allà. Hi havia un nivell de mesquinesa important. Totes aquestes misèries a mi no m'interessaven gens. Tant se me'n donava, si les samarretes les feien els uns o els altres i a qui encarregàvem els equips de so i els escenaris. I que consti que l'últim que voldria és jutjar ni els de la Castro ni els d'en Sànchez ni ningú, perquè en aquest tipus de misèries es fàcil trobar-s'hi embolicat sense voler.

A l'època que hi vaig ser jo, el debat era tan confrontat que no tenia cap contingut polític. Bàsicament havies de saber qui són els meus i qui són els que no són els meus. Aplaudeixo els meus, i els que no ho són, no. Era bastant trist. La posició de Jordi Sànchez, per no emmerdar-se, era posar distància i fer com que no hi era. A les reunions ell s'asseia al fons de la sala, s'ho mirava de lluny, no participava en la discussió i després anava a la seva bola tant com podia. Així vaig conèixer Jordi Sànchez.

Vaig ser al secretariat de l'ANC una mica més d'un any, fins que em van fer consellera i vaig dimitir *ipso facto* perquè ho requeria el reglament. Hi vaig entrar la primavera del 2016 i vaig sortir-ne l'estiu del 2017. Quan vaig veure com funcionava l'ANC, vaig tenir clar que allà no podria fer res útil ni rellevant. Vaig tenir una actitud molt d'observadora. Com que vivia a Escòcia, a més, hi anava molt poquet. Baixava algun cap de setmana de tant en tant, i quan era a Barcelona no em volia passar tot el dissabte tancada en una reunió de l'ANC observant com els companys del secretariat es barallaven per bestieses. A sobre les reunions són itinerants, cada mes van a un punt cardinal de Catalunya. Per això hi faltava cada dos per tres. Sembla que algú s'entretenia a comptar-me les faltes i van demanar que m'expulsessin. Jordi Sànchez ho va frenar, tot i que hi havia una norma que obligava a assistir a un mínim de reunions. Ho reconec, a mi les reunions em fastiguegen. Totes. Les polítiques, les no polítiques, les professionals... Si tens clar què vols fer, de seguida ho aclareixes; i, si no, no ho aclariràs. Estar-hi més estona no serveix per a res, i a l'ANC hi estàvem molta estona. La política a Catalunya no té nivell, ni formació ni rigor. Les discussions bizantines de l'ANC n'eren un bon mirall.

El gener del 2015 me'n vaig anar a treballar a la Universitat de St Andrews, a Escòcia. Em van fer una bona oferta econòmica i vaig pensar que valia la pena provar-ho per un parell o tres d'anys. Després m'hi he estat molt més temps. Hi he estat en dues etapes. Durant la primera, des del gener del 2015 fins al juliol del 2017, hi vaig fer de directora de l'Escola d'Economia. Era una feina molt exigent, però tenia flexibilitat i podia administrar-me el temps per anar cada dues o tres setmanes a Barcelona, on mantenia el despatx i diversos projectes de recerca a l'Institut d'Anàlisi Econòmica de Bellaterra. Aquesta primera etapa es va acabar el 14 de juliol de 2017, quan vaig entrar al govern de Catalunya i aquesta vida se'n va anar en orris. Vaig deixar temporalment la universitat per dedicar-me a la política. La segona etapa a Escòcia ja és en ple exili. Quan hi vaig tornar, el març del 2018, ja no podia anar i venir de Barcelona. Però la universitat m'havia guardat amablement la plaça i vaig poder retornar-hi després dels primers mesos d'exili a Brussel·les.

Vaig acceptar la plaça de catedràtica a St Andrews perquè, després del final abrupte de la càtedra de Georgetown abans del que estava previst, m'havia quedat amb ganes de rondar pel món. Tantes, que gairebé en lloc d'anar a Escòcia vaig a parar a la Xina, a Suzhou, una «petita» ciutat de sis milions d'habitants prop de Xangai. S'havia posat en contacte amb mi un *headhunter* que treballava per a una universitat participada per la Universitat de Liverpool i m'havia fet una oferta de treball. Quan ho va saber una amiga meva que treballava a St Andrews, Paola Manzini, em va dir: «Però què fas, Clara, considerant una oferta de treball a la Xina? Si estàs buscant feina, t'interessaria venir a St Andrews?».

Amb companys de St Andrews a la festa de graduació, juny del 2016

A St Andrews buscaven algú que fes de director de l'Escola d'Economia, perquè cap dels catedràtics no volia posar-s'hi. Ser catedràtic en una universitat com St Andrews és una feina molt bona. És millor que ocupar un càrrec administratiu, com el de directora de l'escola. Perquè fent de directora et paguen pràcticament el mateix i tens molts més problemes. Però per a mi va ser la manera d'entrar-hi, que no és fàcil. Un reclutament d'aquesta mena és un procés bastant llarg. Tot un any, en el meu cas, fins que no ens vam posar d'acord.

Quan hi vaig arribar, el gener del 2015, els directius de la universitat em van explicar que estaven molt preocupats pels resultats de l'enquesta de satisfacció dels estudiants, l'NSS (National Student Survey), a l'Escola d'Economia, que eren molt dolents. «I què és això de l'NSS?», vaig preguntar. Els va agafar un atac de pànic: «Aquesta senyora no sap que el més important que ha de fer és millorar els resultats de l'NSS? A qui hem fitxat?», deia la *proctor*. A St Andrews tots els directius tenen noms de Harry Potter. La *proctor* és com ara la vicerectora de docència; el meu cap era el *master*, i a la màxima autoritat li diuen la *principal*. Ràpidament em vaig informar i vaig fer propostes. «El que hauríem de fer és un pla d'estudis a l'americana», els vaig dir. Van tenir un altre atac de pànic. Però el vam canviar, sí. I les enquestes i la satisfacció dels alumnes van millorar de cop. Quan jo vaig marxar, estaven a dalt de tot dels rànquings.

St Andrews és una universitat amb sis-cents anys d'història —la butlla papal que va atorgar l'estatus d'universitat a la comunitat de St Andrews la va signar el 1413 a Peníscola Benet XIII, el papa Luna—. És una universitat de prestigi entre l'elit britànica, i, a més d'escocesos i anglesos, atrau molts estudiants europeus, americans i asiàtics. Es va fer molt coneguda entre els fills de l'elit globalitzada perquè l'hereu de la corona britànica, en William, hi va estudiar Geografia i Història de l'Art. M'imagino que el noi no tenia el nivell per entrar a Cambridge o a Oxford i St Andrews va ser un bon compromís. Ara el príncep visita St Andrews de tant en tant i els dona suport a actes de mecenatge. És un exalumne distingit, evidentment. St Andrews n'ha tret molt partit, del fet que l'hereu estudiés i trobés la xicota aquí. Això va posar la universitat en el mapa internacional i va atreure molts estudiants nord-americans.

El primer lloc on vaig viure, a St Andrews, va ser un piset en els baixos d'un edifici antic de la universitat, Woodburn House, al costat de la platja d'East Sands. Era petit, però era en un lloc fantàstic. Tenia el mar a la porta de casa i podia anar caminant a treballar i a tot arreu. Llàstima que l'estiu del 2018 vaig haver de traslladar-me perquè el campus de l'Institut d'Oceanografia s'havia d'ampliar ocupant l'espai de Woodburn House. Aleshores vaig anar a parar a un veïnat de fora del centre de St Andrews, a Leuchars, on hi ha una base militar. Des de la Segona Guerra Mundial, i fins a la guerra de les Malvines, Leuchars va ser una base de la Royal Air Force molt important, però ja fa anys que ha deixat de ser-ho. Ara és una instal·lació militar a mig gas i l'entorn és un veïnat més aviat tronat. Però té l'avantatge de ser a tocar de l'estació de tren, i les cases són barates. Vaig trobar molt bé de preu una casa prou gran per acollir còmodament les visites que des d'aleshores rebia constantment. Els meus veïns eren militars, gent gran, jubilats i gent treballadora. Els escocesos són gent agradable, simpàtica, planera i molt oberta. Els veïns més immediats em van reconèixer de seguida i m'ho van voler fer saber, expressant les seves simpaties i oferint-me la seva ajuda si em calia res. Malgrat que hi tenia poca relació, donava tranquil·litat saber que si ho necessitava, hi podia comptar.

La feina de directora a St Andrews té molta part de gestió de recursos humans, i com a directora de departament havia de tractar també amb els estudiants, perquè estàvem al seu servei. La relació amb els estudiants era molt estreta. Tot el tema del tracte amb els estudiants era nou, per a mi, perquè els anys que havia estat a l'Autònoma tenia tres-cents estudiants a l'aula i, en aquestes condicions, al final no en coneixes cap. A St Andrews, en canvi, hi ha pocs alumnes per classe, uns vint-i-cinc. Són molt exigents, però també molt treballadors i estan molt motivats. Fer classe és molt més agraït.

Quan després de passar els primers mesos d'exili a Brussel·les, a principis del març del 2018 vaig tornar cap a St Andrews, ja no hi feia de directora. Havien hagut de trobar un substitut quan vaig marxar a fer de consellera, i per tant feia de catedràtica, sense deures administratius, que és el millor del món. Feia classes, recerca, alguna reunió, però molt poquetes, i no era la superior de ningú. Jo tinc molt bona relació amb la comunitat de professors joves. Molts els vaig reclutar jo quan feia de directora. Fan molta vida en comú, van al pub, fan pícnics i sopars, i ara comencen a tenir criatures. Jo els feia una mica de tieta. I vaig retornar a la recerca gràcies al suport i a l'estímul dels meus coautors. Amb la meva amiga Enriqueta Aragonés ens interessa estudiar com canvia la visibilitat des de diferents dimensions en la competència política: soc de dretes o d'esquerres, unionista o independentista. Què és més important? Què és menys important? Models teòrics sobre com els partits s'adapten quan hi ha canvis en la percepció de quina de les diferents dimensions de les preferències polítiques és la més rellevant. També hem escrit sobre el trencament de relacions entre diversos nivells de govern. Més en general, m'interessa l'anàlisi estratègica de l'obediència i de la desobediència. Què vol dir obeir? Quines relacions d'autoritat són estables i quines no? Són preguntes motivades per l'anàlisi de la nostra vida política, cert, però me les plantejo també en general, com un problema abstracte, filosòfic. El problema del poder i de l'obediència és molt interessant. Se n'han escrit coses, i crec que potencialment hi ha espai per a formalitzacions. No és clar que les conductes de l'obediència es puguin formular matemàticament, però pensar-hi és entretingut, i mentrestant no cal estar pensant en les taules de diàleg i altres porqueries de la política. A mi m'agradaria entendre millor les relacions verticals. Quines són les situacions en què aquesta relació vertical s'accepta i es consent, i quines són les situacions en què no. M'interessa pensar la política en termes abstractes. I el pensament abstracte formalitzat és la matemàtica.

Escòcia és molt gran, té molta superfície i moltes illes. St Andrews ja és lluny d'Edimburg, a uns vuitanta quilòmetres, però les Highlands encara són molt més amunt. Per anar-hi s'hi ha d'invertir temps. A prop de casa, m'agradava sortir a caminar pels camins de ronda, pel costat del mar. També vaig fer algunes excursions als Cairngorms, que és el massís central. He pujat alguns cims —ells en diuen *Munroes*— com el Ben MacDhui, el cim més alt del centre d'Escòcia, o el Ben Lawers. Però encara no he pujat el Ben Nevis, el cim més alt de la Gran Bretanya, a sobre de Fort William. I sense haver d'anar gaire lluny de St Andrews, el lloc que jo trobo més bonic és el llac Lomond i els seus voltants.

L'estiu del 2018 em vaig fer un tip de voltar per Escòcia. Llarena va retirar l'euroordre i el meu judici es va suspendre a última hora, quan ja ho teníem tot a punt. Com que amb la família i els amics ja havíem planificat el mes d'agost —pujarien per acompanyar-me en el judici—, vam mantenir els plans: doncs res, tu, farem vacances a Escòcia amb la família i els amics. Pugeu igualment! Així que, en diverses tongades i acompanyada de diferents visites, vaig visitar uns quants indrets del país. El millor d'Escòcia són les illes. M'agraden les illes perquè no s'hi pot anar amb presses; cal agafar ferris i prendre-s'ho amb calma. I quan hi ets tens la sensació de ser a la fi del món. He estat en unes quantes: Mull, Iona, Arran, Sky, Islay i Jura. Però encara me'n queden moltes per visitar.

La meva illa escocesa preferida és Jura, una de les Hèbrides. A Jura, George Orwell va escriure-hi *1984*. Orwell és un escriptor que sempre m'ha apassionat. Sobretot l'*Homenatge a Catalunya*. L'agost del 2018 hi vam anar amb el meu fill Jordi i uns amics. Érem sis persones i la Bresca, la gosseta d'en Jordi. A Jura només hi ha un hotel, però hi vaig trucar i tenien lloc, així que som-hi. Per arribar-hi primer cal agafar un ferri fins a una altra illa més gran, Islay, l'illa dels whiskys, i allà pujar a un altre transbordador. Jura és un indret realment remot, la fi del món. La recomano molt. L'illa és molt desèrtica i s'ha convertit en una reserva de caça propietat de quatre terratinents absentistes. Només hi viuen dues-centes persones, però hi ha milers de cérvols. Durant el dia s'amaguen, però al capvespre surten a ramats. Primer sorprenen, quan en veus només un o dos, «Oh, oh, un cérvol!», però després va caient la vesprada i surten a ramats i ja en veus desenes i desenes.

Orwell va anar a Jura perquè cercava un lloc on retirar-se de tot per escriure la novel·la que tenia al cap. El director del diari on treballava era fill d'una de les famílies de terratinents i li va oferir una caseta al costat del mar. Orwell s'hi va instal·lar l'estiu del 1946 i hi va passar un any i mig. Malgrat que estava molt malalt, tuberculós de feia temps, es va entregar completament a l'escriptura i el resultat va ser *1984*. Un cop va haver acabat el llibre, se'l van emportar cap a l'hospital i ja va durar molt poc. A la casa d'Orwell cal anar-hi a peu, caminant dues hores i mitja, i, a més, no s'hi pot entrar. Te l'has de mirar des de fora. Va ser una visita de mitòmans.

Acabat l'estiu, al setembre vaig tornar a fer classes, i vaig estar molt enfeinada perquè em van assignar una matèria que no havia ensenyat mai: l'economia de la desigualtat. El judici d'extradició quedava enrere i semblava que l'any seria més tranquil. I per a mi va ser-ho. El Nadal el vaig passar a Escòcia. Van venir una bona representació de la família, germans, nebots i en Jordi i la Marta —sense el gos—, i vam passar unes bones festes.

Després de Nadal me'n vaig anar a passar uns mesos a Anglaterra. Per a la segona part del curs acadèmic, St Andrews em va donar un permís d'absència per fer recerca i vaig aconseguir una invitació per passar aquesta temporada a Cambridge, on tenia alguns col·legues amb afinitats de recerca que em van donar un cop de mà per organitzar l'estada. I la meva condició d'exiliada i de figura política va ser més una ajuda que no pas un obstacle per obtenir una *visiting fellowship* al Fitzwilliam College, on em van donar allotjament. Van ser uns mesos molt productius i molt agradables. M'ho vaig passar molt bé. Allà sí que vaig poder gaudir molt de la música. Cada dia, a tots els *colleges*, les corals canten l'*evensong*, la pregària de vespres. Hi ha un munt de corals i totes canten de meravella. Em vaig fer un tip d'anar a pregàries de vespres. La resta del dia també feia vida com de convent. Els *colleges* tenen els despatxos i les habitacions al voltant d'un pati, com un claustre, i és una vida força monacal. Tothom dina a la mateixa hora. La meva vida social era la conversa que tenia amb els senyors o senyores que seien al meu costat a l'hora de dinar.

Els primers dies es fan les presentacions, però és impossible retenir tota la informació i després ja no t'atreveixes a preguntar perquè se suposa que ja hauries de saber qui és tothom. Et sembla recordar que el de la dreta és físic, i el de l'esquerra de lletres, però no n'estàs del tot segura. Per seguir la conversa n'hi ha prou dient «*Oh, yes! How interesting!*», i vas tirant. Parlaven molt del Brexit, els tenia molt preocupats. La gent de Cambridge no són esnobs, però sí molt autoreferencials. Com que es pensen que són al centre del món, no els cal estar gaire atents a res ni a ningú. Bé, potser a Oxford. No és el lloc més divers del món, no. És una comunitat diferent de les que jo coneixia de les universitats americanes, que són una mica més variades i més cosmopolites. Durant aquesta temporada no hi va haver cap esdeveniment judicial que em fes aparèixer a la premsa, i per tant, vaig passar força desapercebuda, però si la conversa hi portava, no m'estava de donar les meves explicacions: «Ah, ah!», «Ui! Ets tu?», «Oh, senyora Ponsatí, vostè aquí!?». La degana del meu *college*, una senyora fantàstica, catedràtica de Dret penal, estava especialitzada en presons, i amb ella sí que vam parlar moltes vegades del cas català.

Des de Cambridge vaig voltar bastant per xerrar en saraus i actes independentistes. Vaig anar a Dublín. A Noruega vaig fer xerrades a Bergen i a Oslo, i vaig poder viatjar en tren entre aquestes dues ciutats, un trajecte fantàstic. I una associació d'estudiants de la Universitat d'Amsterdam em va convidar a fer una conferència. A Cambridge, i a tots els altres indrets que vaig visitar, vaig conèixer un munt de catalans molt interessants que em van acollir i acompanyar amb molt afecte. També anava sovint a Londres, perquè Cambridge és a tocar. M'agrada molt Londres, i allà també hi vaig fer noves amistats. La diàspora catalana és molt potent.

XI

Defensa escocesa

Is there for honest poverty
That hings his head, an' a' that?
The coward slave, we pass him by —
We dare be poor for a' that!
For a' that, an' a' that,
Our toils obscure, an' a' that,
The rank is but the guinea's stamp,
The man's the gowd for a' that.
[...]
Then let us pray that come it may
(As come it will for a' that)
That Sense and Worth o'er a' the earth
Shall bear the gree an' a' that!
For a' that, an' a' that,
It's coming yet for a' that,
That Man to Man the world o'er,
Shall brothers be for a' that.[1]

ROBERT BURNS, *Honest poverty*

You can't have our Clara.[2]

THE NATIONAL

1. «Hi ha pobresa honesta acotant el cap, malgrat tot? L'esclau covard és menyspreat. Doncs va, gosem ser pobres, malgrat tot! Malgrat tot, malgrat que fem la feina feixuga, el rang ve dels duros i cadascú val tan sols l'or que té. [...] Som-hi doncs, preguem que arribi el temps (i malgrat tot així serà) en què valor i seny prevalguin a la terra, malgrat tot! Malgrat tot, malgrat tot, s'apropa el jorn que arreu del món tots els humans serem germans, malgrat tot.»

2. «No ens prendreu la nostra Clara», titular de portada del 28 de març de 2018.

Des del primer dia de l'exili belga que volia tornar a Escòcia. No vaig poder-ho fer immediatament. Les primeres setmanes estava retinguda per l'euroordre a Bèlgica i en estat de xoc, i aquella situació es va allargar bastant. Un cop van retirar l'euroordre i, per tant, es va presentar l'oportunitat de viatjar, Gonzalo Boye em va dir: «No te'n vagis encara, espera't que parlem amb algun advocat britànic». Una companya anglesa d'en Boye va tenir l'amabilitat de venir fins a Brussel·les a parlar amb mi. Em va deixar tranquil·la, vaig veure que al Regne Unit hi hauria un procés judicial, però que em deixarien en llibertat provisional. Batallar amb una ordre d'arrest al Regne Unit semblava una opció interessant. En vaig parlar amb en Puigdemont i hi va estar d'acord. Naturalment, si no hagués tingut casa i una feina allà no hauria anat a la Gran Bretanya a fer turisme judicial, però jo hi tenia una casa buida esperant que tornés —anava pagant les factures cada mes— i a la universitat encara em guardaven la feina. Aleshores va ser quan vaig avisar el meu superior a St Andrews per dir-li que volia reincorporar-me. «Quin dia vols tornar?». Tot van ser facilitats.

Vaig tornar a Escòcia el diumenge 4 de març de 2018, però no ho vaig fer públic fins al 10 de març. El 10 de març vaig tuitar: «Ja soc aquí». I des d'aquell dia va ser tot molt intens. La Tricia Marwick, expresidenta del Parlament Escocès, va respondre el meu tuit: «*Welcome!* Estem molt contents que siguis a Escòcia. T'ajudarem!». La Marwick i jo no ens coneixíem de res. No ens havíem vist mai. Ella és una senyora que està jubilada de la política, era de l'SNP, va ser a Barcelona el Primer d'Octubre, coneix bé Carme Forcadell i ha anat a veure-la a la presó. És una persona que ha estat sempre entre els nostres amics, però no havíem intercanviat mai ni una paraula. Li vaig agrair el tuit privadament i vam quedar de veure'ns al cap de deu dies. Entre el 15 i el 20 de març vaig viatjar a Àustria per participar en una trobada organitzada per la Universitat de Princeton al monestir de Saint Florian, vora Linz. Vaig anar i tornar volant per Munic. El dissabte 24 de març el ple del Parlament de Catalunya tenia previst fer la segona votació d'investidura del candidat Jordi Turull. Però el jutge Llarena va cridar a comparèixer Jordi Turull i els altres processats que estaven en llibertat provisional, Dolors Bassa, Carme Forcadell, Raül Romeva i Josep Rull. Quan els va tenir a Madrid va decretar presó incondicional per a tots. També havia cridat a declarar Marta Rovira, però ella no hi va anar, se'n va anar a Ginebra.

El matí del divendres 23 de març la Tricia em va venir a veure al despatx de la universitat. Vam estar parlant de tot el que estava passant i de seguida li vaig dir:

—Em cal trobar un advocat, perquè arribarà una ordre de detenció i el necessitaré.

—La persona que estàs buscant és Aamer Anwar —va dir la Tricia.

—Si tu creus que el necessito a ell, és que el necessito a ell. Me'n refio. Posa-m'hi en contacte, si us plau.

Començava el recés de Setmana Santa. El divendres mateix a la tarda pujava al tren per baixar cap a Cambridge. El pla era passar la setmana a Anglaterra amb amics i família. El meu fill Jordi i la Marta pujaven amb el meu cotxe des de Barcelona i ens havíem de trobar a Cambridge. Però un cop al tren em van començar a entrar missatges al mòbil: l'euroordre ja està activa. Quan va veure que en Puigdemont era a Finlàndia, a en Llarena li van venir les presses i, a correcuita, va activar la segona euroordre. Volia atrapar en Puigdemont fora de Bèlgica. La segona euroordre ja estava activa també contra Toni Comín, Lluís Puig i Meritxell Serret a Bèlgica, i la meva ja estava enviada a les autoritats britàniques. Encara dalt del tren, vaig trucar a Tricia Marwick. Li dic:

—Hola, Tricia. Escolta, saps això que t'he demanat aquest matí? Doncs corre una mica de pressa.

—No pateixis, Clara. Ara mateix truco a l'Aamer.

Al cap de deu minuts em va trucar l'Aamer.

—Hola, Clara! Soc l'Aamer. Acabo de parlar amb la Tricia, m'ha explicat el teu cas. Serà un honor defensar-te.

—Mira, estic anant cap a Cambridge a passar la Setmana Santa —li dic.

—Bé, segueix el viatge. Però no et facis fotos, no facis piulades, no diguis públicament que no ets a Escòcia, sigues discreta. Jo em posaré en contacte amb la policia escocesa, i ja ens posarem d'acord sobre on i quan fer la detenció. Durant el cap de setmana, tu tranquil·la. Dilluns ja veurem com ho solucionem.

Abans de defensar-me a mi l'Anwar ja coneixia el cas dels catalans. Tenia contactes amb el Comitè d'Amics de Catalunya de Glasgow i havia viscut en directe els atemptats del 17 d'agost a Catalunya. Sabia de què anava tot plegat i no va dubtar ni un minut a agafar el meu cas. La feina que ha fet en la meva defensa no té preu. Per a ell ha estat una oportunitat, també.

El divendres al vespre vaig arribar a Cambridge, el dissabte vam estar fent el turista i vaig evitar fer-me selfies amb els catalans que ens vam trobar —perquè en vam trobar—. El diumenge de bon matí, sona el telèfon. Era Gonzalo Boye:

—Acaben de detenir el president Puigdemont a Alemanya.

—Ostres! Això es complica. Però, ep!, Boye, Alemanya no és el que tu volies? Com t'ho has fet?

En Gonzalo ens havia dit feia temps que Alemanya era un bon lloc per fer front a una euroordre.

El diumenge a la nit, em truca l'Aamer:

—Demà dilluns vine cap a Glasgow, ens trobem al meu despatx. No esperem més. Dimarts a la tarda o dimecres anirem cap a la comissaria de policia a Edimburg.

Així doncs, el dilluns tots dalt de la furgoneta que havien llogat la meva germana i companyia, i carretera cap a Glasgow. Vam arribar al despatx de l'Aamer a mitja tarda. Quan em va veure vestida d'aquella manera tan informal i amb xiruques, em va dir que anés a comprar-me roba. De seguida em va fer molt bona impressió. Vaig veure que estava en mans d'una persona molt solvent. L'Aamer fa d'advocat perquè de jove va tenir un enfrontament amb la policia, li van trencar les dents i el van maltractar. Aquella injustícia el va empènyer a fer-se advocat, perquè ell inicialment volia ser enginyer. Ve d'una família de classe mitjana d'origen pakistanès i és un gran orador. La retòrica és un art que al món anglosaxó es treballa molt, i ell hi té un do especial.

L'endemà, dimarts, vam anar a comprar roba i vam fer una volta pel centre. Edimburg és molt més bonic, però Glasgow és una ciutat molt interessant. Vam anar al Museu Kelvingrove. L'obra de referència d'aquest museu és *El Crist de Portlligat*, de Salvador Dalí. S'hi veu un Crist que sembla que cau de la creu o que vola per damunt de Portlligat. És boníssim. El dimecres 28 de març al matí, l'M. i l'R. van tornar cap a Cambridge amb la furgoneta i la Berta, en Toni R., l'Aamer i jo vam agafar el tren cap a Edimburg, per anar a la comissaria on havia de declarar.

Dalt del tren, l'Aamer em va dir: «Anirem a la policia, t'estaràs una estona detinguda, i després passaràs a disposició del jutge; penso que et deixaran en llibertat». També em va explicar què pensava dir ell davant la premsa, perquè en totes aquestes compareixences ell era el responsable de la comunicació. Al principi del meu cas jo no deia mai res en públic. Després la meva figura pública ha anat creixent i m'he vist obligada a parlar una mica més, però en aquell moment la meva aproximació era de màxim silenci. Li vaig dir que em semblava tot molt bé i que endavant les atxes.

A Escòcia, com a Anglaterra, hi ha dues categories d'advocats. A Escòcia en diuen *advocate* i *solicitor*. A Anglaterra, *barrister* i *solicitor*. L'*advocate* actua dins del judici, parla amb el jutge, porta perruca, no fa mai declaracions a la premsa i no surt a cap foto. És el paper que feien Gordon Jackson i Claire Mitchell. El *solicitor* fa tota la feina preparatòria, de relacions públiques; s'ocupa de la comunicació amb els mitjans, etc. És l'estratega i empresari de l'operació legal. És el que feia Aamer Anwar. En el sistema continental, el català i espanyol, seria més o menys la diferència entre advocats i procuradors. Però al món britànic el procurador ha crescut molt. Hi ha unes normes molt estrictes de la Faculty of Advocates d'Escòcia. D'acord amb aquestes normes, jo només m'havia de relacionar amb el meu *solicitor*, l'Aamer. Amb els *advocates*, en Gordon i la Claire, se suposava que no hi havia de tenir tracte, tot i que fèiem reunions, i, naturalment, parlem. Però la relació la tenia bàsicament amb l'Aamer.

La meva germana Berta i en Toni R. eren amb mi al tren i em van acompanyar fins a la porta de la policia d'Edimburg. Un cop a dins, pam!, em van fer entrar a mi sola amb l'Aanwar, i ells se'n van anar a fer una volta. Ens van fer entrar en un despatxet amb l'advocat i dos policies. Tots quatre ens vam asseure i els policies van llegir-me l'ordre de detenció, que és llarguíssima. És llarguíssima perquè en Llarena explica tota la seva pel·lícula remuntant-se a les eleccions de l'any 2013. La prehistòria. «*Y la coalición dels Junts pel Sí... bla, bla, bla.*» Van llegir la traducció a l'anglès, però era una traducció macarrònica i el pobre policia escocès que llegia s'entrebancava cada vegada que havia de dir Puigdemont o Forcadell. I vinga llegir i llegir, i jo no sortia per enlloc. Només al final final, i encara gràcies, apareix el meu nom un moment de res, i prou. Potser una hora, van estar llegint. Després em van donar per escrit els meus drets —els tinc guardats a casa— i em van passar a la següent oficina. Allà em van prendre el mòbil i la cartera; em van fer treure el cinturó, el rellotge, les arracades i els cordons de les sabates; em van interrogar sobre la meva salut i el meu consum de drogues i alcohol. Després em van ficar en un cotxe de policia, ara ja sense l'advocat, i cap al calabós del jutjat.

Tancada al calabós podia sentir les veus, i els crits, dels altres detinguts, però no els veia. Als calabossos d'un jutjat de guàrdia escocès hi he estat dues vegades. La primera, aquell 28 de març de

Manifestació a Chambers Street, Edimburg, el 28 de març de 2018

Amb Aamer Anwar, 28 de març de 2018

2018. La segona, el 14 de novembre de 2019, hi havia un cacau impressionant de cops de porta i gent cridant. «Uoo, uoo, uooo!» Una cosa bestial! «Teniu un dia animat avui, oi?», vaig comentar a un dels agents. «No, no et pensis —em diu—, és un dia normal.» Estava sola. Cada entrada i sortida del calabós, la feia emmanillada a l'agent que m'acompanyava. Vaig ser allà dins entre dues i tres hores. Sense fer res, perquè no et deixen tenir ni un llibre. Seure i mirar el sostre, això vaig fer. Al calabós hi havia un banc de pedra, com d'obra, uns barrots, i prou. Una gàbia. Era en una gàbia. Em van donar un entrepà, una xocolatina i un te fred fastigós. Totes les guàrdies van ser sempre molt amables i delicades. Cada vegada que entrava i sortia m'havien d'escorcollar, em repassaven tocant-me per tot arreu per assegurar-se que no portés res. Suposo que devien saber, però, que jo era un cas ben diferent dels habituals.

Passada una estona em van fer sortir per parlar amb l'advocat a través d'un vidre, i aquí és on vaig conèixer Claire Mitchell, l'*advocate* que va actuar davant del jutge la primera vegada. La Claire em va dir: «Tu no has de dir res, només t'has d'identificar, i quan et preguntin si acceptes l'extradició dius que no». De seguida ens vam caure molt rebé, és una senyora fantàstica. La Claire és molt agradable i superintel·ligent. De seguida va entendre'm, perquè és una persona extraordinàriament empàtica: «Jo estic encantada de defensar-te, aquest cas em fa molt il·lusió. No et preocupis, que et defensarem. He fet molts casos d'extradició, el teu cas és un escàndol, confia en nosaltres». Després de parlar amb la Claire em van tornar a baixar al calabós.

Finalment em van pujar a la sala del judici. L'agent et deslliga, et fa seure a la banqueta i veus la premsa darrere, amb el públic, davant a la dreta els advocats tots amb toga i perruca com a les pel·lícules, els fiscals, i l'Aamer, davant. Llavors diuen: «*All raise*», 'tothom dret'. Ens posem drets i entra el xèrif, també amb toga i perruca. A Escòcia als jutges de primera instància els diuen xèrifs. El meu era el xèrif Ross. Provava de fer cara molt seriosa, de pòquer, però jo diria que és simpàtic. Tot plegat va durar molt poc. El xèrif Ross va preguntar si jo era jo, el *court clerk* va anunciar: «Aquest és el cas d'extradició de Her Majesty's Advocate contra la Professor Clara Ponsatí». Primer el xèrif em va preguntar a mi:

—Professora Ponsatí, vostè vol ser extradida?

—De cap manera —li vaig respondre.

Aleshores el xèrif va preguntar als advocats:

—Què hem de fer, doncs?

—Senyor, aquesta petició d'extradició és una persecució política. Us ho demostrarem. Ara, d'entrada, demanem la llibertat provisional —va dir la Claire.

—D'acord, va, deixa-la en llibertat provisional —va fer el fiscal.

El fiscal no es va oposar a la llibertat provisional. La presó preventiva ni se la plantejaven, perquè no ho fan mai, tret que siguis algú realment perillós. Jo no els vaig semblar gens perillosa. Van fixar la data de l'audiència següent i cap a casa. Així de ràpid, va anar. Em van tornar a baixar al calabós i m'hi vaig passar una estona més, fins que van tenir fets tots els papers, i cap al carrer.

Quan vaig sortir hi havia una gentada i un núvol de càmeres i periodistes. Veure tanta gent fent-me costat i tanta premsa em va sorprendre, la veritat. No esperava aixecar tanta expectació. Pensava que passaria més desapercebuda. Aquell dia ens van fer la famosa foto del dit demanant silenci. Entre el públic del carrer vaig veure arribar en Jordi, el meu fill. Em portava el cotxe que no m'havia pogut portar a Cambridge, pel canvi de plans. En Jordi i la Marta van arribar just quan ja s'havia acabat tot i estàvem sortint. Em va trucar i em va dir:

—Ja som aquí.

—Magnífic! Jo ja estic, també.

L'Aamer se'n va tornar cap a Glasgow i nosaltres cap a casa, a St Andrews. La Berta i en Toni R. també van venir un parell de dies. Els nois es van quedar quatre o cinc dies més i després se'n van tornar cap a Barcelona. Pocs dies després, en Puigdemont va sortir de la presó d'Alemanya i vam començar a comprovar que Gonzalo Boye tenia raó: Alemanya ens donaria alegries.

Va ser durant aquells dies que la Universitat de St Andrews va fer aquelles declaracions. La *principal*, Sally Mapstone, va afirmar: «Nosaltres confiem en la justícia, creiem que a la Clara se l'està perseguint per motius polítics». Com deu haver rebut aquesta pobra dona! És extraordinàriament discreta, però jo crec que ha tingut molts correus i moltes queixes de tota mena de personatges per haver-me defensat: des de l'Ambaixada espanyola fins a aquells que s'autoanomenaven «*foro de profesores*», que li devien dir: «Vostè no sap res, no té la més petita idea de la superdemocràtica Constitució espanyola». Però ella va fer el seu comunicat i no va dir res més. Amb mi ha tingut sempre un tracte exquisit, professional.

Amb els meus superiors a St Andrews, no n'he parlat mai de la independència d'Escòcia, però tinc la sensació que no deuen ser-ne gaire partidaris. Probablement hi ha opinions de tota mena, però la majoria són anglesos i suposo que unionistes. Naturalment hi ha professors independentistes, i aquests sí que m'han expressat el seu suport i m'han fet sentir el seu afecte. Els altres esquiven el tema o mantenen una discreta neutralitat. Però això no treu que quan els meus col·legues van veure les imatges de violència policial del Primer d'Octubre se'ls posessin els pèls de punta. A tot el món civilitzat van saltar les alarmes. Aquells dies vaig rebre missatges de molts col·legues. «Com estàs?», «Com estan les coses?», «Estem molt atents», «Sobretot, cuida't». A mi em van ajudar en tot moment.

A la universitat tothom va tenir una reacció molt correcta. El responsable de seguretat, per exemple, em va venir a veure: «Si no té inconvenient, avisaré la policia perquè vinguin a comprovar que no necessita res». En aquell moment jo vivia al pis de Woodburn House, una planta baixa. Es van mirar la casa i em van donar una alarma portàtil i una palanca per falcar la porta. «Hauries de posar un llum aquí i un llum allà», em van dir. Quan em vaig canviar de casa van tornar a venir i els va semblar que era un lloc molt més segur, perquè a l'altre, efectivament, qualsevol se'm podia ficar a dins amb un copet de res al vidre. A la casa nova els vidres eren més forts. Jo no patia per la meva seguretat, no vaig tenir mai cap sensació de perill. Un boig pot fer qualsevol cosa, però, a Escòcia, a un boig així l'atraparien i li cauria el pèl.

Aquell mes de març vam començar a preparar el cas. Des del primer dia la Claire m'havia dit: «Com que el teu cas serà molt important crec que hem de reforçar l'equip amb una altra persona que sigui més sènior que jo, perquè jo encara no sóc QC (Queen's Council)». Dins l'advocacia, QC és el nivell més alt, i l'any 2018 la Claire encara no n'era, de QC. Per això vam incorporar també Gordon Jackson a l'equip de defensa. Gordon Jackson està considerat el millor penalista d'Escòcia. Era diputat del Partit Laborista, però va perdre l'escó davant Nicola Sturgeon. Només parlant mitja hora ja sap com enfocar un cas; és un advocat molt reconegut, amb molt d'ofici, que sap com comunicar-se amb cada jutge. Fins i tot l'Aamer li té reverència. Una institució. És clar que els anys van passant i ara la Claire ja és QC.

La data d'inici del judici es va fixar per al 30 de juliol de 2018. «Ho tenim difícil perquè vinguin testimonis en ple estiu», deien els advocats. Però s'havia de fer i els advocats escocesos, amb en Gonzalo, que coordinava els diferents fronts de l'operació exili, es van posar a treballar. A principis de juliol els preparatius avançaven. Ja teníem compromesos un bon nombre de testimonis disposats a comparèixer i tot estava encarrilat.

El president Puigdemont, detingut en creuar la frontera entre Dinamarca i Alemanya, havia passat dotze dies a la presó i des del 6 d'abril estava en llibertat provisional a Alemanya, pendent de la resolució del seu cas. El dia 11 de juliol, el Tribunal Superior de Schleswig-Holstein va dictaminar. Refusava l'extradició pels delictes més greus, rebel·lió i sedició, i accedia, amb condicions, a fer l'entrega només per malversació, atès que la consideraven un «delicte del catàleg». El tribunal argumentava que els fets pels quals es perseguia el president Puigdemont no tenien cap naturalesa delictiva, eren fets propis de l'exercici dels drets i les llibertats en democràcia que qualsevol estat de dret havia de tolerar. Evidentment, aquesta resolució era una clatellada monumental al Tribunal Suprem espanyol i artilleria de primera a favor de la meva defensa davant del xèrif Ross. Mentre els equips de defensa a Alemanya, Bèlgica i Escòcia estudiaven la resolució i preparaven l'estratègia jurídica per a la nova etapa que s'obria, el jutge Llarena va sucumbir de nou al pànic. El 19 de juliol va retirar totes les euroordres, també la meva. Ja n'eren dues. El meu judici a Edimburg es va suspendre, el xerif Ross em va retornar el passaport i tornava a estar en llibertat.

Em vaig acomiadar del jutjat d'Edimburg pensant: «Ja tornaré». Perquè sabíem que hi hauria una altra euroordre. Vaig passar la resta de l'estiu del 2018 i la primera part del següent curs acadèmic a St Andrews. Després, fins a l'estiu del 2019, vaig ser a Cambridge. Era allà durant les llargues setmanes que va durar el judici al Tribunal Suprem contra els nostres companys de govern i els dos Jordis. Acabat l'estiu vaig tornar cap a St Andrews i vaig començar el curs. Tenia una pila de classes perquè m'havien assignat totes les de l'any el primer semestre. El 30 de setembre ens vam reunir amb els advocats escocesos i en Gonzalo per preparar la resposta a la tercera euroordre, que anticipàvem que seguiria després de la sentència. La sentència es va fer pública el 14 d'octubre, i també una nova euroordre, de moment només contra el president Puigdemont. Ell va comparèixer davant del jutge belga el 17 d'octubre i va al·legar que tenia immunitat com a europarlamentari. El jutge va consultar amb el Parlament Europeu, que va respondre que a ells no els constava. En tot cas, el president va quedar en llibertat. Casualment, o no, el 21 d'octubre la Guàrdia Civil es va presentar a casa d'en Gonzalo i Isabel Elbal de bon matí i el van tenir retingut mentre feien un escorcoll i confiscaven documentació, telèfons i ordinadors. Va ser la primera escena del pla de venjança i l'assetjament judicial protagonitzat per la jutgessa Tardón de l'Audiència Nacional per tal de castigar-lo per la gosadia de defensar-nos i de fer-ho amb tant encert. La Tardón ha construït un cas fonamentat en mentides i falsos testimonis que ha causat a en Gonzalo un prejudici econòmic i familiar irreparable i podria portar-lo a la presó. Volen acoquinar-lo, però no se'n sortiran.

Entretant en Llarena va cursar les euroordres reclamant Lluís Puig i Toni Comín i una servidora. En Lluís i en Toni van comparèixer davant del jutge belga el 7 de febrer i van quedar en llibertat. La meva euroordre es va encallar uns dies. Les autoritats britàniques van fer un comunicat dient que no la podien executar perquè els semblava confusa. No obstant això, els dies següents la diplomàcia espanyola va remoure cel i terra per fer-los rectificar i finalment l'ordre de detenció va arribar a la policia escocesa, i d'acord amb l'Aamer, em va citar per comparèixer el dia 14 de novembre. Aquell dia tenia classes, i les vaig haver de reorganitzar per a un altre dia. Em vaig entregar a la policia a la mateixa comissaria d'Edimburg on ja havia anat mesos enrere. Es va repetir l'escena de la lectura de l'euroordre, que deia pràcticament el mateix, els tràmits de la detenció i l'estona al calabós del jutjat. El mateix entrepà i el mateix te fred en un vas de paper. Aquell dia hi havia molt soroll, als soterranis del jutjat. Quan vaig comparèixer davant del xèrif Ross, em va saludar fent cara de circumstàncies, com dient: «Professora Ponsatí, ja hi tornem a ser?». Va fixar la data de l'audiència següent per al 5 de març i em va deixar en llibertat sense cap mesura cautelar. Tenia permís per viatjar.

Vaig tornar cap a St Andrews, on encara em quedaven unes setmanes de classe i els exàmens abans de les vacances de Nadal. Els estudiants més atents s'havien assabentat del motiu del canvi d'hores de classe per la premsa i això havia causat una certa expectació. Amb els estudiants havia evitat parlar del meu cas, però quan el jutge em va citar a declarar tothom sabia per què, i ells mateixos van preguntar a propòsit d'això durant una classe. «Si teniu preguntes o curiositat per saber alguna cosa més, estic a la vostra disposició, però ho farem després de classe», els vaig dir. Alguns es van quedar. Són estudiants escocesos, britànics, però també de l'Índia, de l'Afganistan, de Mèxic, de Rússia, de pertot. N'hi ha que t'expressen la seva simpatia explícitament i n'hi ha que no. En un apart, acabada la lliçó, vaig respondre preguntes per satisfer la seva curiositat sobre aquell afer extraacadèmic. Vaig acabar les classes sense més entrebancs. Esperava la visita d'en Jordi i la Marta amb altres germans i nebots per passar les festes i tenia una pila d'exàmens i treballs per corregir que m'ocuparien fins a Cap d'Any. Després, pensava, vindrien sis mesos de tranquil·litat docent que podria dedicar als diversos projectes de recerca que tenia aparcats. Anava seguint les notícies sobre el Brexit, però no semblava que res del que passés en aquest front m'hagués de canviar la vida.

El 19 de desembre el Tribunal de Justícia Europeu (TJUE) va fer pública la seva decisió sobre el cas d'Oriol Junqueras. El tribunal sentenciava que la condició d'eurodiputat s'adquiria per votació dels electors, i que tots els obstacles de les autoritats espanyoles per impedir-ho eren contraris a la llei. Com a conseqüència d'aquesta decisió el Parlament Europeu es va veure obligat a rectificar l'actitud de bloqueig que havia mantingut des que s'havia constituït el Parlament al juliol, i, finalment, aquell mateix dia reconeixia que el president Puigdemont i Toni Comín eren europarlamentaris. Unes magnífiques notícies que, evidentment, vam celebrar brindant repetidament durant els àpats de Nadal.

Al primer plenari del 2020, a les cinc de la tarda del 13 de gener, el president Sassoli anunciava la incorporació dels honorables Carles Puigdemont i Casamajó i Antoni Comín i Oliveres. Va ser també el darrer ple per als eurodiputats britànics, que l'hemicicle va acomiadar dempeus cantant *L'hora dels adeus*, ben bé com al final d'unes colònies d'estiu. Em mirava les imatges des de casa, pensant: «A veure...». Encara no volia creure'm el que estava a punt de succeir. Van passar dues setmanes i, pim pam, el Parlament va publicar la llista amb els noms dels nous eurodiputats. I sí, el meu nom era a la llista. Ja no hi havia escapatòria.

Vaig ser per última vegada a Escòcia just després del míting de Perpinyà. El 5 de març de 2020 vaig comparèixer davant el jutjat d'Edimburg. El xèrif Ross va deixar el cas d'extradició en suspens, atès que jo tenia immunitat. El novembre de l'any abans, al principi del segon cas d'extradició escocès, el jutge m'havia donat absoluta llibertat per viatjar, i sempre deixava meridianament clar que la meva presència a les audiències preliminars era opcional. El 5 de març mateix vaig tornar a Brussel·les, amb la idea d'anar i venir entre Escòcia i Bèlgica. Però la setmana següent quedàvem tots confinats per la pandèmia. Jo era a Brussel·les. Les setmanes de confinament s'allargaven, tot seguia aturat, el virus feia estralls en la salut i en l'economia. Viatjar entre Escòcia i Bèlgica era impossible. Quan s'acostava el curs acadèmic 2020-2021, davant l'evidència que compatibilitzar la meva feina acadèmica amb la del Parlament seria inviable, vaig renunciar a la càtedra a la Universitat de St Andrews i vaig establir la meva residència a Flandes. Un any més tard, el 31 d'agost de 2021, el meu segon cas d'extradició a Escòcia va quedar arxivat.

XII

Lliure a Europa

If liberty means anything at all, it means the right
to tell people what they do not want to hear.[1]

George Orwell

Machiavelli e Kant si riconcilliavano nel mio spirito.[2]

Altiero Spinnelli,
Come ho tentato di devenire saggio

1. «Si la llibertat significa alguna cosa, és el dret de dir a la gent allò que no voldrien sentir.» Aquesta sentència és part d'un prefaci per a *Animal Farm* que no va ser publicat.

2. «Maquiavel i Kant es reconciliaven en el meu esperit.»

Qui em va parlar per primer cop de les eleccions al Parlament Europeu va ser Toni Comín. Devia ser l'abril del 2019, quan jo m'estava a Cambridge. Sempre anem tard: «Ei, Clara, que estem parlant de presentar-nos a les europees amb en Carles. Jo li dic que tu també hi has d'anar, a la llista, a tu què et sembla? Com ho veus?». Li vaig dir que m'ho pensaria. Al cap d'uns dies vam tornar a parlar i li vaig dir: «Escolta, diràs a en Carles que, si us plau, em digui alguna cosa? No podem pas fer la llista sense parlar». Quan em va trucar el president, em va agafar al despatx de Laia Gasch a l'Ajuntament de Londres. Havíem quedat per dinar i després em va portar a veure el magnífic edifici de City Hall on treballava. Truca el president i diu: «Hola, Clara, ja saps per què et truco. Què et sembla? Vine a Waterloo i parlem-ne».

Vaig anar a Waterloo a parlar-ne i el president em va rebre fentme un sopar molt bo. Va ser molt simpàtic i molt atent. Ell és sempre un home molt gentil, però aquell dia ho va ser especialment. Va fer una hamburguesa amb patates fregides, però no us penseu que era una hamburguesa qualsevol. La carn i les patates eren triades i molt ben cuinades. Però molt, eh? Les patates fregides que fa el president les hauríeu de veure: finíssimes i tallades a la perfecció. El president Puigdemont és molt bon cuiner, i quan es fica a la cuina és molt perepunyetes. Si resulta que s'ha de tallar així i algú ho ha tallat això, ja no val. Aquesta vegada havia tingut temps de pensar en la proposta i de consultar un parell de persones de la meva confiança política i personal que van dir que els semblava una bona idea. A mi també m'ho semblava. Per tant, quan vaig seure a taula a sopar, tenia la decisió presa i no em vaig fer pregar. Vaig dir al president que acceptava la proposta. Mentre sopàvem vam estar parlant de la potència estratègica que podia tenir entrar al Parlament Europeu, de quina campanya faríem i quin missatge donaríem.

L'anàlisi que un cop t'han elegit eurodiputat no et poden impedir seure al Parlament, a mi no m'arriba verbalitzada fins que en Boye i en Costa no ho dictaminen. Fins aleshores tothom amb qui jo n'havia parlat deia, i es creia, la doctrina segons la qual si ens presentàvem al Parlament Europeu i sortíem elegits hauríem d'anar a Madrid a jurar la Constitució. I, naturalment, allà ens detindrien abans que res. Aquesta era la doctrina que brandava Esquerra per justificar que no volia incloure Toni Comín a la llista a les europees. Des que havia arribat a Brussel·les en Toni havia estat fent campanya perquè Esquerra el posés a la llista de les europees. «No, perquè no podràs ser-ho. S'ha d'anar a Madrid a jurar i et detindrien.» No sé quantes vegades va parlar amb els advocats d'Esquerra. Ara amb aquest, ara amb aquell altre. I sempre li deien que no, i que no.

Però Gonzalo Boye i Josep Costa van estudiar el cas, cadascú per separat, i van arribar a les mateixes conclusions. Pot ser que Espanya ho intenti impedir, deien, però la condició d'eurodiputat te la donen els vots; i la condició d'eurodiputat va aparellada a la immunitat. Si no et deixen anar a jurar la Constitució, perquè si hi vas et foten a la garjola, s'estan saltant la immunitat. I aquesta violació de la immunitat s'ha de discutir al Tribunal de Justícia de la Unió Europea a Luxemburg, que està obligat a decidir, sense que cap tribunal espanyol ho pugui entretenir. Quan va tenir el dictamen d'en Boye i en Costa, en Comín va tornar a trucar als d'Esquerra, però continuaven sense baixar del burro. Aleshores és quan en Puigdemont va dir: «Doncs ho intentem nosaltres. Comín, vine a la meva llista». Aleshores van pensar: «La llista serà més atractiva si també hi posem la Clara». Quan m'ho van proposar em va semblar que era bona idea. A més, reconec que jo no tenia pas l'esperança que traguéssim prou vots per obtenir tres escons.

Per tant, vaig pensar que els podia ajudar a fer la campanya, però passada la campanya electoral allò ja no tindria cap impacte en la meva vida. Podria seguir a St Andrews fent de professora. Així que vaig acceptar. No em va passar en cap moment pel cap que el Brexit pogués tenir-hi cap repercussió. Després de parlar amb el president vaig trucar a St Andrews per parlar amb els meus superiors i els vaig dir: «Em presento a les eleccions europees, doneu-me dues setmanes de vacances per fer campanya, però no patiu, que no sortiré. Vaig de número tres. No hi ha cap perill!» —de fet, la vaig encertar en preveure que no trauríem tres escons—. Al final soc eurodiputada gràcies al Brexit, que va fer que més eurodiputats d'arreu d'Europa poguessin entrar per substituir els britànics que abandonaven el Parlament.

De seguida van sorgir els entrebancs. Que el president Puigdemont fos eurodiputat no els feia cap gràcia, als nostres perseguidors. La Junta Electoral Central, en una de les maniobres més barroeres que li hem vist —i mira que n'ha fet de grosses—, va bloquejar els nostres noms a llista de Junts i va donar quaranta-vuit hores per substituir-nos. Per sortir del pas, els noms de Puigdemont, Comín i Ponsatí van ser substituïts pels de Gonzalo Boye, Xavier Trias i Bea Talegón, i els nostres advocats van apel·lar la decisió a la sala tercera del Suprem, que finalment va fer rectificar la JEC. Si no haguessin rectificat, la següent instància d'apel·lació ja era el TJUE, i les conseqüències podrien haver estat devastadores, possiblement fins al punt d'invalidar les eleccions.

El cas és que a mitjan maig del 2019 me'n vaig anar cap a Brussel·les a fer la campanya electoral de les eleccions. Aquells dies m'hostatjava a casa de la Núria, una de les grans amistats que he fet gràcies a l'exili, que es va fer independentista el Primer d'Octubre del 2017. Va marxar de molt jove de Catalunya per estudiar, primer a Flandes i després a Londres, i ja no hi ha tornat a viure seguit mai més. Era una de tantes persones expatriades, amb inquietuds i atenta a l'actualitat del mon globalitzat, però que seguia la política catalana molt de lluny. Ja li semblava bé que es fes un referèndum d'autodeterminació, tot i que no s'hi sentia especialment implicada. Però el dia del referèndum, quan li van arribar les imatges de la policia pegant la gent, va caure del cavall. I va caure del cavall amb tanta convicció que va decidir que havia d'anar a Barcelona i fer coses, pensant que encara podia ajudar a la mobilització per fer la independència. Però no va haver-hi independència. Quan va anar a Barcelona ja va ser per manifestar-se per la llibertat dels presos. Va ser a la manifestació del carrer de la Marina, la que va deixar aquelles tristíssimes imatges dels manifestants alçant els mòbils amb els llums encesos. Hi va anar amb el nen, un bebè de dos anys. Tornant de Barcelona, baixant l'escala de l'estació de tren a l'aeroport de Brussel·les, carregada amb el nen, el cotxet i les maletes, per sort se li va acostar un senyor que li va dir en francès, però amb accent català: «Vostè deu necessitar ajuda». «Oh, un senyor català! Que gentil!» I qui podia ser aquesta persona excel·lent, cavalleresca i amable que va rescatar la Núria a les escales del tren? El gran Lluís Puig, qui, si no? El conseller. I aquí va començar l'amistat entre tots dos. La Núria, que tenia moltes ganes d'ajudar la causa, va interpretar aquesta coincidència com un senyal dels déus. I des d'aleshores ens ha ajudat molt.

La campanya electoral va consistir a explicar una idea ben simple: no estem atrapats en un racó, som ciutadans lliures en una Europa lliure. Per això vam fer tants viatges amunt i avall, per combatre la impressió que les euroordres ens tenien atrapats. Diuen els entesos que una campanya és un seguit d'imatges. Ens vam fer moltes fotos. Era una *tournée* d'espais turístics per transmetre la idea certa que viatjàvem per Europa sense problemes. A més, el president es connectava per videoconferència als mítings d'aquí i d'allà i de tant en tant nosaltres trèiem el nas. No sé si té gaire sentit, això dels mítings. Em pregunto què passaria si de sobte un any un partit digués: «Nosaltres no farem mítings. Farem porta a porta, farem altres coses».

Per simbolitzar la llibertat de moviments vam començar la campanya a Schengen, a la cruïlla entre Alemanya, França, Bèlgica i Luxemburg. És la ciutat on es va signar el tractat per aixecar els controls de les fronteres dins de la Unió Europea. Després vam anar a Eslovènia. Ens van rebre a l'Ajuntament de Ljubljana, ens vam reunir amb representats de tots els partits, i vam fer un acte públic. Després vam anar a casa d'Ivo Vajgl, eurodiputat, exministre d'Afers Exteriors i el nostre gran amic al Parlament Europeu. Ens va oferir cafè amb pastissos i la seva dona ens va fer un concert d'arpa deliciós. Per acabar la jornada vam sopar amb Milan Kučan, que és com Jordi Pujol però amb escopeta. Un partisà que primer va fer la guerra amb en Tito contra els nazis i després va fer la independència. Va ser molt simpàtic. Ens deia: «*Dialogue, dialogue*». És fàcil de dir, això. Es nota que no coneixen els espanyols. Des de Ljubljana el president va tornar cap a Brussel·les, i en Toni, Aleix Sarri, Joan Piqué i jo vam llogar un cotxe i ens vam regalar un dia a Venècia. Vam anar a visitar el pavelló català a la Biennal. Va ser un dia molt bonic. Feia dècades que no trepitjava Venècia i feia un dia net i transparent. Tot entrant al Gran Canal, dalt del *vaporetto*, vaig tenir un atac de síndrome de Stendhal. També vam fer un viatge llampec a Berlín. Vam visitar el Parlament Federal i ens vam reunir amb diputats de diversos partits. Fins i tot vam coincidir breument amb el líder dels socialdemòcrates, Martin Schulz, expresident del Parlament Europeu i llibreter. L'endemà vam tornar cap a Brussel·les en un avionet molt petitó, d'unes vint places, i a la primera fila hi seia ni més ni menys que en Timmermans, aleshores mà dreta d'en Juncker, amic dels espanyols i ara vicepresident de la Comissió Europea. Quan ens va veure es va encongir per amagar-se darrere el diari i no va aixecar el cap, per res, en tot el viatge, no fos cas que creués la mirada amb els malèfics catalans. Ens vam fer un tip de riure.

I finalment l'Aleix Sarri i jo vam anar fins a París per fer una trobada amb una bona colla de catalans que hi viuen. Tenia moltes ganes d'anar a París per treure'ns la por de sobre —encara hi havia temor de ser detinguts a França—, perquè com menys por tenim més toquem la pera als espanyols. La meva gran causa, mentre no pugui fer res millor, és ser un corcó per als espanyols. Vist que això de la independència de moment és molt complicat, entretant almenys fem coses que toquin els collons als espanyols. Veure'ns circular lliurement per França segur que els emprenya.

El dia de les eleccions vam fer una compareixença amb el president i en Comín davant del Parlament, vam fer unes declaracions davant de la premsa i unes fotos i després me'n vaig anar a dinar amb els Comín a Lovaina. Hi havia la Betona Comín amb els seus fills i vaig fer de tieta una estona. Al vespre vam anar a seguir els resultats al Press Club de Brussel·les. Per viure la nit electoral va pujar des de Barcelona tot aquell *entourage* que sembla envoltar el president Puigdemont les nits electorals, inclòs David Madí, que l'endemà de les eleccions del 21 de desembre també hi era.

Els resultats van ser molt bons. El president i en Toni eren eurodiputats electes. Missió acomplida. La nit electoral Josep Costa ja em va dir: «Clara, prepara't, que amb el Brexit hi entraràs». Però jo no li vaig fer cas. L'endemà vaig tornar cap a Cambridge pensant: «Pantalla passada». El maig del 2019 jo no hi comptava pas, que el Brexit seria tan ràpid. Em pensava que els britànics potser encara s'hi repensarien, o almenys que tot aniria molt més lent. Per tant, vistos els resultats, quan vaig parlar amb la *principal* de St Andrews li vaig dir: «No he sortit. Ara ja és impossible». I aleshores Sally Mapstone em va dir: «*Clara, there is nothing impossible!*». I mira, aquí som.

La campanya de les eleccions al Parlament Europeu va coincidir amb la de les eleccions municipals. La primavera del 2018 Jordi Graupera havia irromput al debat polític proposant que els independentistes de Barcelona fessin unes primàries per seleccionar els candidats a l'Ajuntament de Barcelona. D'entrada la proposta em va semblar una bona idea i li vaig donar suport. Quan va publicar en un llibret el text de la conferència on havia formulat la proposta, li vaig escriure el pròleg. La proposta de Primàries es basa en un diagnòstic correcte dels mals de la política catalana, que són els mals de la política espanyola: el sistema de llistes tancades, un factor determinant del sistema de la Transició, és una eina política de control i de corrupció. En molts casos la corrupció és literal, i en d'altres només moral. Amb el sistema de llistes tancades cap partit polític pot generar una classe política sana. La proposta era, en abstracte, una bona idea, però va fracassar estrepitosament. Jo tenia clar que Esquerra no s'hi apuntaria, però en algun moment vaig tenir esperances —soc una il·lusa— que potser el president Puigdemont ho aprofitaria per fer l'operació de renovació que calia al seu entorn polític. Però a en Puigdemont i els seus en Graupera també els va fer por. Hem de reconèixer que en Graupera demanava a l'establishment que es fessin l'harakiri. «Ei, renuncieu als vostres espais i competim en unes primàries i que guanyi el millor.» Per tant, li van dir que no, gràcies. No van voler renunciar al control. El problema d'en Jordi va ser que quan es va decidir a tirar endavant sense cap suport tampoc va aconseguir convèncer ningú prou potent que fos una autèntica competència contra ell a les primàries, i aleshores no van tenir cap interès; ja estava clar d'entrada qui les guanyaria. Quan la candidatura es va materialitzar en una llista més que competia contra Junts i ERC, molts electors que inicialment havien simpatitzat amb la proposta es van desmotivar. I, quan va arribar l'hora de la campanya electoral, els mitjans els van silenciar sense pietat.

Amb Jordi Graupera ens coneixem des de l'estiu del 2012, quan vam coincidir al jurat del premi Trias Fargas que donava la Fundació CatDem, aleshores sota la direcció d'Agustí Colomines. Els manuscrits que s'havien presentat al premi —m'imagino que el que va guanyar s'hi havia presentat per encàrrec— eren una merda lligada amb un cordill. A la reunió del jurat jo vaig defensar que el premi s'havia de declarar desert. La resta de membres del jurat no s'ho podien creure; es van posar les mans al cap. Van reaccionar com si estigués totalment sonada, boja rematada. «Doncs doneu el premi a qui us plagui, però aquests paperots són una vergonya», els vaig dir. I me'n vaig anar. En Jordi hi era i no va dir res. Seia allà en silenci. Es va quedar astorat, admirat que jo hagués dit el que pensava sense miraments. L'endemà mateix em va enviar un correu electrònic: «Caram, Clara, m'agradaria parlar amb tu». Jo no el coneixia personalment, però li llegia les columnes que publicava a la premsa i m'agradaven. Vam quedar al cap de pocs dies per dinar. Vam començar a les dues de la tarda i ens vam acomiadar a les nou del vespre. Ens vam fer molt amics, va ser amor a primera vista. Des d'aleshores hem mantingut una gran amistat. Quan vaig arribar a París, camí de l'exili, vam parlar per Skype. És quan vaig dir-li que ara era el moment de la seva generació, que havien d'agafar el relleu. I ell em va respondre que sí, però que ell no es deixaria utilitzar com m'havien utilitzat a mi. Em vaig emprenyar molt amb ell, aquell dia, sí. Ell havia fet el diagnòstic correcte molt de pressa, i jo encara estava en xoc. Em va saber greu, sí. Però tenia raó.

Després de fer les primàries de Barcelona, en Jordi em va demanar si voldria tancar la seva llista, en una expressió simbòlica de suport. Jo no ho veia gens clar, però quan en Puigdemont em va convidar a anar a la llista pel Parlament Europeu vaig pensar: «Bé, si fas el pas d'estar a la llista europea amb Junts per Catalunya, també pots tancar la llista de Primàries a Barcelona». Era una manera de reivindicar la meva independència. Em va semblar perfectament raonable deixar clar que jo a les municipals de Barcelona no donava suport a la llista de Junts per Catalunya, perquè no n'hi donava. Em semblava ben evident que en Jordi era un candidat extraordinari. I no m'agradava gens com havien fet la llista els de Junts, ni que hi haguessin posat un pres, Quim Forn, al capdavant. Em sap molt greu criticar-ho perquè és molt dur fer-ho, i en Forn és una bellíssima persona, però és el que penso: la política ha de fugir de la pena i la sentimentalitat.

Optar per una alternativa que corre el risc de no assolir el topall mínim per entrar al consistori és sempre molt complicat pels electors, la gent prefereix fer un vot «útil». A Jordi Graupera li van faltar uns set mil vots. No va aconseguir entrar a l'Ajuntament, i després d'aquesta derrota va renunciar a fer política. Amb la seva renúncia el moviment de Primàries ha quedat molt tocat. Si ni el seu promotor inicial no hi posa el coll, és molt difícil que tingui gaire credibilitat. En tot cas, Jordi Graupera és un talent que ni Barcelona ni Catalunya no haurien de desaprofitar. Espero que tard o d'hora trobi la manera de tornar a l'activitat política i que hi tingui èxit.

Em vaig acreditar com a eurodiputada a Brussel·les el 4 de febrer de 2020. La setmana següent em vaig estrenar al plenari, a Estrasburg. Les meves primeres impressions com a eurodiputada van ser força primàries: «Caram, això és molt gran! On és la sala on haig d'anar? Ostres, m'he perdut». Al Parlament pre-Covid-19 el ritme d'activitat era trepidant. Ets en un edifici immens i complicat, hi ha molt moviment de gent amunt i avall i passen moltes coses. Fora de pandèmia, el Parlament és com un gran centre comercial polític. Hi ha molt tràfec, riuades de gent que entra i surt, moltes botiguetes, exposicions i parades, multitud d'actes, conferències, presentacions de llibres, projeccions de cinema... Reunions de comissions, de grups d'això i d'allò, els *caucus* per aquesta causa i per l'altra. És un no parar. El Parlament és un gran aparador on cadascú ven les seves botifarres. Hi ha molta gent que no se sap ben bé què van a comprar-hi o què van a vendre-hi, però en tot cas allà hi ha molt, molt trànsit, i també molt tràfic polític. El centre no és l'hemicicle, és la cruïlla de pas obligat que cal creuar vagis on vagis. A l'encreuament hi ha un cafè on la gent s'asseu perquè la vegin o per veure a qui es pot trobar. I els edificis estan dissenyats per fomentar la lògica de l'aparador. L'edifici de Brussel·les està clarament dissenyat amb un únic centre, al tercer pis, que cal creuar per anar de qualsevol lloc a qualsevol altre lloc. Allà mateix, a l'encreuament, hi ha un plató de televisió. Si, per exemple, ets al cinquè pis de la torre A i vols anar a la torre C, també al cinquè pis, has de baixar fins al tercer, on hi ha el cafè i el plató de televisió, i tornar a pujar. Bàsicament és un expositor, un gran expositor. És un immens aparador. És molt complicat anar d'un lloc a l'altre, però si et plantes al centre, segur que veus passar a qui sigui que vulguis veure. A Estrasburg l'entramat d'edificis reposa a banda i banda del riu, i el pont que els connecta per damunt del riu fa la funció de centre; a la gent te la trobes creuant el pont, i les cafeteries que hi ha a banda i banda del pont fan la funció d'aparador.

Això que el Parlament tingui dues seus costa d'entendre. Històricament la capital de la Unió és Estrasburg i, oficialment, el Parlament té la seu allà. Això diu el tractat, però, com que les seus de la

Comissió i del Consell són a Brussel·les, es va construir un edifici perquè el Parlament també pogués actuar a Brussel·les, i, amb el temps, la majoria de l'activitat parlamentària ha acabat gravitant al voltant de la capital belga, perquè als euròcrates els és més còmode. Suposo que als eurodiputats també els convé més, perquè Brussel·les està més ben comunicat. A Estrasburg s'hi fan plenaris, un cop al mes, de dilluns a la tarda a dijous al migdia. La resta dels dies, el magnífic edifici és buit, un edifici fantasma on no hi ha cap mena d'activitat. És un dispendi salvatge. Atès que el tractat atorgava la capitalitat a Estrasburg, el més natural hauria estat que s'hagués quedat tot a Estrasburg, però un cop es va haver construït l'edifici de Brussel·les s'hi va anar desplaçant tota l'activitat, i durant la pandèmia fins i tot els plenaris. Evidentment ha estat un sotrac terrible per a l'activitat econòmica d'Estrasburg. Penseu que, quan toca ple, al principi de la setmana ja s'hi desplaça tothom —tècnics, uixers, xofers, tot el personal del Parlament, eurodiputats i els seus equips—. S'hi transporten literalment centenars de baguls. A Brussel·les ens en deixen un a la porta del despatx de cada eurodiputat i se suposa que hi hem de posar els papers i les coses que necessitem per al plenari perquè ens ho portin fins al despatx d'Estrasburg. És anacrònic: quins papers s'han de moure, avui dia? Però suposo que molts eurodiputats encara omplen el bagul. Jo no ho he fet mai. El fenomen s'assembla als desplaçaments que feien els reis i les seves corts abans de l'edat moderna. Quan arriba la caravana d'eurodiputats amb els seus cortesans i els seus baguls, la ciutat d'Estrasburg viu una setmana de gran despesa: hotels, restaurants, taxis, etc. Evidentment tot puja de preu, aquella setmana. Cauen diners del cel quatre dies de cada mes. Després els edificis del Parlament es buiden i la ciutat torna a la vida normal.

L'activitat del Parlament es va aturar en sec la segona setmana del març del 2020. Passades unes setmanes es va reprendre a mig gas, però pràcticament tot es feia a distància. Es va habilitar un mecanisme per fer reunions per videoconferència i votacions no presencials, i la majoria dels eurodiputats han passat la pandèmia als seus països. El personal del Parlament també ha passat majoritàriament al teletreball,

Ja som tres, febrer del 2020

i ara que l'activitat va retornant a la normalitat pot ser que moltes de les pràctiques de teletreball es mantinguin. La gent s'ha acostumat tant al teletreball, als *webinars* i a totes aquestes coses, i l'estalvi de costos és tan gran, que segurament, fins i tot si la pandèmia se supera del tot —que això està per veure—, probablement es mantindrà un nivell d'activitat presencial més baix. Des de l'estiu del 2021 els plenaris han tornat a Estrasburg.

És arriscat fer afirmacions gaire generals sobre els meus col·legues eurodiputats, però tinc la sensació que per arribar fins al Parlament Europeu la majoria dels meus col·legues s'ho han treballat fent una carrera política dins del sistema. Ja sabem com es fan les carreres polítiques a Espanya. Però fer una carrera política d'èxit a Alemanya, França, Itàlia, Holanda o altres països també requereix haver fet molta mili dins del partit. Per escalar i sobreviure dins dels partits cal ser pacient, obedient i empassar-se molts gripaus. Hi ha bàsicament dues menes d'eurodiputats. La primera són polítics que venen al Parlament Europeu després d'haver fet una carrera política al seu país, els elefants del cementiri. La segona són els que inicien la carrera política com a europarlamentaris. La proporció de cada tipus depèn del sistema electoral de cada partit i de les idiosincràsies polítiques de cada país, però es veu clarament que hi ha països on tots els eurodiputats són molt joves i països on predominen els que venen al Parlament Europeu a acabar la carrera. Entre els espanyols, el model cementiri d'elefants és el dominant, però també hi ha gent més jove. La majoria són antics assistents que des de «petits» volien ser eurodiputats quan fossin grans, com, per exemple, Adrián Vázquez de Ciudadanos, Domènec Ruiz del PSOE o Ernest Urtasun dels Comuns. Han estat treballant com a assistents parlamentaris durant anys; al principi van en posicions de cua a la llista, i amb el temps acaben pujant. Però tant se val si són part de la gerontocràcia o de les promeses del seu partit, tots es passegen pel Parlament inflats com bocois. Quan te'ls creues pel passadís transmeten molt la sensació que estan molt cofois. Fa força angúnia que es trobin tan guapos, importants i satisfets del seu no-res.

La frenada dels mesos de pandèmia em va permetre aprendre a circular pels passadissos del Parlament sense perdre'm, i un cop controlats els espais, també fer progressos per esbrinar-ne els mecanismes polítics. La imatge que dona el Parlament Europeu gairebé intimida. Fa la sensació que aquí es fan coses realment importants. Veus els europarlamentaris entrar i sortir i et sembla que ets en un centre de poder com el Senat o la cambra de representants a Washington. Encara que els americans sempre són més bons fent teatre, l'escenografia i tota la resta són molt similars. Però tinguem present que el Parlament Europeu no és pròpiament una cambra legislativa. El Parlament Europeu és una de tantes institucions que els pares de la pàtria europea, en el seu somni de reconciliar Maquiavel amb Kant, van posar en marxa amb l'esperança que, encara que d'entrada no fos gairebé res, amb el temps aniria assolint competències i evolucionaria fins a convertir-se en una cambra legislativa federal. Tota la construcció europea és lenta i avança a batzegades. Les institucions i la legislació són com un seguit de peces que han anat sorgint i encaixant, una sobre l'altra, amb entrebancs, aturades i marxes enrere, no pas fruit d'un disseny preconcebut. El Parlament no és un parlament. El Banc Central Europeu, que no és ben bé un banc central, té un mandat limitadíssim. Els líders europeistes, veient que no podien arrencar sobirania dels estats per posar en marxa una Europa confederal, amb un parlament europeu com Déu mana i una fiscalitat compartida, van posar en marxa la moneda única. El Parlament era inicialment una cambra purament representativa sorgida dels parlaments dels estats membres, tipus el que és ara l'Assemblea del Consell d'Europa. Més endavant va evolucionar a un parlament elegit directament pels ciutadans, i ha anat guanyant poders, però no ha esdevingut el parlament legislatiu d'una federació. Un parlament europeu amb capacitat legislativa requeriria una reforma del tractat de la Unió Europea. Això ho han de decidir els estats, i de moment els vents més aviat bufen contraris.

Per tant, el que realment passa al Parlament Europeu és molt i molt limitat. La legislació europea són les directives que sorgeixen per iniciativa de la Comissió i han de ser aprovades al Parlament i també pel Consell Europeu, és a dir pels governs dels estats membres. A la Unió Europea no hi ha divisió de poders. El poder del Parlament es limita a aprovar o bloquejar, i, per tant, renegociar, les propostes de legislació que fa la Comissió. Qui legisla és l'executiu. Entretant, el Parlament Europeu compensa la migradesa de poder amb ostentació i cerimonial.

El que no veureu mai al Parlament Europeu és cap deliberació pública gaire interessant. Ja heu vist que totes les meves intervencions són d'un minut. Els eurodiputats rasos no disposem de més temps. Però fins i tot les intervencions de la gent més important, els caps de grup i els ponents dels informes, tenen assignacions de temps només una mica més generoses: normalment disposen de dos o tres minuts. Fins i tot els comissaris han de fer intervencions molt breus. No hi ha rèpliques ni contrarèpliques. Això no és un debat. Al Parlament Europeu els debats són seqüències de minimonòlegs. En aquestes condicions, si es vol cridar l'atenció, és important afilar bé el discurs. O ser molt histriònic, i en això els populistes i feixistes són els millors. Passa sovint que les intervencions més punyents de denúncia contra errors, febleses o vergonyes de la Comissió venen dels escons de l'extrema dreta. L'altra cara de la moneda és la banalitat. En aquest cas, l'objectiu és evitar cridar l'atenció. Aconseguir avorrir amb llocs comuns durant un o dos minuts té molt mèrit, però la majoria dels meus col·legues eurodiputats ho aconsegueixen. Per tant, quan, asseguda a l'hemicicle, procuro parar atenció mentre penso «a veure què diuen avui», normalment si algú em desvetlla del sopor que em causa la lletania de banalitats, si algú em crida l'atenció, és molt probable que sigui algú del Front Nacional, dels Fratelli d'Itàlia, dels polonesos de Llei i Justícia o algun altre personatge similar. També és fascinant el llenguatge d'alguns eurodiputats d'extrema esquerra, la diguem-ne esquerra clàssica. Em retornen a les assemblees de la universitat de fa cinquanta anys; semblen sortits de *Good bye, Lenin!*

Però encara que sigui minut a minut, el Parlament és un gran altaveu per a la nostra causa. És un altaveu molt limitat en el temps, però de molta intensitat. Un instant valuosíssim per apujar el volum i atraure atenció. Quan fem intervencions, encara que sembli que l'hemicicle està pràcticament buit, encara que sembli que ningú no escolta, el missatge arriba. Sí que hi ha algú. Les sales buides han estat un fenomen extrem durant la pandèmia, però no són una novetat; la gent segueix els plenaris des del despatx. A l'hemicicle, a primera fila, sempre hi ha un comissari i el seu equip. I sempre hi ha el ministre de torn del Consell i el seu gabinet. Aquests hi han de ser per força. I ens senten, ens han d'escoltar. Mentre se succeeixen els minidiscursos, tothom qui seu als escons passa l'estona com pot. La majoria mirant el mòbil. Darrerament algunes comissàries exhibeixen feminisme fent mitja. Però quan parlem nosaltres no se'l miren pas, el mòbil. I les que fan mitja aturen les agulles per no perdre el compte de la passada. Nosaltres sabem que aquest minut l'hem d'aprofitar, i disparem. Penseu que al pobre Pepe Borrell no li queda altre remei que escoltar-se Toni Comín. En Comín no perdona: li parla, se'l mira, l'assenyala. En Borrell mira d'amagar-se darrere la mascareta. Això no té preu. Encara que només sigui pel plaer de veure com d'incòmode està el paio, val la pena. Però, a més a més, l'equip d'en Borrell també hi és, i ells també escolten i veuen l'escena. Ells sempre et diran que això és un afer intern, que ells no s'hi fixen, que no és cosa seva, que Espanya és una gran democràcia. Però, creu-t'ho, això només s'ho creu en Borrell, i encara. Som una murga. Una gota malaia que va caient i va fent forat.

Al Parlament Europeu el president Puigdemont és una *celebrity*. I això té molt valor. Quan entra i surt, la gent es gira per mirar-lo. Des del primer dia, xofers, uixers i informàtics el paraven i li demanaven fer-se selfies. Tot això és propaganda. Al principi els europarlamentaris feien veure que no els interessava, que no el veien passar, però cada vegada amaguen menys el seu interès. Hi ha un sector del Parlament que ja no fa l'esforç de dissimular que Espanya els incomoda. I això és mèrit nostre també. Espanya irrita. La gent, tots els europarlamentaris i els seus equips, saben que el Primer d'Octubre del 2017 hi va haver una violència inacceptable en un país europeu. Però ells preferirien oblidar-ho, fer com si això no hagués passat. És una nosa en la seva vida política. Tothom s'omple la boca dels principis o dels valors europeus: la democràcia, els drets humans... Gairebé sempre és retòrica buida, però fins i tot els més cínics saben que no tot és comèdia. I no tots els polítics són cínics al cent per cent. Quan tu veus un esdeveniment que xoca amb els teus valors, preferiries no veure'l. Perquè, si has de ser conseqüent amb els teus valors, has de fer coses que són incòmodes, costoses, oi? I Espanya els causa aquest problema. Que Rússia detingui en Navalni no agrada, i ells no tenen cap problema a expressar-ho així, perquè això va riera avall. En canvi, expressar incomoditat amb el que està fent Espanya ja és més costós.

El nostre principal altaveu al Parlament ha estat el procés del suplicatori. Així que hi vam entrar, el jutge Llarena va demanar al Parlament que ens aixequés la immunitat, per poder-nos empresonar. La cambra no havia viscut mai una persecució política tan grollera. Els Verds i l'Esquerra Europea ens han fet costat en el procés del suplicatori i tenen una actitud de simpatia. Dels altres grups ha estat molt més difícil rebre suports explícits. Però cada vegada hi ha més eurodiputats que veuen amb ulls crítics el que fa Espanya. Per exemple, jo diria que és el cas d'un grapat de diputats socialistes que no són espanyols. Són gent del centreesquerra tradicional, com seria un demòcrata americà. Són cínics tots i seguiran fent com que a Espanya tot va com una seda? Bé, el cinisme té límits. Depenent del dia s'estimen més no haver de ser crítics amb Espanya. Al grup liberal passa el mateix. Fins i tot dintre del Partit Popular Europeu també hi ha gent perfectament decent; el que passa és que ells serveixen el seu projecte polític, i enfrontar-se a Espanya els costa. Però és evident que tota la feina que hem fet facilita que hi hagi més gent que s'atreveixi a explicar-ho, o almenys que hi hagi més gent que posi l'antena: «A veure, ens han dit que esteu bojos, m'ho pots explicar millor?». I és clar, així que ho expliques de tu a tu, la gent diu: «Ah!». Potser no faran res, però diuen: «Ep, alto!». Quan aconsegueixes que et parin atenció i pots argumentar i donar detalls, la gent escolta. Als que em volien escoltar jo els feia, més o menys, aquest discurs:

> Tothom sap que aquest no és un cas d'immunitat qualsevol. És molt, el que ens hi juguem. Jo personalment, és clar, perquè el que pretén aquest suplicatori és posar-me a la presó, però també s'hi juga molt el Parlament, perquè, si s'accepta el suplicatori, el Parlament Europeu serà partícip d'una persecució política.
>
> Soc una acadèmica i la meva incorporació a la política és ben recent. L'estiu del 2017 jo era professora d'Economia a la Universitat de St Andrews, a Escòcia, i llavors el president Puigdemont em va demanar que m'unís al seu govern per ajudar a organitzar un referèndum sobre la independència de Catalunya. Vaig acceptar moguda pel meu compromís de tota la vida amb el dret d'autodeterminació del meu país; era conscient que el cost personal podia ser alt.
>
> El referèndum de l'1 d'octubre es va celebrar sota una tempesta de brutalitat policial generalitzada. Però, malgrat la violència, els catalans van anar a votar, van defensar les urnes i el resultat fou una majoria aclaparadora a favor de la independència. En les setmanes que van seguir la justícia espanyola va iniciar un procés penal il·legal contra el govern català, la presidenta del Parlament català i dos líders de la societat civil. Amb els meus companys Puigdemont, Comín i altres, vaig sortir d'Espanya cercant la protecció de la justícia europea.
>
> La Fiscalia de l'Audiència Nacional ens perseguia per delictes que potencialment suposaven fins a trenta anys de presó. La jutgessa va admetre el cas ràpidament, va imposar la presó preventiva per als companys que havien comparegut i va emetre euroordres contra nosaltres. Vam comparèixer davant la justícia belga i va començar el primer procés d'extradició.
>
> Malgrat que el Tribunal Suprem no era la jurisdicció competent, el 24 de novembre el jutge del Suprem Pablo Llarena va fer-se càrrec de la causa penal contra nosaltres rellevant la jutgessa de l'Audiència Nacional (que tampoc no era competent, per cert). Quan la

sentència sobre la nostra extradició estava a punt d'anunciar-se a Brussel·les, Llarena va retirar les euroordres. Havia rebut informacions que el feien sospitar que el tribunal belga denegaria l'extradició, i això hauria trastocat els plans per al judici a Espanya.

El març del 2018 vaig tornar a la meva càtedra a St Andrews. Era allà quan el jutge Llarena va dictar la segona tanda d'euroordres. Em vaig entregar a les autoritats escoceses i vaig quedar en llibertat provisional esperant el judici. Però no vaig poder defensar el meu cas davant del jutge. El president Puigdemont havia estat detingut a Alemanya, i allà el tribunal va desestimar els càrrecs de rebel·lió o sedició. Aleshores en Llarena va emetre una ordre en què criticava, enfurismat, la decisió del tribunal alemany, i altra vegada va retirar totes les euroordres. Segona sol·licitud d'extradició sense resultat.

La tercera euroordre pels mateixos fets es va dictar el novembre del 2019, després que el Tribunal Suprem condemnés els nostres companys a penes d'entre nou i tretze anys de presó. Em vaig tornar a lliurar a les autoritats i va començar un nou procés a Escòcia. El febrer del 2020, després del Brexit, vaig esdevenir eurodiputada i això va suspendre el meu cas.

El jutge Llarena ha admès obertament que retirava i reeditava euroordres perquè tenia por que les resolucions dels tribunals europeus afectessin el judici a Espanya. I les seves resolucions fan consideracions obertament polítiques. Aquest enfocament «estratègic» del processament penal per part del jutge instructor és il·legal i, en si mateix, és una prova clara que el procés té una motivació política.

Us explico la llarga història de les meves tres euroordres pels mateixos fets per aclarir que no soc una «fugitiva», tal com m'anomenen els polítics i les autoritats espanyoles, entre ells els europarlamentaris de la delegació espanyola que farceixen la comissió jurídica del Parlament. No fujo de la justícia ni busco la impunitat. Sempre he cooperat amb les autoritats i els tribunals, fos on fos, quan el senyor Llarena ha volgut emetre euroordres contra mi. No soc una «fugitiva», i aquesta calúmnia qüestiona grollerament la meva presumpció d'innocència: la presumpció d'innocència és un dret fonamental, però, tal com va reconèixer el Tribunal d'Apel·lació de Brussel·les en el cas de Lluís Puig, aquest dret se'ns ha vulnerat constantment.

Tingueu en compte que, mentre Llarena sol·licita que se m'aixequi la immunitat, també ignora expressament la meva immunitat a Espanya. Ha declarat obertament que si jo poso un peu a Espanya em detindrà i en tancarà en presó preventiva, independentment de la meva condició d'eurodiputada. Per descomptat, això contradiu la jurisprudència del Tribunal Europeu de Drets Humans: el desembre passat, la Gran Sala va establir que mantenir un representant electe en presó preventiva contravé el seu dret a ser elegit i a seure al Parlament, però a Llarena tant se li'n dona.

El jutge Llarena no té legitimitat per perseguir-nos i empresonar-nos, perquè el Tribunal Suprem no és competent. Això ho han confirmat el Grup de Detencions Arbitràries de les Nacions Unides i el Tribunal d'Apel·lacions de Brussel·les. Per tant, en Llarena no té competència per sol·licitar el suplicatori. Només per aquest defecte procedimental ja n'hi hauria prou per rebutjar-lo. Però no es tracta tan sols d'un defecte de procediment: el Tribunal Suprem no va atribuir-se el cas per «error». Al contrari, van actuar distorsionant la llei per assegurar-se el control del cas, perquè tenien decidit *a priori* condemnar-nos a llargues penes de presó, com a part d'un pla orquestrat per posar fi a la nostra activitat política.

L'acusació inicial de la Fiscalia era rebel·lió, és a dir, una «revolta violenta», tot i que, tal com va reconèixer finalment el mateix Tribunal Suprem a la sentència, no hi ha hagut mai cap mena de violència per part nostra. L'acusació no tenia cap fonament, però la van cursar igualment. El Tribunal Suprem hauria d'haver desestimat qualsevol acusació de delicte violent, tal com va fer el tribunal alemany en el cas del president Puigdemont, però no ho van fer. Aquesta acusació de rebel·lió va ser un altre «error»? Evidentment que no: hi havia una bona raó política. El procediment penal espanyol permet suspendre càrrecs públics empresonats si estan acusats de ser «terroristes o rebels». Gràcies a l'acusació de rebel·lió, amb una interpretació molt forçada de la llei, el Tribunal Suprem va retirar l'estatus de diputat als acusats abans de jutjar-los. Finalment, un cop acabat el judici, aquest mateix Tribunal Suprem va admetre a la sentència que no hi havia proves de violència i els nostres companys van ser condemnats per sedició. Això també va afectar el meu cas, i actualment estic acusada de sedició.

Tant se val si no teniu cap simpatia per la independència catalana o si penseu que el referèndum va ser il·legal, perquè en qualsevol cas és ben evident per a tothom que nosaltres som part d'un moviment polític pacífic i democràtic i que, per tant, els fets que discutim no són criminals. Processar penalment l'organització de concentracions i protestes pacífiques vulnera els drets fonamentals; és una infracció de la Constitució espanyola i la legislació europea i internacional de protecció dels drets humans. Per descomptat, els jutges del Tribunal Suprem espanyol ho saben. Però no tenien cap altra opció perquè el seu objectiu no era fer justícia sinó liquidar la nostra activitat política. El que vam fer no és cap delicte, segons el Codi Penal espanyol: les declaracions pacífiques d'independència no són delicte, des del 1995, i els «referèndums no autoritzats» van ser despenalitzats el 2005.

El eurodiputats espanyols de la comissió jurídica argumenten que no cal que avalueu els fets, que això ja ho farà el jutge. Però, és clar, ells tenen un interès polític en el nostre cas. De fet, alguns tenen tant interès que s'ho prenen molt personalment. El senyor Jordi Cañas, company i mentor del senyor Adrián Vázquez, el tan notòriament no neutral president del comitè jurídic, va declarar que el seu desig d'Any Nou era «fer tornar en Puigdemont a Espanya per tancar-lo a la presó». És clar que prefereixen que no analitzeu el cas. Diuen que la causa penal contra nosaltres va començar abans que fóssim membres del Parlament i que no té res a veure amb la nostra activitat en aquesta cambra. Això és mentida. Tota la causa penal contra nosaltres només té un objectiu: posar fi a la nostra activitat política. Vam presentar-nos a les eleccions europees després que les autoritats espanyoles haguessin aconseguit excloure'ns de l'activitat política a qualsevol altra institució. El jutge Llarena, el Tribunal Suprem, la Comissió Electoral espanyola i fins i tot el Tribunal Constitucional es van assegurar que cap de nosaltres no pogués representar els votants al Parlament de Catalunya, a l'Ajuntament de Barcelona o al Parlament espanyol, i això que encara no havia estat condemnat ningú. Van fer tot el que estava al seu abast per evitar que nosaltres fóssim membres d'aquest Parlament.

Per tant, aquest suplicatori és només la darrera de les accions per posar fi a la nostra activitat política al preu que sigui. És cert que els eurodiputats no sou jutges i que no és feina vostra pronunciar-vos sobre la nostra innocència ni examinar el fons de la qüestió. Però sí que us pertoca d'avaluar si hi ha fets que permetin sospitar que l'acusació té una motivació política. Les maniobres dels tribunals espanyols han estat denunciades per Amnistia Internacional, la Federació Internacional pels Drets Humans, el Grup de les Nacions Unides per a les Detencions Arbitràries i les resolucions dels tribunals de justícia a Alemanya, Bèlgica i la Unió Europea. Creuen sincerament que no hi ha motius per sospitar d'una persecució política?

No sé pas com acabarà la crisi catalana, però no tinc cap dubte que el que ha fet Espanya contra l'independentisme català passarà a la història com el que és: la repressió il·legal d'un moviment democràtic i legítim. Independentment de les vostres simpaties, la vostra responsabilitat és assegurar que el Parlament Europeu no participi en una persecució política, perquè això trairia els principis fundacionals de la Unió Europea.

Espanya no va participar en la fundació de la Unió Europea, perquè en aquell moment estava aïllada sota un règim feixista. Dècades més tard, Espanya va poder entrar a la Unió Europea com una democràcia i la majoria dels catalans ho vam celebrar com un gran progrés. Però cal tenir present que a Espanya el feixisme no va ser derrotat mai; les seves institucions —el poder judicial, les forces armades i la monarquia— no van extirpar mai les seves arrels dictatorials. I avui aquestes arrels determinen la resposta autoritària espanyola al conflicte català.

> Dels onze pares fundadors de la Unió Europea, cinc —Adenauer, Spinelli, Mansholt, De Gasperi i Schuman— van ser presos polítics, i quatre —Bech, Beyen, Monnet i Spaak— es van haver d'exiliar del seu país per continuar la lluita per la llibertat. El seu compromís amb la llibertat i la democràcia els va portar a unir forces per crear una Unió que havia d'eliminar per sempre les persecucions polítiques. Si compartiu els seus valors fundacionals i voleu protegir l'ànima d'aquest Parlament heu de votar en contra del suplicatori i protegir la nostra immunitat.

L'operació per explicar els nostres arguments es va fer porta a porta. Vam fer circular uns escrits i uns vídeos i ens vam fer un tip de reunir-nos, discretament, amb gent. És molt pesat, això d'anar pels passadissos a trucar portes, repartint la llibreteta amb l'argumentari com si fossis dels testimonis de Jehovà escampant la bona nova. És pesat, però fa efecte. Molt sovint no arribaven a l'eurodiputat, però els assistents escolten els assistents i després en parlen amb el seu eurodiputat. Si a les eleccions la gent fa porta a porta és perquè al final es capten vots. Per captar vots, primer has de captar l'atenció.

Explicar la persecució contra la llibertat d'expressió a Espanya també és molt efectiu per denunciar l'autoritarisme que impregna la justícia espanyola. Josep Miquel Arenas, en Valtònyc, és a Brussel·les des de finals de maig del 2018. L'Audiència Nacional el va condemnar a tres anys i mig per «injúries a la corona» per la lletra d'una cançó que rapejava. Quan el Tribunal Suprem va confirmar la condemna i ja s'acostava el dia d'entrar a la presó per complir la condemna, en Josep va tocar el dos cap a Bèlgica. Espanya en va demanar l'extradició, però no se n'han sortit, perquè a Bèlgica insultar el rei o dir que és un lladre no és cap crim. Que els jutges espanyols tanquin joves a la garjola —ara Pablo Hasél compleix condemna a la presó de Lleida— perquè no els agraden les lletres les seves cançons és un símptoma tan vívid que les arrels inquisitorials del regne d'Espanya són encara ben vives, que a qualsevol eurodiputat mínimament demòcrata escoltar-ho el xoca. La contribució d'en Josep va molt més enllà de la denúncia que hem pogut fer gràcies a la seva causa. Ell es pren l'exili com una gran oportunitat, i impressiona veure com aprèn i aprofita el temps. La seva empenta i intel·ligència són un exemple i un estímul. És un esperit lliure i generós. Amb ell som més. Però, sobretot, som millors.

El 8 de març de 2021 la majoria del Parlament Europeu, 400 vots favorables, 248 contraris i 45 abstencions, va votar aixecar-nos la immunitat. El procés que va portar fins a la votació al plenari va estar ple d'irregularitats. Hem apel·lat aquesta decisió davant del Tribunal General de Justícia de la Unió Europea. L'endemà mateix de la votació que va retirar-nos la immunitat, el jutge Llarena va enviar una llarga llista de preguntes al Tribunal de Justícia de la Unió Europea. Les dates consecutives no són cap coincidència. Mesos abans la justícia belga ja havia refusat l'extradició del conseller Lluís Puig, tot argumentant que, atès que qui demanava l'extradició no era un jutge competent i que no s'havia respectat la presumpció d'innocència, no era esperable un judici just. Amb les seves preguntes a la cort europea, el jutge Llarena xutava la pilota endavant per evitar, almenys temporalment, un altre rebuig de la justícia belga a les peticions d'extradició. La decisió sobre la nostra apel·lació i la resposta a les preguntes del jutge Llarena marcaran un punt d'inflexió en el nostre cas particular, però sobretot tindran implicacions polítiques i jurídiques de gran abast, tant per a la causa catalana com per al futur de la Unió Europea.

Pocs dies després de la meva incorporació com a eurodiputada vaig tornar a trepitjar, per primera vegada des de l'octubre del 2017, terra catalana. El 29 de febrer de 2020, amb el president Puigdemont i Toni Comín, vam reunir-nos a Perpinyà amb centenars de milers de catalans del nord i del sud. Molts més que haurien volgut ser-hi no van poder arribar-hi. La policia espanyola va muntar controls fronterers per bloquejar milers de persones, que van quedar atrapades dins dels autocars. Jo no havia parlat mai davant de tanta gent. La multitud impressionava, l'escena no em semblava real. Portava preparat un discurs que m'havien ajudat a redactar dos amics que saben escriure; un de la meva generació, l'altre, molt més jove, de la generació d'Urquinaona. Ben arrapada al faristol, vaig agafar bufera i el vaig llegir. Deia això:

> Bon dia. Aquesta sí que no és la imatge que volien. Bon dia, catalans del nord i del sud que avui sou aquí, a Perpinyà. Bon dia als que veniu de les Illes i del País Valencià. Bon dia a tots els presos i represaliats, us repetim una vegada més el nostre suport incondicional. Bon dia a la gent que cada vespre resisteix a la Meridiana. Bon dia als que vau caminar durant dies en les Marxes per la Llibertat. Bon dia als que vau ocupar l'aeroport. Bon dia als joves que vau guanyar la batalla d'Urquinaona: estem orgullosos de vosaltres. Us necessitem.
>
> Fa més de dos anys que va començar el nostre exili. I avui ser de nou a Catalunya és una victòria. Contra tota la maquinària d'un estat, contra jutges, fiscals, polítics i mitjans. Han provat d'eliminar-nos per tots els mitjans i no se'n surten. I som aquí, a Catalunya. Avui som a Perpinyà, i no hem hagut de demanar permís a Espanya per ser-hi. Som aquí perquè els catalans del Rosselló i de la Cerdanya, del Conflent, del Capcir, del Vallespir i de la Fenolleda ens han tornat a demostrar que units som més forts i que sempre podrem comptar amb ells. Ells van ser la peça essencial per portar les urnes als col·legis electorals el Primer d'Octubre: Gràcies! Ells s'han mobilitzat a través de tot l'espectre polític per denunciar la repressió espanyola. Gràcies! Ells ens acullen avui en aquesta ciutat, catalana de cap a peus, que també volem lliure.
>
> Avui som a Perpinyà gràcies a tots vosaltres. Gràcies per la resistència al carrer. Gràcies, perquè el vostre suport imparable és la nostra força. I gràcies, perquè la vostra determinació és el que ens guia. Ni estratègies partidistes ni personalismes: heu de manar vosaltres. Només vosaltres sou la garantia que no ens aturarem, perquè sense la vostra empenta no hauríem fet mai el referèndum. Perquè la vostra persistència és la clau que obrirà les presons i assenyalarà la ruta per al retorn de l'exili, i el vostre coratge ens portarà a la independència.
>
> Tenim molta feina. Si quan nosaltres tornem a casa Catalunya no és independent, haurem tornat, però no serem lliures. No som a

l'exili pel que vam fer o pel que diuen que vam fer. Som a l'exili perquè som catalans i som independentistes. Mentre hi hagi independentistes, hi haurà repressió, exili i presó. Ha passat sempre. Per això és una enganyifa contraposar el diàleg a la independència. La història de Catalunya no es repeteix per casualitat. Es repeteix perquè no som lliures. No serveix de res ajornar la independència. No serveix de res cercar el nostre lloc a l'Estat espanyol. A l'Estat espanyol no hi tindrem mai lloc si no deixem de ser catalans. Ho han viscut els nostres avis, els nostres pares i ara ho estem vivint nosaltres. I ho viuran els nostres fills i els nostres nets si nosaltres ara defallim.

La desorientació que hem patit era normal després d'una derrota, però ja arriba l'hora del seu final. No ens faran lliures les renúncies, no ens faran lliures les pors, no ens faran lliures les promeses buides de diàleg dels mateixos que no compleixen mai cap promesa. Recordeu el Primer d'Octubre? Com ens vam plantar davant les porres? Malgrat tenir en contra tota la força d'un estat malferit. Malgrat tenir-nos només a nosaltres mateixos. El Primer d'Octubre vam ser lliures i vam aprendre com fer-ho per conquerir la llibertat.

Amics, compatriotes, avui és un gran dia. Encara tenim forces i encara tenim esperança. És a les nostres mans. No ens deixem entabanar per fotografies de taules i diàlegs d'enganyifa que només busquen fer guanyar temps a Pedro Sánchez. Cal preparar el proper embat per alliberar-nos de l'Estat espanyol. Des de les institucions i des del carrer. Nosaltres, com a representant electes, hem d'estar a les vostres ordres. I per això, avui, deixeu-me dir una sola cosa: gràcies i endavant. A guanyar la república i a viure aviat en una Catalunya independent i millor per a tothom. Visca Catalunya lliure! Moltes gràcies.

El míting de Perpinyà va ser la darrera gran mobilització europea abans que tot quedés aturat en sec per la pandèmia. El «proper embat» va quedar congelat, i s'està fent esperar. Però si volem ser independents, tal com la majoria dels catalans ho va votar el Primer d'Octubre del 2017, tard o d'hora ens hi haurem de tornar a posar.

Epíleg

Acabo aquest embastat de memòries i altres històries el 27 d'octubre de 2021, quan fa quatre anys del dia que el Parlament de Catalunya va declarar la independència i que jo vaig marxar de casa. Han passat moltes coses, des que vaig fer l'equipatge dins la petita motxilla blava per emprendre un viatge incert cap a l'exili. Però, des de l'angúnia i la ràbia de les primeres setmanes, hem anat avançant, plantant cara a la persecució espanyola com a persones lliures.

Vaig marxar perquè soc lliure. Perquè:

no es pot forçar
ningú ningú
a haver de viure
així o això,

i és que no es pot,
la llibertat
és impossible
d'eliminar

perquè rebull
al moll de dins
de lo més íntim
del teu cervell,

ella és l'alè
vital, la font
que fa que rutlli
el ser tu tu.[1]

Sabia que a casa meva, a Barcelona, no podria ser lliure mentre el meu país continuï ocupat. I precisament per això vam anar a l'exili: no per fugir, sinó per demostrar que, fora de les urpes d'Espanya, podem ser catalans lliures. Hem pogut demostrar que volen reprimir-nos perquè som una minoria nacional, i no perquè ens saltéssim cap llei. Per això podem trepitjar qualsevol tros de terra d'Europa menys l'Estat espanyol. La persecució que patim encara avui els exiliats és provocada per la nostra condició de catalans i d'independentistes. És il·legal i exclusivament política. No hi ha més explicació. La democràcia espanyola la promou i la tolera, aquesta persecució, perquè Espanya no és una democràcia amb els catalans; Espanya no pot ser una democràcia amb els catalans perquè si no ens hauria de concedir l'alliberament per iniciativa pròpia. Arreu d'Europa, en canvi, gaudim de tots els nostres drets: podem llogar una casa, tenir una feina, anar al cinema, anar a un concert, anar a comprar, presentar-nos a unes eleccions, guanyar-les i exercir el nostre càrrec sense cap mena d'obstacle.

Alemanya, Bèlgica, França, Itàlia, Suïssa, Àustria, Lituània. La resta d'exiliats i jo mateixa ens hem presentat davant de la justícia europea sempre que ens ho han requerit. I ens han deixat en llibertat. Aquest és el missatge: podem ser catalans lliures a Europa, però no a Espanya. Per això els fa tanta nosa l'exili, i estan tan encegats perquè tornem de qualsevol manera. Per això el jutge Pablo Llarena està disposat a desobeir de manera flagrant la justícia europea, sigui quin sigui el preu que n'hagi de pagar, si el premi és que tornem i que passem per la piconadora. L'alliberament nacional només és un crim per als qui el volen impedir. Ens en vam anar a l'exili

1. Enric Casasses, «a pes de braços».

amb la inquietud de qui emprèn una ruta incerta. Però hem vist i demostrat que és útil. Qui pot dir, avui, que una Catalunya independent estaria internacionalment marginada, si som més lliures com a ciutadans europeus que no com a ciutadans espanyols?

L'exili també m'ha consolidat una manera molt concreta de ser catalana. Una manera inevitable. Indefugible. Jo no vinc d'una família «independentista de tota la vida». Vinc d'una família catalana que fins fa poc encara va confiar que hi havia una engruna d'esperança, dins de l'Estat, com tantes altres famílies del país que han fet aquest mateix procés natural. Jo mateixa havia arribat a votar-ho gairebé tot, del PSUC i Iniciativa al PSC, Esquerra i Convergència, i la CUP. I exactament no sabria pas dir en quin dia i quina hora em vaig fer independentista militant. Però si us digués que vull la independència de sempre, no mentiria. És la paradoxa d'una ocupació: si alliberar-nos fos tan fàcil com prémer un botó, la majoria del país, molts votants unionistes inclosos, ho farien. Però si fos tan fàcil com prémer un botó, de què caldria alliberar-nos? I això ho converteix tot en un diàleg amb nosaltres mateixos sobre els costos que hem de pagar, sobre si paga la pena pagar-los o no. I la valoració de quins són els costos, el cost de ser lliures i el cost de ser espanyols per força, ha anat canviant.

No fa pas tant temps que crèiem que encara hi havia opcions de ser catalans dins de l'Estat espanyol. Crèiem que la reforma de l'Estatut potser arribaria a bon port. Però un dia, simplement, la història va portar el desengany al límit. I la independència va emergir com l'única resposta. L'independentisme es va disparar perquè la gent no veia viabilitat a cap opció de conciliació. I en aquell moment tothom pensava encara que les coses raonables —com un referèndum d'autodeterminació si ets una nació—, ben demanades, en una democràcia, te les han de donar. La batalla que va lliurar Espanya, des del primer moment, va consistir a advertir-nos dels costos que hauríem de pagar. I el Primer d'Octubre van estomacar-nos perquè ens volien enviar el missatge que els costos serien alts. Des d'aleshores, miren de forçar el procés invers: que l'independentisme baixi perquè la gent no vegi viabilitat a les opcions d'alliberament. Volen que tinguem por d'acabar i que ens conformem a viure amb el que ens ofereixen. Miren d'atrapar-nos en la contradicció de l'esclau feliç.

Però el camí s'ha fet cada vegada més estret. Abans potser hi havia un marge per dissimular. Per fer-se el distret i mirar de ser catalans adaptant-nos com camaleons a la seva idea espanyolitzada de la catalanitat. Ara ja no és possible. El camí és massa estret. O som espanyols feliços o som catalans independents. I cadascú pagarà el preu que estigui disposat a assumir. Tenim una història molt llarga de sobreviure sense exercir el poder. Sempre ens hem sabut amagar a sota del poder de l'Estat, anant per feina i fent la viu-viu. Reclosos, sense fer gaire soroll, a sota. I això s'ha d'acabar. Si volem ser independents, ja no s'hi val esquivar silenciosament l'opressió espanyola, hem d'entendre que ens cal prendre el poder.

L'exili també té un cost personal molt elevat, malgrat tota la força política que pugui tenir, i jo no el vull per a res. No l'he triat. Em faig responsable de tot, és clar. De dalt a baix. Però en general, en aquesta història, tot ha anat com m'ha tocat que anés. Tampoc no he triat el meu paper d'ovella negra sense gaires pèls a la llengua, ni he triat els gripaus que m'he hagut d'empassar. Amb prou feines vaig triar formar part del govern. Ho vaig fer perquè sentia que era el meu deure. I que ho havia d'intentar.

En bona part, tot això que m'ha passat des de l'estiu del 2017 és un accident: m'ha passat a mi com li podria haver passat a un altre. Jo soc *una entre tants*. A la vida m'han passat moltes coses que han estat fruit de l'atzar. I soc aquí. Procuro ser poc solemne amb les coses que no són mèrit meu, ni culpa meva, i vull evitar cap engruna d'autocompassió. El que puc fer, i cada dia ho intento, és mantenir la dignitat i el bon humor. I seguir dempeus per poder passar una torxa. Confio que hi haurà algú a qui passar-li la torxa. Sé que hi haurà algú. Encara que el sistema sigui tan bo integrant i neutralitzant la dissidència, malgrat que a voltes sembli que ningú pot ser ningú si abans no deserta de la nostra causa, sé que emergiran alternatives. N'hi haurà. Crec en el meu país. Perquè som *molts i ningú*. Per això he escrit aquest llibre.

No crec que el 2017 fos la nostra última oportunitat. Més aviat va ser la prova que encara hi som. I ja fa molt que hi som. És cert: no és segur que deixant-hi la pell ens en sortirem. El que és segur és que mentre ens hi deixem la pell continuarem sent catalans. I pagarà la pena lluitar.

Agraïments

Aquest llibre va arrencar gràcies a les llargues converses amb l'Andreu Barnils sobre els fets d'octubre del 2017, i sobre moltes altres coses, que ell va gravar i transcriure. Li agraeixo tot el material que em va proporcionar i les bones estones que vam passar plegats.

Isabel Martí va imaginar-se el llibre i hi va creure molt abans que jo. M'ha donat la llauna amb afectuosa perseverança fins que no m'ha quedat altre remei que complaure-la i fer la feina. Sense la seva empenta i el teu entusiasme, el més calent seria a l'aigüera.

La primavera del 2020 la pandèmia de la Covid-19 es va aliar amb la Isabel i va esperonar la resta. Les primeres setmanes d'aïllament i la incertesa sobre l'episodi insòlit que estàvem vivint m'invitaven a la introspecció i a passar comptes; en això no he estat gens original. Aquest estat d'ànim em desvetllava l'afany de retre homenatge als que m'han precedit i de dialogar-hi. Vaig submergir-me en un exercici de memòria que em va ocupar, i acompanyar, les llargues hores de solitud del primer confinament.

El testimoni oral de les matriarques, la meva mare Montserrat Obiols i la meva tia Roser Ponsatí, ha estat el punt de partida imprescindible per refer el trencadís de les memòries familiars. Els meus germans i cosins, Anna Maria, Oriol, Berta i Agnès Ponsatí, Eulàlia i Marc Gríful, i Joana i Isabel Obiols, també m'han ajudat a estirar els fils, refrescar els records, explorar pistes i recollir material.

Ada Ferrer, Jordi Malet, Lulú Martorell, Ot Bou i Salvador Barberà han llegit el manuscrit en diferents etapes de la seva producció i han fet crítiques i suggeriments que l'han millorat.

A tothom, el meu agraïment més sincer i el desig que el resultat no us decebi.